江苏省社会科学基金后期资助项目

本著作系江苏省社科基金后期资助项目"乡村振兴战略背景下农地'三权分置'法制改革研究"（项目编号：18HQ027）的研究成果

乡村振兴战略背景下农地"三权分置"法制改革研究

单平基　著

南京大学出版社

图书在版编目(CIP)数据

乡村振兴战略背景下农地"三权分置"法制改革研究/单平基著. — 南京：南京大学出版社，2024.12
ISBN 978-7-305-27511-1

Ⅰ.①乡… Ⅱ.①单… Ⅲ.①农业用地－土地法－研究－中国 Ⅳ.①D922.324

中国国家版本馆 CIP 数据核字(2024)第 001366 号

出版发行	南京大学出版社		
社　　址	南京市汉口路 22 号	邮　编	210093

书　　名　乡村振兴战略背景下农地"三权分置"法制改革研究
　　　　　　XIANGCUN ZHENXING ZHANLÜE BEIJING XIA NONGDI "SANQUAN FENZHI" FAZHI GAIGE YANJIU
著　　者　单平基
责任编辑　孙　辉
照　　排　南京南琳图文制作有限公司
印　　刷　苏州市古得堡数码印刷有限公司
开　　本　718 mm×1000 mm　1/16　印张 13.5　字数 236 千
版　　次　2024 年 12 月第 1 版　　印　次　2024 年 12 月第 1 次印刷
ISBN 978-7-305-27511-1
定　　价　58.00 元

网　　址　http://www.njupco.com
官方微博　http://weibo.com/njupco
官方微信　njupress
销售热线　025-83594756

* 版权所有，侵权必究
* 凡购买南大版图书，如有印装质量问题，请与所购
　图书销售部门联系调换

目 录

第一章　实施乡村振兴战略需要农地法制改革 ································ 1

　第一节　乡村振兴与农村土地法制改革 ···································· 1

　　一、乡村振兴需要农村土地法制改革的支撑 ···························· 1

　　二、农地法制改革为乡村振兴提供农地规范基础 ······················ 5

　第二节　农地"两权分离"权利结构的功能及其困境 ··················· 8

　　一、农地"两权分离"权利结构的制度功能 ···························· 8

　　二、农地"两权分离"权利结构存在的问题 ·························· 11

第二章　农地"三权分置"法制改革的制度意蕴 ······························ 20

　第一节　农地"三权分置"法制改革的背景 ································ 20

　　一、新中国成立以来我国农村土地制度的不同阶段 ················ 20

　　二、农地"三权分置"权利结构的入法过程 ·························· 22

　第二节　农地"三权分置"法制改革的价值 ································ 25

　　一、化解农地细碎化经营弊病以实现适度规模经营 ················ 26

　　二、在加强农户权益保护基础上培育新型经营主体 ················ 31

　　三、创设土地经营权以助推农地权利体系完善 ······················ 35

　　四、经由现代农业发展以推动城乡一体化进程 ······················ 41

第三章　乡村振兴中土地承包经营关系的坚持 …… 48

第一节　土地承包经营权作为用益物权的定位 …… 48
一、土地承包经营权准所有权化的摈弃 …… 48
二、土地承包经营权的用益物权属性不变 …… 54

第二节　坚持土地承包经营权的概念和称谓 …… 57
一、保留土地承包经营权的权利概念 …… 57
二、土地承包经营权承载的农村社会保障功能 …… 61
三、以土地承包经营权流转助推适度规模经营 …… 70
四、不应用"土地承包权"代替土地承包经营权 …… 74

第三节　土地承包经营权的自愿有偿流转和退出 …… 81
一、土地承包经营权流转生成土地经营权的必要性 …… 81
二、不应强制农户退出土地承包经营权 …… 86

第四章　土地经营权的生成及其定性 …… 96

第一节　土地经营权的生成 …… 96
一、以家庭承包方式流转取得的土地经营权 …… 96
二、以其他承包方式取得的土地经营权 …… 109

第二节　土地经营权作为债权属性的证成 …… 115
一、关于土地经营权定性的学说歧见 …… 115
二、无法将土地经营权定性为用益物权或次级用益物权 …… 122
三、权利期限长短、登记与否无法作为权利定性的依据 …… 129
四、土地经营权的债权定性 …… 136

第五章　土地经营权再流转的制度功能 …… 151

第一节　在农地"三权分置"之下放活土地经营权 …… 151
一、农地"两权分离"对土地承包经营权流转的限制 …… 151

二、农地"三权分置"之下适度放活土地经营权的改革目的……… 155
　第二节　土地经营权再流转的法价值……………………………… 159
　　一、彰显承包地使用权的财产权属性……………………………… 160
　　二、优化农业生产要素的配置……………………………………… 161
　　三、助推现代化农业发展…………………………………………… 162

第六章　《民法典》中农地权利的体系结构及其创新………………… 167
　第一节　《民法典》中农地"三权分置"权利体系…………………… 167
　第二节　农地"三权分置"入典的实践面向………………………… 170
　　一、农地"两权分离"权利体系的实践难题……………………… 170
　　二、农地"三权分置"权利体系的制度功能……………………… 173
　第三节　农地"三权分置"的体系结构……………………………… 175
　　一、农地集体所有权派生用益物权本质的土地承包经营权…… 176
　　二、土地承包经营权生发债权性质的土地经营权……………… 178
　第四节　农地"三权分置"权利制度的具体适用…………………… 181
　　一、土地经营权的制度构造及其流转…………………………… 181
　　二、土地承包经营权和土地经营权抵押权的实现机制………… 184

结　论………………………………………………………………… 188

参考文献……………………………………………………………… 191

第一章　实施乡村振兴战略需要农地法制改革

第一节　乡村振兴与农村土地法制改革

一、乡村振兴需要农村土地法制改革的支撑

农村土地(简称农地)①问题关系到国计民生。土地是人们生活的重要物质基础,亦是其开展经济活动的基本生产要素。也可以说,土地在各项经济活动中是最重要、最基础的生产要素之一。具体就农业生产而言,承包地在多种生产要素中毫无疑问居于首要位置,是对农村、农业和农民问题的解决具有重要价值的生产资料和生产性要素。农村土地可以为人们生活及工业生产供给农业产品。我国工业化进程的推进以及人们生活质量的不断提升,需要经由农业生产以供给数量更多、质量更好的农副产品。鉴于农作物的生长周期长、受到自然环境的影响比较大以及农产品需求的弹性较小等因素的影响,农业生产经营必然需要面对相对较大的自然和市场风险。当农业生产经营的风险发生时,可能会引发农产品的供给量减少、价格上涨等现象,以至于影响到我国整个国民经济的正常运转以及普通民众的日常生活,更严重者将威胁到一个国家的粮食安全。②可见,农业的发展是一个国家国民经济发展的基础和根基。

---

① 如无特别说明,本书中的"农地"指向的是"承包地","农地'三权分置'"指向的是"承包地'三权分置'"。
② 参见公茂刚、王佳虹:《农业补贴、"三权分置"与农户农业生产经营——基于 CHFS 数据的实证分析》,载《统计与信息论坛》2021 年第 1 期,第 90 页。

农村土地是国家的重要财富，更是人民生存的重要物质保障。人类劳动与土地资源二者相结合的过程既会创造财富，也会使个人的理性得以彰显，助推个人人格更加圆满，促进个人在经济上的独立性。这一作用在传统农业社会体现得非常明显。因此，农地与农业生产劳动普遍及广泛的结合能够使农地使用权成为一项蕴含人格因素的财产性权利。[1] 尤其是在将农业作为主要生产方式的农村更是如此，很长一段时间，农村土地是保障农民生存的重要甚至是唯一经济来源。从历史上看，我国历来重视农村土地问题，进而保障民生，成效显著。[2] 在推动我国农业现代化的过程中，农业生产技术进步、农业资本的投入增加和农业经济组织的形态改进都对此具有非常重要的促进作用，但是，就本质而言，承包地依然是发展我国现代化农业生产经营的基础载体。[3] 尤其是，针对我国人多地少的基本状况，充分发挥承包地的价值就更为重要。

长期以来，我国农村的法律制度变革都与农村土地法律制度改革须臾不可分离。承包地是农业生产经营的基础性资源，更是农民生存和发展的物质性保障，而农村土地制度则构成了我国农村的基础性法律制度。[4] 可以说，激发农村经济的发展活力和盘活农村土地资产的前提就是要构建契合农村发展实际的农村土地制度。[5] 毕竟，农村土地是发展农业的基本生产要素，而与此相关的法律制度改革的成效关系到农业现代化的实现，也将影响到整个国民经济的发展壮大。[6] 农地是我国农业发展中最基本的生产资料，而如何真正实现土地资源的高效利用，始终是我国农地制度改革的核心议题。[7] 从我国历史发展上看，一系列的农村改革大多是围绕着农村土地制度的发展和完善而展开的，历次的农地法制改革都是对农村土地法制实践的回应，也影响到我国农业和农村

---

[1] 参见谢鸿飞：《〈民法典〉中土地经营权的赋权逻辑与法律性质》，载《广东社会科学》2021年第1期，第228页。
[2] 参见郑品芳、李佑新：《中国共产党百年农村土地政策制度改革研究》，载《湖南大学学报（社会科学版）》2021年第2期，第10页。
[3] 参见祝天智：《农村土地承包政策中的效率与公平张力及其消解》，载《求实》2020年第6期，第97页。
[4] 参见王常伟、顾海英：《就业能力、风险偏好对农地配置意愿的影响》，载《华南农业大学学报（社会科学版）》2020年第2期，第24页。
[5] 参见丰华：《以农地金融盘活农村土地资产》，载《学术交流》2020年第10期，第107页。
[6] 参见丁国民、龙圣锦：《乡村振兴战略背景下农村宅基地"三权分置"的障碍与破解》，载《西北农林科技大学学报（社会科学版）》2019年第1期，第39页。
[7] 参见孙新华、柳泽凡、周佩萱：《"三权"分置中的地权整合与土地集中利用——以皖南河镇为例》，载《南京农业大学学报（社会科学版）》2020年第1期，第3页。

的发展进步。另外,从实践看,农业发展过程中遇到的问题亦可从农地法律制度的构造中寻求原因。①

从农地制度发展角度看,自新中国成立以来,经由农村土地制度的完善进而助推农业生产的发展,一直是我国从事农村经济工作的核心课题。② 新中国成立以来,我国农村的土地制度经历了多个阶段,具体体现为:个体私有制、农业合作社、人民公社化以及家庭联产承包责任制。③ 我国历史上的多种土地制度形态都与特定的历史背景和生产力状况相适应。在封建时代,我国实行的土地私有制,由春秋战国时期开始直到新中国成立才结束,构成历时最长的土地制度。封建时代的土地私有制之下,有地主、自耕农、佃农和雇佣农等多种经营主体,促进了自给自足的小农经济的发展。这种农村土地所有形式一直持续到20世纪50年代初。新中国成立初期,国家实行农地改革,实现了以农民土地所有替代封建地主土地所有的制度变革,使得农民"耕者有其田"的目标得以实现。这种形式能够满足农户对承包地的诉求,通过构建农民土地所有制,农户享有承包地的所有权能,在当时可以使农户具有支配农村土地这一重要经济要素的空间。④ 可见,我国农地制度的演变一直与社会发展紧密关联。

但是,在彼时的传统农业经济之下,农户主要以人、畜力从事农业生产,仍然属于小农经济范畴,即以自给自足或者半自给自足为特征。囿于农业生产资料的匮乏,农业生产力不高,以"一家一户"为经营单位的小农经济形式的不足日益显现。为此,国家针对农业经济的发展推出了合作化的思路,进而化解生产资料缺乏的困境,助推农村生产效率的提升。农业的合作化道路先后经历了农村互助组、初级合作社、高级合作社和人民公社阶段。实际上,在高级合作社阶段,农村土地所有权的性质已经在发生转变,即由农民所有转变为集体所有。同时,在国家将高级合作社合并为人民公社之后,土地的公有化程度更加加深,取代了农民土地私有制。但是,这种农村社会的经济形式的弊病非常明显,例如,农业生产经营监督困难,农户生产积极性较低,粮食的产量减少,等等,急切

---

① 参见董欢:《中国农地制度:历史、现实与未来——"三权分置"政策背景下的新审视》,载《四川大学学报(哲学社会科学版)》2019年第4期,第58页。
② 参见蔡超:《"三权分置"还是"两权置换"?——城乡融合发展视域下的土地制度改革构想》,载《西北农林科技大学学报(社会科学版)》2021年第1期,第89页。
③ 参见韩长赋:《中国农村土地制度改革》,载《农业经济问题》2019年第1期,第4—16页。
④ 参见郭庆海:《小农户:属性、类型、经营状态及其与现代农业衔接》,载《农业经济问题》2018年第6期,第25—37页。

需要进一步推进农村制度改革以破解农业发展困境。[①] 这就需要顺应时代发展对农村土地制度进行适时调整和修正。

改革开放以来，回顾我国农村土地制度改革的进程就会发现，农地政策是调整农村经济发展的重要手段，而农村土地法律制度则是具有最高法律效力的调整工具。[②] 20世纪70年代末80年代初，人民公社制度逐渐瓦解，家庭联产承包制逐步推行。在这种制度之下，虽然农村土地由集体所有的属性没有发生变化，但是，农地集体所有权将其权能进行了分离，从中分离出了承包经营权，这就是通常所说的承包地"两权分离"，即将耕地使用权赋予当时多达两亿的农户[③]，构成我国土地经营使用规则的转变，在很长一段时间助推了我国农业和农村的发展。我国城市和农村的土地制度经过多次演变，最终形成了具有鲜明特征的土地制度体系。这种土地制度对于我国的工业化和城市化进程具有重要推动价值，并成为助推我国经济能够取得高速增长的制度力量。

但是，以家庭为单位的农地承包模式蕴含着细碎化经营的弊病，构建能够实现适度规模化经营的农地使用权制度就成为推动实现农业现代化的重要路径。[④] 在我国，承包地资源非常短缺、人均承包地面积少是基本国情，加之农业人口多，基于对承包地资源进行公平性分配的考虑，在承包地"两权分离"权利结构下，事实上形成了承包地资源在使用过程中的碎片化现象，并且使得市场机制很难发挥作用。长期以来，我国的土地政策以及土地法律制度变迁都带有非常明显的行政色彩，并体现出将农村土地法制改革作为土地法制改革核心的思路。伴随着我国农地法制改革的不断强化，市场机制已进一步由城镇向乡村推行和深化，而碎片化的承包地经营模式已成为阻碍我国农业生产经营的制度性障碍，既影响着农业生产的转型升级和效益提升，也影响着承包地资源的集约化利用和规模效益的实现。[⑤] 这就意味着本轮农地法制变革在中国式现代

[①] 参见余晓洋、刘帅、郭庆海：《农村土地承包权何以固化——基于产权性质视角》，载《农村经济》2020年第2期，第24—25页。
[②] 参见李曙光：《农村土地两个三权分置的法律意义》，载《中国法律评论》2019年第5期，第47页。
[③] 参见叶兴庆：《从"两权分离"到"三权分离"——我国农地产权制度的过去与未来》，载《中国党政干部论坛》2014年第6期，第7—12页。
[④] 参见滕佳一：《承包地利用的守成与突破——以土地经营权法律定位的检讨为中心》，载《交大法学》2021年第1期，第143页。
[⑤] 参见徐超、周骁然：《论承包地入股登记制度的困境及规范建构》，载《农村经济》2020年第7期，第39页。

化发展中具有很强的实践价值。

在此背景下,我国旗帜鲜明地提出乡村振兴战略,并将其作为新时代我国农村振兴发展的根本遵循。这一战略的提出充分彰显了国家层面对于解决"三农"问题的关注和重视。另外,把乡村振兴提升到国家发展战略高度也能够充分说明中国式现代化发展亟须通过现代农业的转型升级助推农村发展和提升农民生活满意度。乡村振兴战略的实施既需要顶层设计,也需要从各地实际出发,统筹安排农地资源,努力探索出一条契合所在区域或村域实践状况的发展模式,进而实现农村各方面工作的统筹协调发展。[1] 尤其是,乡村振兴战略的具体实施及农村各方面工作的开展无法脱离农地资源的充分利用[2],需要农地法律制度的支撑。

循此,推行乡村振兴战略对打破农村发展桎梏、全面建设现代化国家意义重大,是当前解决"三农"问题的总抓手。[3] 为此,如何破解我国农村发展的制度性瓶颈,就成为做好"三农"工作过程中必须回答的问题。当前,我国社会的主要矛盾已经发生变化,需要进一步解决我国发展的不平衡、不充分,进而满足人民日益增长的对美好生活的需要。我们必须认识到,传统城乡二元格局所导致的发展差距已构成现阶段我国推进社会主义市场经济发展所必须回应的重大命题。在此背景下,国家层面适时提出了推进乡村振兴的战略设想,并于此基础上经由城乡发展一体化及公共产品供给均等化以不断促进我国农村经济的更好更快发展,使城乡发展差距逐步缩小,进一步提升农村居民的美好生活水平。[4] 可见,我国实施的乡村振兴战略是一项重大历史任务,对于决胜全面建成小康社会以及全面建设社会主义现代化国家意义重大。而这一战略的实施,需要农地制度作为保障。

二、农地法制改革为乡村振兴提供农地规范基础

乡村振兴这一重大战略的提出,具有重要的实践面向性,关乎几亿农户的命运,乃至整个国家的复兴。应当说,乡村振兴目标能否达成,在很大程度上受

---

[1] 参见郑丽果:《城乡一体化与乡村振兴如何协同发展》,载《人民论坛》2018年第30期,第78—79页。
[2] 参见丰华:《以农地金融盘活农村土地资产》,载《学术交流》2020年第10期,第105页。
[3] 参见郭贯成、盖璐娇:《乡村振兴背景下宅基地"三权分置"改革探讨》,载《经济与管理》2021年第3期,第11页。
[4] 参见丰华:《以农地金融盘活农村土地资产》,载《学术交流》2020年第10期,第106页。

制于乡村在农村土地法律制度和政策的推动下能否产生新的内生动力。在促进乡村振兴过程中,要产生此种新的内生动力,可能会受到很多条件和因素的约束。其中,非常关键的因素,就是要适度放活作为乡村发展之核心要素的土地权利,进而为乡村振兴提供制度基础。

当前,我国处于新的发展阶段,需要贯彻新的新发展理念。这具体体现为:构建新型的城乡关系,即由原来的城乡二元对立转向城乡融合发展,由城乡要素的单向流动向城乡要素的双向流动转变。现阶段,我国社会整体发展的不平衡、不充分现象于农村发展领域体现得非常突出,这也是推进我国现代农业转型升级与农民可持续增收所面临的新矛盾和新困境。构建何种机制以满足当前我国农业发展的土地经营权流转制度需求,促进农民的持续增收,进一步缩小城乡居民之间的收入差距,就成为必须回应的问题。① 其中,城乡融合发展的可持续性取决于拥有坚实的产业连接。城乡融合背景下的产业发展不是简单的工业化或者农业现代化,而是要形成能够发挥土地要素功能、吸纳人口高质量就业、连接城乡整合资源的纽带性产业。② 这就需要进一步发展和完善我国的土地制度,充分发挥其对建立新型城乡关系、助推形成城乡要素的双向流动格局的重要"杠杆"价值。③

为更好地推动我国经济社会的持续和健康发展,必须科学处理好城乡二者之间的关系。这需要促进城乡融合发展,并建立健全相应的体制机制和政策体系。中共中央、国务院印发的《关于建立健全城乡融合发展体制机制和政策体系的意见》(2019年),确立了促进城乡融合发展过程的路线图,明确了关系到人口、土地、财政、金融等众多关键性环节的改革任务书。从中可知,中央层面大力推动城乡融合发展的决心非常坚定,促进城乡融合发展的改革方向也非常明晰,具体就体现为:优化城乡之间的资源配置,加速城乡之间的要素流动,完善城乡的空间规划,最终体现为增进城乡居民的福祉。④ 在此过程中,助推"城

---

① 参见丁涛:《农户土地承包经营权流转意愿研究——基于Logistic模型的实证分析》,载《经济问题》2020年第4期,第95页。
② 参见林木西、刘理欧:《农村宅基地"三权分置"在城乡融合发展中的作用——基于土地、人口与产业视角》,载《辽宁大学学报(哲学社会科学版)》2021年第1期,第49页。
③ 参见高帆:《中国城乡土地制度演变:内在机理与趋向研判》,载《社会科学战线》2020年第12期,第56页。
④ 参见邹一南:《从二元对立到城乡融合:中国工农城乡关系的制度性重构》,载《科学社会主义》2020年第3期,第125—130页。

乡一体化"便成为化解长期以来的城乡不均衡发展困境的重要依循。

这就需要构建既符合法律逻辑，又契合乡村民情，且清晰可辨的新型农村土地权利体系，尤其是，需要构建科学合理的承包地权利体系。正是在这种情况下，我们要着重关注乡村振兴时代背景下的承包地"三权分置"权利体系问题。① 实际上，自我国改革开放以来，农地法制改革一直依循提升农业生产力以及赋予农户更多财产性权利的基本路径。但是，无法否认的现实是，我国城镇居民和农村居民的财产性收入及可支配收入存在着非常大的差距。例如，2015年，在提出承包地"三权分置"改革设想伊始，我国城镇居民和农村居民的财产性收入的差距比达到了12.1∶1。② 可见，在我国当前及很长一段时间仍会有数亿人在农村生活的背景下，为实现全面建成小康社会目标，必须依循城乡统筹一体发展的思路，对我国农村基本经营制度进行必要的调整和完善，进而助推乡村振兴战略的实施。

循此，以"三权分置"为标志的我国新一轮农地法制改革所指向的便是将更多的财产性权利赋予农民，经由农地法制结构的调整助推农民享有和发挥市场经济主体的作用，通过参与到农业经济发展的产业链条中，推动农民富、农业强、农村美目标的实现。③ 在国家层面推动全面依法治国的时代背景下，我国农业和农村改革应当更加强调制度体系的系统性和顶层设计，从而发挥农地法律制度在我国农地制度体系中的统领和规范价值。另外，也需要经由立法的方式通过法律制度巩固农地制度改革所取得的成效。④ 毕竟，农地是一项日益稀缺的资源，其权利配置必须依据人地关系的变化而予以适应性调整，进而优化农地资源配置。

作为一个农业大国，农村土地的法制化进程始终是牵涉到我国经济和社会发展的重要问题。毕竟，农地权利体系的优化，不仅牵涉到传统农业向现代农业的产业化、规模化经营的转变，而且关系到一个国家的粮食安全及社会稳定。

---

① 参见严小龙：《农地确权理路与"三确三跟"路线——基于对湖南、河南、贵州、安徽、江苏、广东等》，载《湖南社会科学》2019年第1期，第59页。
② 参见周天勇：《"五大协同"走好乡村振兴战略的大棋局》，载《中国党政干部论坛》2018年第4期，第29页。
③ 参见闵杰、郭砾：《乡村振兴背景下农村土地制度的性别审视》，载《妇女研究论丛》2020年第3期，第89页。
④ 参见刘长全：《以农地经营权配置与保护为重点的农地制度改革——法国经验与启示》，载《中国农村经济》2020年第11期，第141页。

因此,农地权利体系制度改革被视作影响我国农业经济发展尤其是农业内生式发展的决定性因素,构成实施乡村振兴战略的重要制度性保障。[1] 故而,当前阶段所提出的承包地"三权分置"法制改革的重要制度性目标便是提升农地的产出及优化配置效率[2],夯实乡村振兴的承包地法律制度基石。

第二节　农地"两权分离"权利结构的功能及其困境

在《民法典》编纂和《农村土地承包法》修正之前,家庭承包经营制度构成了我国基本的农地制度。必须承认,这一农地制度的建立具有很强的历史原因,而且于改革开放伊始对于激励农民的生产积极性、促进农业生产力以及化解农民的温饱难题起到了重要作用。然而,随着时代发展,我国农业经济推进到了新的阶段和水平,尤为重要的是,现代农业发展的适度规模化、集约化和专业化的发展态势必然要求构建较为流畅的农地权利流转机制。[3] 在当前阶段,我国农村经济活力的释放以及农地资产的放活,首要前提就是构建契合我国农业发展需求的土地权利制度。

一、农地"两权分离"权利结构的制度功能

新中国成立以来,我国农村推行了多次土地制度改革,尤其自改革开放以来我国确立的"以家庭承包经营为基础、统分结合的双层经营体制",极大地适应和促进了农村生产力的发展和进步,调动了农民从事农业生产的积极性,并帮助农户解决了温饱难题。[4] 由此,也能看出农村土地权利体系对农村经济发展的重要价值。

(一) 农地"两权分离"权利结构的规范价值

从历史上看,我国能够取得农村改革和发展成功的原因,关键就在于法律

---

[1] 参见公茂刚、辛青华:《新中国农地产权制度变迁研究》,载《经济问题》2019年第6期,第11—20页。
[2] 参见王海娟、胡守庚:《农村土地"三权分置"改革的两难困境与出路》,载《武汉大学学报(哲学社会科学版)》2019年第5期,第184—185页。
[3] 参见丁文:《论土地承包权与土地承包经营权的分离》,载《中国法学》2015年第03期,第159—178页。
[4] 参见赵延安、张蚌蚌:《我国封建社会土地法律制度演替及当代启示》,载《西北农林科技大学学报(社会科学版)》2019年第5期,第148页。

建构了农地所有权归属于集体,而农户享有土地承包经营权的农地"两权分离"制度,于农地集体所有权之上建立了以农户的土地承包经营权为核心的农村土地权利体系。[1] 承包地"两权分离"之下的土地承包经营权是于特定历史阶段形成的,实质上是一种用益物权,它的制度基础在于坚持农村集体土地所有制,旨在解决农民温饱问题,实现承包地为农户所使用,大大激励了农民的主动性[2],可以称作我国农村土地发展的重大创新。

在家庭联产承包的制度架构中,农村土地实际上至少承载着两项功能:其一,对农民生存的保障性功能;其二,对农业生产的促进性功能。在这一制度得以推行的初期,以农户为单位的家庭经营很好地彰显了保障生存与促进生产这两项价值。首先,就生产功能而言,这一制度从根本上调动了农户从事生产经营的积极性,极大地促进了农业生产效率的提升;其次,就保障功能而言,农业生产的发展为解决农民的"温饱"提供了物质性基础。在此时期,以公平性配置为基础的承包地分散经营能够较好地满足农户家庭生活的基本"温饱"需求。[3] 在实行家庭联产承包责任制之前,中国作为传统的农业大国,即便有80%的从业者经营农业,但仍无法解决吃饭问题,尤其是农村人口更加困难,甚至陷入贫困状态。从20世纪80年代开始,农村逐步推行承包地包产到户,在制度层面体现为由农地集体所有权中分离出农户享有的土地承包经营权,助推农村市场经济的发展,利用短短几年时间就解决了中国温饱问题。[4] 可见,这种农地制度结构很好地化解了长期困扰我国社会发展的温饱难题。

在特定的历史时期,承包地"两权分离"权利结构提升了农村生产效益。据学者实证考察和统计,相较于我国农业集体化生产时期的农地集体所有和集中统一经营体制,承包地"两权分离"权利结构能够有效地提升现代农业的生产效率。例如,有学者在分析统计了从1970年到1987年我国28个省市关于农业投入和产出的数据后发现,1978—1984年我国农业生产增长的主要原因在于承包地"两权分离"权利结构改革以及化肥施用量的增加,其中,承包地"两权分

---

[1] 参见程雪阳:《重建财产权:我国土地制度改革的基本经验与方向》,载《学术月刊》2020年第4期,第99页。
[2] 参见彭新万:《乡村振兴战略背景下农民的主要问题》,经济管理出版社2020年版,第78页。
[3] 参见陶善信:《农地产权间的功能冲突与调和——基于保障与生产功能关系的辨析》,载《经济学家》2021年第4期,第122页。
[4] 参见洪银兴、王荣:《农地"三权分置"背景下的土地流转研究》,载《管理世界》2019年第10期,第113页。

离"权利结构改革对农业生产增长的贡献率为48.6%,而后者的贡献率为32.2%。① 循此,农地制度对提升农业生产效益的作用显而易见。

另外,农户对承包地享有的经营权蕴含着对农户的社会保障价值。我国改革开放本就开始于农村,尤其以20世纪80年代初我国推行家庭联产承包责任制为标志,农地权利结构沿用至今的就是农地"两权分离"权利体系,具体而言,将承包地的所有权归属于农村集体,由农户享有承包地的经营权。在此种权利结构运行的很长一段时期,农户对于自己家庭承包的耕地进行实际经营,承包和经营合二为一。在此情景下,农业收入构成农户的主要收入来源,农地实际上承载着非常重要的社会保障价值。因此,法律禁止将土地承包经营权作为抵押客体,进而防止产生农民失地状况。② 可见,这是我国城乡二元结构之下农村社会保障体系的重要体现。

(二)承包地"两权分离"权利结构发挥制度功能的缘由

通过实行家庭承包制,将集体所有的农村土地发包给农户的原因在于,完全计划经济时代的集体生产经营方式极大地挫伤了农民的劳动积极性。此时,以发包方式将承包地交由农户经营后,大大调动了农户的积极性,承包地的经营效益也随之大为提高。③ 有学者就直接指出,"农户"的概念滥觞于计划经济时代,实质上属于为适应当时社会的发展需要而由法律塑造的经营主体,本来并非独立的民事权利主体,在法律上"农户"的立法表达实际上是家庭的别称,延续了计划经济时代的表达方式,将承包经营权的主体定位为"农户",则更多乃基于农业生产效率的考量。④

在《农村土地承包法》修正之前,为更好地保障农民的生存权益,法律严格限制农户享有的土地承包经营权的转让,并禁止其抵押。按照原《农村土地承包法》的规定,承包经营权在进行流转时,受让方应当具有从事农业生产的能力,并且该转让应取得发包方的同意,且转让时本集体经济组织的成员拥有优先受让权。依据原《物权法》第一百三十八条的规定,虽然农村的"四荒地"可以

---

① 参见林毅夫:《制度、技术与中国农业发展》,上海三联书店2014年版,第50—74页。
② 参见林一民、林巧文、关旭:《我国农地经营权抵押的现实困境与制度创新》,载《改革》2020年第1期,第124—125页。
③ 参见安子明、齐海滨:《论农地规模经营的权利结构》,载《政法论坛》2019年第4期,第15页。
④ 参见范朝霞:《稳定土地承包关系视域下土地承包经营权继承的法理阐释与规范路径》,载《财经理论与实践》2020年第2期,第147页。

抵押方式进行融资,但是,该法第一百八十四条以及原《担保法》第三十七条均明确禁止耕地使用权抵押。制定上述严格限制农地权利流转的法律条款的原因,主要是考虑到承包地是农民安身立命的保障,防止农户失地,[①]也契合当时的社会经济发展阶段。

经由农业生产的人民公社到家庭联产承包责任制下的包产到户,我国的农业经营模式也从"集体所有、集体经营"转变为了"集体所有、分户经营"。过去几十年的农业生产实践充分证明,"家庭承包经营为基础、统分结合的双层经营体制"属于中国特色社会主义农村法律制度的重要变革,极大地促进了我国农业生产力的提升,为我国农村经济的发展带来了活力。[②]此种农村集体所有权和农户对农地的使用权相分离的农地生产经营方式,通过《农村土地承包法》的法律形式加以确认。

于相当长的一个阶段,承包地"两权分离"权利体系在农户的社会保障方面发挥了重要的功能。尤其需要说明的是,当我国处在推进城镇化的发展过程中时,国家缺少足够的能力建立和健全覆盖城乡一体的社会保障机制。此时,承包地"两权分离"权利结构中的承包经营权制度实际上就发挥了对农户的社会保障功能,能够使农户即便于城市就业或创业失败后也能够返归农村,起到稳定社会秩序的功能,使得农村能够作为我国现代化发展的稳定器及蓄水池。[③]正是基于承包地"两权分离"制度有效地提升了农业经营效益,契合经济学的发展逻辑,国家层面对维护承包经营关系的稳定性非常关注,且多次强调要保持长久不变,尤其是于第二轮延包到期时将之前的"大稳定、小调整"思路修正为"增人不增地、减人不减地"的方针。[④]

二、农地"两权分离"权利结构存在的问题

(一)农村进城人员增多导致出现农地撂荒现象

伴随我国经济发展的推进,之前的承包地制度结构的缺陷逐渐显现。其

[①] 参见高小刚、谷昔伟:《"三权分置"中农地经营权融资担保功能之实现路径——基于新修订〈农村土地承包法〉的分析》,载《苏州大学学报(哲学社会科学版)》2019年第4期,第73页。
[②] 参见杨敬之、王天铮:《"三权分置"改革下农地承包权的法律思考》,载《农村经济》2019年第3期,第35页。
[③] 参见李怀:《集体地权整合、农村经济发展与乡村治理现代化》,载《新视野》2021年第2期,第90页。
[④] 参见廖洪乐:《农地"两权"分离和"三权"分置的经济学与法学逻辑》,载《南京农业大学学报(社会科学版)》2020年第5期,第111页。

一,之前仅依靠单独的农户进行农业耕作的效率不高,经济效益并不明显,构成了现代农业生产规模化经营的现实性障碍,无法建构现代农业的集约化经营模式。其二,伴随着城市化进程的推动,许多农户进城务工之后成为推动我国工业、建筑和服务业发展的重要生力军,这也导致他们对农地的依赖程度明显降低。与此相对,之前对土地承包经营权流转的限制性规范,直接决定了农户享有的土地承包经营权不但未成为他们的财产权,甚至于某种程度上成为农户移居城镇的牵绊。在此背景下,若仍然维持之前的承包地"两权分离"权利结构,会出现农户撂荒农地和计划进行规模化农业经营的当事人需用土地而不得共存的局面。[①] 这两种情形的碰撞形成农地法制改革的制度困境,成为盘活我国农村承包地资源必须面对的现实困境。

目前阶段,我国农业生产经营面临的现状是承包地经营较为分散而没有适度的集中,承包地细碎化的经营局面阻碍了我国现代化农业经营的进程。尤其是,我国城镇化进程在近年来获得了长足的发展,许多农村人口已离开乡村,导致数量众多的农户虽然是土地承包经营权的享有者但实际上已不在农村从事农业耕作,彰显着承包地权利体系整合的实践面向性。[②] 农村土地制度是我国农村社会的重要基础,农村改革40余年来,农村土地制度不断演化,以期适应和促进生产力的发展。但是,随着工业化、城镇化进程加快,仍存在两对不可调和的矛盾:一是以分散经营为主要特征的家庭承包责任制现状与土地要素激活、规模经营之间的矛盾;二是"人地分离"型人地关系、"城乡两栖"式人口迁居状态与农业专业化、土地资源高效利用之间的矛盾。[③] 这种实践困境呼唤着对承包地权利体系进行必要的整合。

迈入21世纪之后,以承包地"两权分离"为特点的农地制度体系依然具有内在的稳定性,但是,这种结构中的一些具体制度却难以应对农地实践的发展需求。尤其是,农村劳动力资源的大量非农就业实际上已经导致农户和承包地的法律关系呈现多元化的趋势,农户承包农地之后可能不会直接经营和使用土

[①] 参见辜明安、梁田:《农地"三权分置"法制化与承包经营权制度的完善》,载《河北法学》2020年第2期,第23—24页。
[②] 参见印子:《"三权分置"下农业经营的实践形态与农地制度创新》,载《农业经济问题》2021年第2期,第27页。
[③] 参见邢敏慧、张航:《家庭生命周期对农户土地承包权退出意愿的影响研究》,载《干旱区资源与环境》2020年第2期,第10页。

地,有相当数量的农户实际上已进行了承包地使用权的流转。① 大量农户向城镇转移也导致留守农户的耕作积极性已经难以存续,也在很大层面上影响到承包地的制度安排。② 原因在于,农民对更加美好生活的期待在不断提高,已逐渐超越了仅实现"温饱"层次的阶段。这并非仅仅通过农地分散性经营的产出水平就能满足,加之城镇化进程的加快,进而导致大量农民离开农业经营而外出务工。但是,按照之前的农村承包地权利体系,受制于身份限制,农户很难将土地的承包经营权顺畅地流转给他人,从而致使承包地撂荒严重,影响到整个农业生产经营。③ 换句话说,接下来很长一段时间,我国农业发展的前提性问题是解决地难种的困境,化解承包地使用权以及承包地地块细碎的问题,进而再去探讨从小农户到现代农业的转变问题。④

伴随社会经济的发展以及人们对较高生活水平的期待,以家庭生产经营方式来实现农民生存保障和促进生产功能的矛盾就逐渐呈现出来。传统的农业生产经营模式之下,工业化和城市化对农村劳动力资源的需求以及与农业收入相比相对较高的收益,使得进城务工的农村居民人数激增,加剧我国农地抛荒闲置现象,既造成了我国农地资源的浪费,也限制了农地资产所蕴含的经济产业活力的释放。⑤ 长期以来,耕地细碎化及分散化经营导致农地的生产效益并不高,如果农村的劳动力资源转向非农就业的障碍被清除,那么,农户基于为家庭取得更多收入的考量难免会从事兼业化活动,甚至导致承包地呈现非农化的现象。⑥ 这将直接导致在一些地方出现农村承包地的抛荒闲置现象。

农地"两权分离"之下所产生的矛盾,在本质上要归因于农户对土地的依赖程度逐渐降低,农地对农户的价值由原来的生产和生活保障价值转向财产性价值。目前,农户增加收入的主要来源仍要归属于进城务工经商取得的收入,农村经营性收入在农户家庭总收入中所占的比重在逐年下降。产生这一现象的

---

① 参见高帆:《中国城乡土地制度演变:内在机理与趋向研判》,载《社会科学战线》2020 年第 12 期,第 59—60 页。
② 参见安子明、齐海滨:《论农地规模经营的权利结构》,载《政法论坛》2019 年第 4 期,第 15 页。
③ 参见陶善信:《农地产权间的功能冲突与调和——基于保障与生产功能关系的辨析》,载《经济学家》2021 年第 4 期,第 122 页。
④ 参见贺雪峰:《关于"十四五"期间推进乡村振兴的若干问题探讨——学习〈"十四五"规划建议〉的体会》,载《广西大学学报(哲学社会科学版)》2021 年第 1 期,第 91 页。
⑤ 参见丰华:《以农地金融盘活农村土地资产》,载《学术交流》2020 年第 10 期,第 107 页。
⑥ 参见陈忠明、姜会明:《从耕者有其田到耕者耕其田——基于土地承包权的流转》,载《新疆社会科学》2019 年第 1 期,第 37 页。

原因并不复杂,毕竟农业产值占国家GDP的总比重也在持续下降,家庭农户单纯依靠承包地的传统农业经营性收入很难达到致富的目的。[1] 这将必然导致一些地区在承包地经营中产生撂荒景象,也使得原本就非常稀缺的农地资源无法实现物尽其用。[2] 实际上,在我国一些农村地区,受工业化和城市化对进城务工人员需求增加的影响,大量农村居民向城镇流动,造成农地撂荒闲置,这既导致了农地资源浪费,也妨碍了农地资产活力的释放,已到了必须重视的程度。[3]

当前,许多农村集体成员怠于从事农业生产的实际状况,直接倒逼集体组织努力寻求与现代农业发展相适应的经营模式。[4] 近年来,城镇化的快速推进促使农业人口向城镇不断转移,许多农户举家迁入城镇定居,使得许多地方出现了农户不在农村的现象。在农村地区,这些在农村仍然保有承包地,但是全家已经不在承包地所在的农村集体长期居住或者户口已经迁出的农户往往被称作不在村农户。这一问题已经引发很多农村集体的关注。一方面,这种现象增加了本集体经济组织内部关于承包经营权的享有和实际使用的矛盾和冲突。另一方面,这种现象增加了本集体经济组织对于农村承包地事务决策和执行的成本,而且对土地承包经营权"长久不变"以及落实承包经营权到期再延长30年的政策造成了新的挑战。[5] 应当注意到,制定科学合理的农地使用和管理制度,需要关注由于农户进城定居引发的不在村农户问题,在秉承农村承包经营关系稳定以及长久不变的基础上,构建更为科学合理的助推土地承包经营权享有、流转和使用的制度规范。

就农地资源配置而言,把农村土地予以均分承包本质上是平均化的农业资源配置形式,但是,不同的农户之间的经营能力可能存在差异。另外,许多农民离开乡村定居城镇的流动形式也直接加剧了有地无人和有人无地的冲突现象,

---

[1] 参见贺雪峰:《关于"十四五"期间推进乡村振兴的若干问题探讨——学习〈"十四五"规划建议〉的体会》,载《广西大学学报(哲学社会科学版)》2021年第1期,第89页。
[2] 参见陈文静、张朝阳、许帅,等:《农地功能视角下兼业农户承包权退出行为分析》,载《河南农业大学学报》2021年第1期,第172页。
[3] 参见丰华:《以农地金融盘活农村土地资产》,载《学术交流》2020年第10期,第107页。
[4] 参见孙敏:《近郊村的"反租倒包":三权分置与三重合约》,载《农业经济问题》2020年第7期,第70—72页。
[5] 参见王小映、王得坤:《不在村农户与承包地政策的完善》,载《农村经济》2019年第11期,第1页。

这种城镇化进程倒逼着农地资源权利的优化配置。① 我国幅员辽阔，不同区域承包地资源的禀赋不同，在具体的农业生产方式上尚存在着差异。② 例如，近些年来，一些农村呈现出农业粗放经营，乃至出现土地撂荒的境况。又如，有些地区的农业生产者出现了老龄化的问题，以至于有学者甚至认为我国的农业生产已进入老人农业时代。③ 可见，就总体而言，传统的农户细碎化经营已同我国现代化农业适度规模发展存在难以适应之处，农地耕作问题需要引起足够重视。于此背景下，农地的适度规模经营有助于实现现代农业的可持续发展，进而保障国家的粮食安全和社会发展。④

（二）细碎化经营阻碍农地适度规模经营的实现

农地的细碎化生产经营方式，以及对农地生产经营投资不足，是制约现代农业规模化经营的重要障碍。在农地使用权流转和农业生产经营中，计划从事规模化农业经营的主体不可避免地面临着两大困境。其一，农地细碎化经营是农业生产的一种普遍现象，农户组织化程度相对较低。这导致农地难以实现集中连片经营，农地使用权流转效率不高，交易成本过大。其二，向农业投资的资金短缺、动力不足。这导致农地整治和农业基础设施的条件薄弱，影响到现代农业适度规模化经营的实现。循此，需要借助科学的激励措施和必要的金融政策和制度支持，进而降低农地使用权流转的交易成本，推动农地规模化经营过程中必需的专用性投资的增长。⑤ 这既是推进我国实现农业现代化发展和实施乡村振兴战略的重要内容，也是深化农业供给侧改革的关键所在。

按照现代农业技术发展的要求，若要更大限度地提升农业发展的效用，单纯提升农业劳动效率远远不够，尚需提升生产要素和农业科学技术的效率。⑥

---

① 参见王海娟、胡守庚：《农村土地"三权分置"改革的两难困境与出路》，载《武汉大学学报（哲学社会科学版）》2019年第5期，第185页。

② 参见陈阳、张玉臻、叶剑平：《国有农用地利用的实践需求与制度供给》，载《华中农业大学学报（社会科学版）》2020年第5期，第131页。

③ 参见王文龙：《农业现代化转型背景下老人农业定位及其政策研究》，载《经济体制改革》2016年第6期，第71—77页。

④ 参见王晓睿：《土地经营权流转视域下的农业新型经营主体培育》，载《山东社会科学》2020年第3期，第178页。

⑤ 参见南光耀、诸培新、王敏：《政府背书下土地经营权信托的实践逻辑与现实困境——基于河南省D市的案例考察》，载《农村经济》2020年第8期，第83—84页。

⑥ 参见廖洪乐：《农地"两权"分离和"三权"分置的经济学与法学逻辑》，载《南京农业大学学报（社会科学版）》2020年第5期，第111页。

家庭联产承包责任制之下,农地使用权的一个重要特点是土地相对均分,以农户数量进行分配,这种方式能够激励农户的生产积极性,同时能够释放农业的生产活力,但是,这也使农地使用权的配置呈现出细碎化与分散性。① 申言之,农地的细碎化、分散性对现代农业先进技术的应用和农业生产设施的投入和建设造成了一定的负面效应。②

这种细碎化经营会导致农业经营不良的后果。具体体现为:其一,城市的市场经济因素难以渗入或参与到农业生产经营中,导致我国农业生产经营和工业、服务业相较一直处于相对落后的境地;其二,享有农地使用权的农户难以将农地作为融资担保的权利客体,无法借此促进农业生产经营以及改善农业基础设施条件,导致农业生产经营和扩大规模生产往往面临资金短缺的困境,难以向更高规格的现代农业集约化经营转变,一直到现在仍然停留于传统农业的细碎化经营阶段。

很长时间以来,在以家庭承包经营为特色的农地"两权分离"权利体系下,农户进城落户之后依然保留着土地承包经营权,进而出现了"人离地留"的情况。这对农地生产经营产生了不良影响:其一,引发了农地的撂荒或者粗放式经营;其二,于很大程度上对实现农地适度规模经营形成了制度性障碍。③ 于之前的农地"两权分离"权利框架下,农地的细碎化耕作难以达成适度规模化经营的目标,阻碍了我国农村经济的持续健康发展。④ 这也是引发农地低效经营甚至农地抛荒的原因。因此,需要在保障农户增加财产性收入的基础上提升我国农业的生产效益。

细碎化经营也在很大程度上阻碍了新型经营主体的现代农业技术的应用和发展。众所周知,现代农业技术的优势主要体现在通过农地的相对规模化经营,让代表现代农业生产先进技术的大型农业机械、现代农业灌溉设施等以相对较低的成本在农地得以应用。从某种程度上说,农业经营企业的资产数量以

---

① 参见王晓睿:《土地经营权流转视域下的农业新型经营主体培育》,载《山东社会科学》2020年第3期,第178页。
② See Tan S, Heerink N, Kruseman G. "Do fragmented landholdings have higher production costs? Evidence from rice farmers in Northeastern Jiangxi Province, China". China Economic Review. Vol. 19, (2008), pp. 347–358.
③ 参见张勇:《农户退出土地承包经营权的意愿、补偿诉求及政策建议》,载《中州学刊》2020年第6期,第40页。
④ 参见王琳琳:《土地经营权入股法律问题研究》,载《中国政法大学学报》2020年第6期,第91页。

及承包地的经营面积是现代农业经营技术水平的重要体现。但是,就当前农业的平均水平观察,新型农业经营主体呈现出数量多但技术不强的显著特征。据学者统计,截至2017年,我国家庭农场、农民合作社和农业龙头企业的总数量已经有300多万家,但是其平均资产规模却只有18万、60万和300万元,少于其他类型的初创型企业的资产。另外,我国大约有120万户超过100亩承包经营规模的农户主体,有近3000万户的经营规模在10到30亩之间,农地经营规模的细碎化成为阻碍新型经营主体农业生产效率提升的重要原因。[①]

(三)农地"两权分离"无法满足日益增加的农地使用权流转需求

在"两权分离"权利结构下,农户享有的是农地的承包经营权,而不是农村集体土地的所有权,因而农户不能经由土地所有权的交易实现承包地的财产价值。这意味着承包地权利的流动性较差,当农户外出务工时会导致大量的农地出现闲置状况。[②] 随着社会经济条件的发展变化,依据彼时社会状况建立的法律秩序就呈现出了一些滞后性和不合理性。循此,为应对社会经济关系的发展,需要对法律进行必要的修正或变革。[③] 尤其是,在经济发展相对落后的农村地区,人员外出务工会导致人口结构产生很大变化,包括青年一代逐渐构成城镇化的主要力量,而返乡就业者的数量不断减少。这些情况的变化构成了我国当前选择将农地适度规模经营作为农地经营模式改革目标的社会基础。[④] 尤其是,2011年以来,我国农地使用权的流转呈现出了加速的趋势,并且农地使用权的流转主体也更加多元化。[⑤] 与此相伴,农地"三权分置"成为实务和理论界关注的焦点。

伴随我国农村土地制度改革的不断推进,农地"两权分置"权利结构出现了制度困境。我国农村人口向城镇流动的需要,尤其是现代农业的适度规模化经营的需要,都对土地经营权的适度流转有了更高的要求。但是,从现代农业发展的实践需求看,农地使用权流转无法满足我国农村劳动力向城镇转移、农地

[①] 参见罗海滨、方达:《农地"三权分置"、小农户与新型农业经营主体协调发展——一个异质性主体资本积累的视角》,载《农村经济》2020年第2期,第12页。
[②] 参见黄宇虹、樊纲治:《土地经营权出租对农户非农创业质量的影响——基于劳动力迁移和信贷约束的视角》,载《宏观质量管理》2021年第2期,第115页。
[③] 参见[美]罗斯科·庞德:《普通法的精神》,唐前宏等译,法律出版社2001年版,序言第3页。
[④] 参见安子明、齐海滨:《论农地规模经营的权利结构》,载《政法论坛》2019年第4期,第14页。
[⑤] 参见廖洪乐:《农地"两权"分离和"三权"分置的经济学与法学逻辑》,载《南京农业大学学报(社会科学版)》2020年第5期,第109页。

机械化以及农地权利优化配置的需求。由于权利流转的制度限制,许多无力进行耕种或者转移就业、自愿流转农地使用权的农户因缺少市场交易平台或者流转对象范围有限、流转成本太高而无法实现流转目的。[①] 在农地法制实践的倒逼之下,农户自身蕴含的创造性和主观能动性又一次得到了展现。于承包地"三权分置"权利体系被提出之前,在实践中早就已经存有农地"三权分置"的状况。[②] 因而,推行农地"三权分置"应当首先尊重农民的意愿。

于传统农业经营模式之下,农村土地缺少规模经营效益,单纯依靠农业耕种很难实现农户增收目标,也使得农村土地的传统社会保障功能日益转弱。传统的农地"两权分离"权利体系的制度红利已逐渐殆尽,导致一些地区出现农地资源撂荒和浪费严重的现象。[③] 因此,农村人口的大量外移引起的土地撂荒困境大大制约了农地这一重要生产要素的价值,限制了农业经营效益,成为农业适度规模化生产的障碍。就直接原因而言,农村劳动者大量流向城镇在于以农户为单位的生产方式只能为农户带来十分有限的收益,但如果选择外出就业,则取得的收益会大大高于在农村务农。[④] 在此情景下,农户享有的承包经营权的流转就频繁发生,依据《中国农村土地市场发展报告(2018—2019年)》,截至2016年底,我国农村土地经营权的流转面积达到了4.71亿亩,占到整个家庭承包耕地面积的35.1%,尤其是,经由转让、出租方式进行流转的比例分别达到51%、38%。[⑤] 在此意义上,农地"三权分置"法制改革的推进是国家于政策和法律层面顺应时代需求的体现。

基于农地资源的稀缺性及现代农业的快速发展,我国农村的土地制度和农地使用权流转需求应当受到重视。为助推农地资源的合理利用,发展适度规模的农业经营模式,提升农地生产经营的效益,政府不但在政策及制度层面对农地流转予以认可,而且还出台了多项调整和助推农地使用权流转的政策文件支

[①] 参见何国平:《"三权分置"下农户流转耕地行为研究》,载《华南农业大学学报(社会科学版)》2020年第3期,第33页。
[②] 参见覃杏花:《农村集体土地经营权流转制约因素及其应对》,载《江西社会科学》2020年第7期,第222页。
[③] 参见刘桂芝、白向龙:《新时代农地"三权分置"改革的共享发展机制研究》,载《当代经济研究》2021年第7期,第38页。
[④] 参见彭新万:《乡村振兴战略背景下农民的主要问题》,经济管理出版社2020年版,第81页。
[⑤] 参见李超、李瑶:《土地经营权抵押响应对农户土地转出行为的影响——来自宁夏回族自治区农地产权抵押试点区的证据》,载《农业技术经济》2021年第3期,第94页。

撑。尤其是,中央层面于 2014 年提出了农地"三权分置"设想,全国人大常委会于 2018 年修正了《农村土地承包法》,从立法层面确立了"三权分置",通过制度形式明确了三项权利各自的权能以及农地"三权分置"之下农地使用权的流转原则、流转形式等。应当说,生发自 40 余年前的我国农地承包经营制度的目的是激发农户的生产积极性,提升生产效益,而目前推行的农地"三权分置"法制改革则在于激发农地的生产活力,彰显农地的经济价值。[1]

综上可知,新中国成立之后的不同历史阶段和外部环境催生出不同的农地矛盾,也推动了农村土地制度的不断变化,而农地规范的变迁在实质上也是社会主义发展逻辑演变的制度体现。具体而言,新中国成立初期的"耕者有其田"的农民土地所有制是农地政策的逻辑起点,之后的集体所有制体现的是特定时期的社会主义集体土地政策;"家庭联产承包责任制"彰显了特定历史条件下中国特色社会主义的土地制度,成为社会主义发展的历史选择;而农地"三权分置"则凸显了新时代中国特色社会主义的土地方针和政策,具有鲜明的逻辑必然性和实践面向性。[2]

---

[1] 参见洪银兴、王荣:《农地"三权分置"背景下的土地流转研究》,载《管理世界》2019 年第 10 期,第 113 页。

[2] 参见李停:《从两"分"到两"合":新中国成立以来农村土地制度演变的内在逻辑——兼评"三权分置"的时代正当性》,载《理论月刊》2021 年第 1 期,第 28 页。

第二章 农地"三权分置"法制改革的制度意蕴

农地"三权分置"的提出得益于对我国农村经济发展实践经验的深刻总结,已成为当前阶段化解围绕承包地法制改革发生的人地矛盾的法治路径,也是实现农业现代化的重大制度性创新。[①] 这一权利结构构成了我国深化农地法制改革的重要路径,并且是具有中国特色的物权制度之一。

第一节 农地"三权分置"法制改革的背景

一、新中国成立以来我国农村土地制度的不同阶段

为助推农村经济发展,国家从政策层面曾经围绕我国农村集体土地制度的改革进行过数次探索。[②] 从新中国成立至今,我国农村于不同时期推行了不同的农地政策,大致经历过四个阶段,分别为:农民所有制、人民公社集体所有和统一经营制、农村土地集体所有和家庭联产承包责任制、农地"三权分置"权利体系。[③] 简言之,农地政策的演进可大致区分为"分"、"合"、再"分"、再"合"这四个阶段。其中,1949—1953 年施行农民土地私有制,形成第一次"分";1954—1978 年施行农业合作和集体经营,形成第一次"合";1979—2014 年施行家庭联产承包责任制,形成第二次"分";2014 年至今,在农地"三权分置"的政

[①] 参见白雪秋、包云娜:《牧区草场"三权分置"内涵、目标及改革重点——基于〈资本论〉土地所有权理论》,载《华中农业大学学报(社会科学版)》2020 年第 1 期,第 9 页。
[②] 参见覃杏花:《农村集体土地经营权流转制约因素及其应对》,载《江西社会科学》2020 年第 7 期,第 222 页。
[③] 参见申始占:《农地"三权分置"改革困境的法理透视》,载《河北法学》2021 年第 9 期,第 151 页。

策背景下推动土地经营权的流转,农地经营权逐步集中于新型经营者,形成第二次"合"。① 应当说,自改革开放以来,中共中央就非常关注我国农村的发展问题。尤其是,近年来的"中央一号文件"均围绕我国"三农"问题而展开。②

可见,自新中国成立之后,我国的农村土地制度历经多个阶段。这体现为:农民对土地的私有制、集体所有及集体经营的人民公社化制、家庭联产承包责任制,一直到当前为实现农地适度规模经营的承包地"三权分置"。就农民与承包地的结合形式看,我国的农地制度大致可概括为"分"、"合"、再"分"、再"合"的阶段,体现为一种螺旋式上升的形态。③ 如果说在承包经营制度确立的初期,农地"两权分离"权利结构旨在为农户家庭式的经营提供法律制度支持,那么,在其推行30多年之后的农地"三权分置"权利结构则重在为农地适度规模经营提供制度支撑。从表面上看,似乎两种农地权利结构存在不一致之处,但是,这种权利结构的变化实际上正是我国农村土地权利制度不断发展和完善的体现。④ 就改革开放40余年的农地制度变动趋势看,可概括为集体不断对农户享有的农地使用权充实权能的过程。这一过程在本质上同农村经济发展所要求的推动农村生产力发展、提高农户融资能力和提升农业现代化水平相伴。

自改革开放开始,我国农村产生巨大改变。基于农户关于"耕者有其田"的

---

① 参见李停:《从两"分"到两"合":新中国成立以来农村土地制度演变的内在逻辑——兼评"三权分置"的时代正当性》,载《理论月刊》2021年第1期,第21—22页。
② 在《民法典》颁布和《农村土地承包法》修正之前,对"三权分置"的推动主要体现在国家政策层面,尤其是中共中央、国务院自2014年首次通过中央一号文件的形式提出"三权分置"改革设想以来,连续八年的中央一号文件对此均有强调。参见中共中央、国务院《关于全面深化农村改革加快推进农业现代化的若干意见》(2014年中央一号文件);中共中央、国务院《关于加大改革创新力度加快农业现代化建设的若干意见》(2015年中央一号文件);中共中央、国务院《关于落实发展新理念加快农业现代化实现全面小康目标的若干意见》(2016年中央一号文件);中共中央、国务院《关于深入推进农业供给侧结构性改革加快培育农业农村发展新动能的若干意见》(2017年中央一号文件);中共中央、国务院《关于实施乡村振兴战略的意见》(2018年中央一号文件);中共中央、国务院《关于坚持农业农村优先发展做好"三农"工作的若干意见》(2019年中央一号文件);中共中央、国务院《关于抓好"三农"领域重点工作确保如期实现全面小康的意见》(2020年中央一号文件);中共中央、国务院《关于全面推进乡村振兴加快农业农村现代化的意见》(2021年中央一号文件)。另外,通过"三权分置"改革实现农地适度规模经营的设想,在国家层面的其他政策文件中也有体现,至少包括:中共中央办公厅、国务院办公厅《关于引导农村土地经营权有序流转发展农业适度规模经营的意见》(2014年);中共中央办公厅、国务院办公厅《深化农村改革综合性实施方案》(2015年);中共中央办公厅、国务院办公厅《关于完善农村土地所有权承包权经营权分置办法的意见》(2016年)。
③ 参见李停:《"三权分置"视域下中国农地金融创新研究》,载《现代经济探讨》2021年第5期,第131页。
④ 参见申始占:《农地"三权分置"改革困境的法理透视》,载《河北法学》2021年第9期,第151页。

现实性需求,伴随包产到户的推行,我国承包地集体所有权和土地承包经营权发生了首次分离,进而在很大程度上提升了农户的农业生产积极性,大幅提升了农业生产效益。由于承包地包产到户的制度性激励,农户的积极性大大提升,农业生产的监督成本逐步减少,为农业发展提供了重要动力。

当然,这种经营模式也使我国农业形成了以小农户生产为主的局面。伴随城镇化和工业化的快速发展,零碎化的经营方式已不符合现代农业发展的需求。① 这也预示着以单个农户为特征的农业生产经营方式,以及其在法律层面体现的将农地的所有权归属于农村集体、由农户享有农地的经营权的"两权分离"制度结构,必然需要修正。

另外,在过去的40余年间,我国经济社会取得了飞跃式的发展,尤其是,工业化和城镇化进程推动了我国城乡二元结构的壁垒逐渐消融,农民可以选择的就业范围得到了很大的拓展,流向城市的农业人口数量与日俱增。随着农业生产力的提升,农地使用权流转的现实性需求逐渐呈现,家庭承包责任制度中蕴含的农户对承包经营权的权利身份属性对承包地使用权流转的限制日益明显,也限制了农业生产效益的提升。

二、农地"三权分置"权利结构的入法过程

在农地法制改革的进程中,由"两权分离"至"三权分置"的农地法制变革,是一项关系到我国工业化、城镇化和农业发展现代化的重要课题和系统性工程。近年来,为了实现农业可持续发展的目标,国家继续推行农村承包地的权利体系改革。其中,2014年中央一号文件明确指出,"在落实农村土地集体所有权的基础上,稳定农户承包权、放活土地经营权"。党的十九届四中全会指出:"实施乡村振兴战略,完善农业农村优先发展和保障国家粮食安全的制度政策,健全城乡融合发展体制机制。"② 党的十九届五中全会则进一步提出,要优先发展农业农村经济,全面推进乡村振兴战略,深化农村改革。③ 2021年2月,

---

① 参见罗海滨、方达:《农地"三权分置"、小农户与新型农业经营主体协调发展——一个异质性主体资本积累的视角》,载《农村经济》2020年第2期,第7页。
② 参见《中共中央关于坚持和完善中国特色社会主义制度 推进国家治理体系和治理能力现代化若干重大问题的决定》,载《人民日报》2019年11月6日,第01版。
③ 参见《中共中央关于制定国民经济和社会发展第十四个五年规划和二〇三五年远景目标的建议》,载《人民日报》2020年11月4日,第01版。

中央办公厅、国务院办公厅印发的《建设高标准市场体系行动方案》再次指出，"推动经营性土地要素市场化配置……"。可见，从提出该项农地"三权分置"法制改革设想开始，其便成为学界对农地新型权利体系进行研究的重点领域。这主要集中于"三权分置"的内涵、制度价值[①]、农村土地权利体系的建构[②]以及土地经营权的法律定性[③]等诸多方面。

作为新型农地权利体系的集中体现，"三权分置"制度架构就是于此背景下形成的。2014年中央一号文件首次从国家政策层面提出农地"三权分置"改革设想，使得之后《农村土地承包法》的修正具有了政策基础。虽然国家层面出台的关于农村发展的政策坚持的是多维度的整体性发展思路，但是，核心路径之一是围绕农村集体土地权利制度而展开。应当说，作为我国的一项基本制度，农地集体所有制度是我国进行农村集体经济制度改革的核心关注点之一。

当前的农地法制改革构成了我国农村法律制度改革的重要内容，于农村集体土地所有权和农户土地承包经营权"两权分离"的前提下实现了农村集体土地所有权、农户土地承包经营权和新型经营主体土地经营权的"三权分置"。[④] 农村土地是从事农业生产的基础性生产要素，而农村土地权利结构的科学建构有助于保障各方权利人的合法权益，有利于助推农地要素的流动和农地权利的科学配置，进而经由土地经营权的适度流转和融资担保等形式推动其他农业生产要素的投入。

恰是当前经济社会转型引发的劳动力转移、承包地实际经营者身份的变化以及市场经济发展带来的就业机会增加，提高了对承包地使用权流转的需要。为推动承包地权利流转及适度规模经营，必须重新构建承包地权利体系，适度放活土地经营权。[⑤] 在此基础上，推动承包地权利体系结构的细化，并最终塑造承包地"三权分置"权利结构。

[①] 参见肖卫东、梁春梅：《农村土地"三权分置"的内涵、基本要义及权利关系》，载《中国农村经济》2016年第11期，第17—29页。
[②] 参见伊庆山：《"三权分置"背景下农地权力体系的重构、制度优势及风险规避》，载《西北农林科技大学学报（社会科学版）》2017年第4期，第32—39页。
[③] 参见朱继胜：《"三权分置"下土地经营权的物权塑造》，载《北方法学》2017年第2期，第32—43页。
[④] 参见公茂刚、王佳虹：《农业补贴、"三权分置"与农户农业生产经营——基于CHFS数据的实证分析》，载《统计与信息论坛》2021年第1期，第91页。
[⑤] 参见谢冬水：《经济社会转型与农村土地产权变迁：中国的经验证据》，载《华中科技大学学报（社会科学版）》2020年第4期，第74页。

可见，农地"三权分置"法制改革是推进乡村振兴战略的重要举措之一，亦构成释放农村发展活力的关键制度环节。从2014年至今，国家在农地政策层面明确了构建农地"三权分置"权利结构的改革思路。为实施乡村振兴战略，国家层面提出一系列深化农地制度改革的措施。这集中体现为创设农地"三权分置"制度，并推行一系列相配套的试点政策。我国每一次土地制度改革基本均是政策先行，等实践试点检验后，再通过法律的形式将之固化。对此，虽然可能会存有政策先于法律的说辞，但是，毕竟农地法制改革涉及利益巨大，通过先行试点的方式对农地政策进行调整和检验，在很大程度上可以提高农地立法的实效性，突破成文法规定的局限性。[①] 这些农地改革措施经过一些试点地区的实践，已然展现了良好的成效。

伴随农地"三权分置"在农地试点工作中的成效，加之重大改革实践必须有法律依据，因此，对农地"三权分置"入法的讨论引起关注。从2014年开始，为推进全面依法治国战略，党的十八届四中全会提出编纂《民法典》的设想，并于之后就正式启动《民法典》编纂工作。2017年3月，《民法总则》获得通过之后，包括物权编在内的《民法典》各分编的编纂工作启动，于是，针对农地"三权分置"是否可纳入物权编的讨论就不断出现。然而，究竟是把农地"三权分置"直接纳入物权编进行规范，然后再于具体部门法（如《农村土地承包法》）中去考虑具体的制度设计，还是先于《农村土地承包法》中进行规范，之后再于物权编中加以规定呢？立法机关经过考虑，最终采纳了第二套思路。如此选择的重要缘由，要归因于农地"三权分置"法制改革事关重大，属于关系到我国农村土地法治实践和改革的重大决策，必须由国家层面慎重作出决策，而且要经由特定的部门法去专门规范其中的具体问题。

在此立法背景下，历经数次审议，农地"三权分置"权利体系被纳入2018年修正后的《农村土地承包法》之中。这构成了此次《农村土地承包法》的重大修正，对自2014年以来中央层面关于农地"三权分置"的重大部署在立法层面予以了确立，突破了之前农地"两权分离"权利结构。[②] 尤其是，在法律制度层面对进一步推动土地经营权的适度流转进行了更加深化的市场化设计。

---

① 参见刘云生：《土地经营权的生成路径与法权表达》，载《法学论坛》2019年第5期，第23—24页。
② 参见龙卫球：《民法典物权编"三权分置"规范的体系设置和适用》，载《比较法研究》2019年第6期，第56—57页。

在乡村振兴战略的推动下,全国人大修正了多项与此相关的法律,并已逐渐实施。例如,修正后的《农村土地承包法》对自2014年中央一号文件提出的农地"三权分置"改革思路进行了落实,且于《土地管理法》等法律制度的修正和《民法典》的颁布实施中予以确认。① 尤其是,2020年5月28日,第十三届全国人民代表大会第三次会议通过的《民法典》对农地"三权分置"的权利体系予以了确认,对此轮承包地法制改革进行了回应,贯彻了农村土地所有权、承包权和经营权分置的制度设计路径。又如,修正后的《农民专业合作社法》不仅扩充了农民合作社的范围,而且增添了"农民专业合作社联合社"专章,调整不同农民合作社的联合和合作的法律关系。再如,修改后的《土地管理法》对我国农村承包地的占有补偿等问题进行了调整。尤其是,已颁布实施的《民法典》将农村集体经济组织和合作经济组织的性质确认为特别法人,这对于主体参与农村市场经济和践行乡村振兴战略具有非常重大的价值。② 不同社会阶段的经济生活具有不同的特征。《民法典》作为社会经济生活基本需求的制度反映,也被打上了鲜明的时代烙印,为乡村振兴战略的实施提供了制度性依据。③

第二节 农地"三权分置"法制改革的价值

农地国家政策只有提升为法律制度方能体现其稳定的价值。④ 为顺利实施乡村振兴战略,我国全面持续推进农村法制改革,尤其是,以"三块地"改革为核心的农地权利制度改革日益向纵深推进。在此背景下,农地"三权分置"已由法政策上升为法规范,且进入实际的贯彻实施阶段,改革成效明显,具有鲜明的实践面向性。⑤ 因此,探讨农地"三权分置"的制度价值就显得尤为关键。这对于推动农地"三权分置"权利体系的解释适用,深化我国农村土地法律制度改

---

① 参见高圣平:《民法典物权编的发展与展望》,载《中国人民大学学报》2020年第4期,第23页。
② 参见孔祥智:《乡村振兴:"十三五"进展及"十四五"重点任务》,载《人民论坛》2020第31期,第39—40页。
③ 参见高圣平:《民法典物权编的发展与展望》,载《中国人民大学学报》2020年第4期,第20页。
④ 参见丁关良:《土地承包经营权上设定土地经营权的若干问题思考和质疑》,载《天津商业大学学报》2019年第3期,第3—13页。
⑤ 参见管洪彦:《宅基地"三权分置"的权利结构与立法表达》,载《政法论丛》2021年第3期,第149页。

革,以及助推乡村振兴战略的实施意义重大。①

一、化解农地细碎化经营弊病以实现适度规模经营

(一) 有助于化解农地细碎化经营弊病

随着现代农业的发展,农地"两权分离"的弊病和局限性逐渐显现出来。从制度设立的初衷看,农户承包经营权的设置目的在于经由推行家庭承包制来带动农户从事农业生产经营的主动性。毫无疑问,该项制度在改革开放初期极大地提升了我国的农业生产力。

伴随社会经济的进步,承包地仅能由农户进行承包经营的身份禁锢已逐渐形成制约农业实现适度规模运营的因素。② 之前,于农地"两权分离"体系下,作为集体经济组织成员的权利主体,必须具有集体经济组织的成员资格。③ 20世纪70年代末80年代初,逐步推行承包地包产到户,"人均一亩三分地"的现象较为形象地体现了农户独立经营的承包地规模非常小,呈现细碎化的特征,这也是我国农业经营的基本特点。④ 在乡村振兴的战略背景下,促进农业适度规模经营必将是当前和将来很长一段时期我国农业发展的主基调,而且是实现我国农业现代化的核心任务。⑤ 可见,适度扩大农地的经营规模就成为助推农业生产实现现代化,进而提升我国农业生产力的必然选择。

当前,农业规模化经营是现代农业发展的趋势,也是我国承包地经营制度和经营形式转型的重要创新路径。⑥ 农村土地法制改革必须面对的重大命题就是提升农地利用效率,助推农业适度规模经营发展,形成更为科学和完善的农业生产要素市场化配置机制。从微观层面来看,农户进城务工者面临着普遍

---

① 参见刘禹宏、杨凯越:《中国农地制度之纷争:"三权分置"的权利关系、法理冲突及其解决途径》,载《安徽师范大学学报(人文社会科学版)》2020年第2期,第141页。
② 参见房绍坤、张旭昕:《"三权分置"下农地权利入股公司的路径与规则》,载《湖南大学学报(社会科学版)》2019年第6期,第126页。
③ 参见李爱荣:《"户"作为集体经济组织成员权的行使主体探析》,载《当代法学》2019年第6期,第104页。
④ 参见王晓睿:《土地经营权流转中预付租金的实现逻辑》,载《吉首大学学报(社会科学版)》2019年第6期,第152页。
⑤ 参见靳相木、王永梅:《新时代进城落户农民"三权"问题的战略解构及其路线图》,载《浙江大学学报(人文社会科学版)》2019年第6期,第157页。
⑥ 参见杜志雄、肖卫东:《农业规模化经营:现状、问题和政策选择》,载《江淮论坛》2019年第4期,第11页。

的难以融入城镇的难题,而且非农就业机会也具有一定程度的不稳定性。在这种情况下,为进城务工的农户仍然保留承包地经营权便可能是一种较为理性的制度选择,但这也可能导致农地的集约化和规模化经营无法随着城市化进程的加快而得到实现。2016年,我国从事适度规模经营的农户占全国总农户的比例为1.9%,从事适度规模经营的农户的经营人员占全国从事农业生产经营人员的比例为4.1%,播种面积大于10亩的小麦经营户在全国从事小麦经营的农户中占比为8.72%,播种面积大于10亩的玉米经营户在全国从事玉米经营的农户中占比为11.95%。[1] 这一数据和比例说明当前我国从事农业经营者所平均经营的农地面积相对较小,在很大程度上会限制我国农业生产效益的提升。

在此背景下,需要转变传统的家庭细碎化经营模式,助推农地经营权的顺畅流转以及农业适度规模经营目标的实现,化解我国农业竞争力不强的问题,并保障重要农产品的有效供给。农地"三权分置"权利改革就是为解决上述问题而展开,新创设的土地经营权旨在通过推动承包地的有效使用以提高农业经营和发展的效益,转变很长时期以来我国农业细碎化经营及发展缓慢的问题,并助推农村集体经济的发展壮大。[2] 尤其是,自党的十八大之后,国家开始于农地"三权分置"结构下加强农地权利体系改革。可以说,《民法典》于很大程度上体现了此轮农地法制改革的成效,把农地法制改革中可以复制和推广的可行经验上升到法律层面。尤其是,关于土地经营权的规范既确认了农地"三权分置"法制改革的成效,亦可为提升承包地利用效益、助推现代农业发展提供制度依据。[3] 另外,注重在农地"三权分置"结构下维护我国农村承包经营关系的稳定性,鼓励采取家庭农场、农业合作社、农业公司等多种具体形式开展适度规模经营等[4],均体现了农地"三权分置"权利结构的制度价值。换句话说,科学优化和合理配置土地经营权,是坚持家庭承包经营前提下推动农业适度规模经营的基本导向,也是经由农地权利体系改革以实现我国农业现代化的基本依循。

---

[1] 数据来源于第三次全国农业普查,转引自高帆:《中国城乡土地制度演变:内在机理与趋向研判》,载《社会科学战线》2020年第12期,第64页。
[2] 参见李怀:《集体地权整合、农村经济发展与乡村治理现代化》,载《新视野》2021年第2期,第91页。
[3] 参见高圣平:《〈民法典〉与农村土地权利体系:从归属到利用》,载《北京大学学报(哲学社会科学版)》2020年第6期,第153页。
[4] 参见刘长全:《以农地经营权配置与保护为重点的农地制度改革——法国经验与启示》,载《中国农村经济》2020年第11期,第131页。

在推进实践试点中,农地"三权分置"在很大程度上推动了承包地的适度规模化和集约化经营进程,强化了承包地的生产要素配置作用。① 打破原来农地"两权分离"权利体系中的制度性瓶颈,尤其是新创设土地经营权,是此次农地"三权分置"法制改革中的最大亮点,更是被看成深化我国农村土地制度改革的重要举措和制度创新。② 此项权利的创设,标志着本轮农地法制改革已由政策层面提升为法律层面,更加具有制度生命力以及能够更好地服务于农地实践,即经由法律对农地权利的强制性保护以助推农村经济的持续发展。

农地的适度规模化和集约化经营是从我国传统农业向现代农业经营转型的必然选择,其中,实现承包地的集约化经营是重要目标之一。③ 农地"三权分置"法制改革的价值在于经由权利体系的革新,克服承包地使用权流转的制度障碍,以实现农地适度规模经营的目的④,进而化解农地分散经营所致的使用效率低下困境。⑤ 我国农地"三权分置"权利制度构建的出发点就是经由市场这只无形的手推动农地经营权进行流转,进而提升我国农业的生产效益,降低农地生产经营成本。⑥ 这在增加农户收入的同时,有助于维护国家的粮食生产安全。

(二) 有助于应对农地撂荒现象

由于特定的城乡二元结构,我国的城镇化进程引发了一些地区的农村出现了"人地分离"的现象。在我国推进城镇化进程的初期,数量众多的农民进入城镇务工为我国城市化的发展提供了人力前提。然而,在推进我国城镇化进程的发展阶段,农民进入城镇务工所引发的"离农不离地"以及"进城不弃地"问题开始逐步演变为进一步深化我国城镇化发展和提升质量的限制性因素。⑦ 例如,据学者于 2015—2016 年关于中国山区 235 个农村的调研,发现有多达

---

① 参见房绍坤:《〈农村土地承包法修正案〉的缺陷及其改进》,载《法学论坛》2019 年第 5 期,第 5 页。
② 参见丁关良:《农地流转法律制度"完善"与"变法"孰强孰弱研究》,载《农业经济与管理》2019 年第 1 期,第 26 页。
③ 参见白洋、胡锋:《论我国农地融资担保的制度实现》,载《学术交流》2021 年第 5 期,第 56 页。
④ 参见郭志京:《民法典土地经营权的规范构造》,载《法学杂志》2021 年第 6 期,第 77 页。
⑤ 参见许庆、尹荣梁、章辉:《规模经济、规模报酬与农业适度规模经营——基于我国粮食生产的实证研究》,载《经济研究》2011 年第 3 期,第 51—71 页。
⑥ 参见张应良:《"三权分置"与"长久不变"的政策协同困境与破解》,载《改革》2017 年第 10 期,第 127—131 页。
⑦ 参见曹丹丘、周蒙:《土地承包权退出:政策演进、内涵辨析及关键问题》,载《农业经济问题》2021 年第 3 期,第 17 页。

78.30%的农村出现过撂荒,农村耕地的撂荒率达到了 14.32%。①

在推进城乡一体化融合发展过程中,有许多问题亟待解决。这至少包括:如何进一步化解农地使用权配置不均所造成的许多有农地使用权的农户不耕作,而计划耕种或多耕种者没有农地使用权的问题;大量农村新增人口希望取得农地使用权与"增人不增地"的矛盾问题;大量进城务工人员将耕地抛荒所造成的农地浪费及农地利用效率不高问题;等等。② 这些均是理论界及农地实践部门难以绕开的问题。

城镇化进程推动着在全国层面形成统一的劳动力市场,数量众多的农户家庭成员定居城镇,他们的实际生产生活已离开农村,以前封闭的乡村变得开放,农户家庭产生很大分化。其中,一项重要体现就是农户与农地关系的分离,即农地实际耕种者和农地实际承包者之间发生的分离。这使得农村的居民发生了变化,有些农户中的家庭成员离开农村进城务工,有些农村居民全家迁入城镇,一些农户中只剩老年父母留守。当然,有些农户仍然是全家留在农村生活。就农户和农地的关系而言,有的农户依旧自己耕种承包地,有的农户把承包地出租给他人,出租期限可分为长租与短租,选择短租形式者旨在为返回农村免除后顾之忧。③

事实上,据学者研究,这是社会发展到一定阶段所必然出现的问题。从 20 世纪 50 年代开始,世界上的很多国家(包括发达国家和许多发展中国家)均在一定程度上发生了农地的撂荒现象。④ 这种现象的产生受到经济、社会和环境的综合性影响,是一个国家在推进工业化及城市化进程中的副产品,主要原因在于农业经营的密集度提升、农户从事非农业工作机会的增加等,会对国家的粮食生产和农户的生活产生直接影响。农地"三权分置"法制改革在一定程度上就旨在解决承包地撂荒问题。

(三) 可缓解农地融资难困境

很长一段时间,农村土地使用权被禁止抵押,银行、农村信用合作社等金融

---

① 参见李升发、李秀彬、辛良杰,等:《中国山区耕地撂荒程度及空间分布——基于全国山区抽样调查结果》,载《资源科学》2017 年第 10 期,第 1801—1811 页。
② 参见祝天智:《新时期农民土地承包权公平及其实现路径研究》,载《学术界》2019 年第 6 期,第 91 页。
③ 参见贺雪峰:《乡村振兴与农村集体经济》,载《武汉大学学报(哲学社会科学版)》2019 年第 4 期,第 187 页。
④ 参见吴晓婷、杨锦秀、曾建霞:《土地确权颁证减少农地撂荒的区位差异与时间效应——基于农地流转的机制分析与实证检验》,载《西部论坛》2021 第 1 期,第 113 页。

机构无权独立承受农地经营权融资担保。另外,农村金融机构对农村土地使用权抵押的收益预期也不乐观,缺乏接受此项权利融资的动力。① 最高人民法院也曾于 1999 年和 2005 年两次通过司法解释的形式明确以此作为抵押客体或抵偿债务的,将产生无效的法律后果。也就是说,之前法律对此持严格禁止的态度。

一般情况下,农地使用权的转让以承包方不再直接使用农地为条件,因而,可有助于实现物尽其用之目的。但是,当抵押人为融资需要将土地承包经营权作为抵押客体时,可能会面临失地的风险。② 毕竟,农户的偿债能力较弱,在农地"两权分离"权利结构下,如果允许土地承包经营权作为抵押客体,确实容易使得农户因融资担保而举债,加之农业生产经营自身受到市场因素影响较大,属于具有较高风险的产业。③ 这无形中会增大农民的破产风险。

迈入 21 世纪之后,我国工业化、城镇化发展迅猛,农民的收入途径改变了单一化的模式,更加多元化,促使现实中激活农地财产属性的需求日益迫切。同时,理论界和实务部门要求放松土地承包经营权抵押的呼声也日益高涨。在此背景下,针对承包地使用权抵押的政策体现出逐渐松动的态势。④ 2008 年,党的十七届三中全会旗帜鲜明地提出,完善土地承包经营权权能。于此政策引导之下,许多试点地区对土地承包经营权的抵押担保开展了探索实践,成效明显。例如,自 2015 年开始,全国人大常委会授权国务院在 232 个县(市、区)逐步开展农地使用权抵押的试点。据统计,在这一试点过程中,截至 2018 年 9 月底,在试点地区中以土地承包经营权进行抵押贷款的总额达到 964 亿元。⑤ 推动农地使用权流转,盘活闲置的农地资源,助推农地实现适度规模经营,这是我国大量农村居民外出导致农地闲置状况下推动传统农业生产经营以及发展现代农业的重要路径选择。⑥ 在此过程中,把商业资金引入农业经济发展是盘活

---

① 参见彭澎、刘丹:《三权分置下农地经营权抵押融资运行机理——基于扎根理论的多案例研究》,载《中国农村经济》2019 年第 11 期,第 43 页。
② 参见王利明:《物权法研究(修订版)》(下卷),中国人民大学出版社 2007 年版,第 848 页。
③ 参见孟勤国:《中国农村土地流转问题研究》,法律出版社 2008 年版,第 66 页。
④ 参见林一民、林巧文、关旭:《我国农地经营权抵押的现实困境与制度创新》,载《改革》2020 年第 1 期,第 124—125 页。
⑤ 参见阎竣、陈传波:《推进承包地经营权融资担保的困境与对策——基于承包方、受让方、银行与担保机构的多相关利益主体调研》,载《农业经济问题》2020 年第 12 期,第 109 页。
⑥ 参见胡小平、毛雨:《为什么土地经营权抵押贷款推进难?——基于四川省眉山市彭山区的案例》,载《财经科学》2021 年第 2 期,第 119 页。

农地资源的重要环节,科学构建将商业资本流入农业经济发展的路径,可极大地推动农地权利资源的市场化优化配置。

循此,现代农业关于适度规模化经营的需要,加之农业生产现代化进程的加快,要求我们必须思考如何在维护农民生存权的前提下强化农民的发展权。其中,一条重要的途径就是使土地经营权能够不受之前农村集体权利的限制,向擅长从事农业经营者手中流转。这便是将农地权利进行分置的内在意蕴。另外,在实践中,许多农户亟须以土地承包经营权作为担保标的进行融资,以及一些金融机构扩张金融业务的目的也非常明显。在此背景下,可于农地"三权分置"权利体系中创设新的土地经营权权利类型,并以此用作融资标的。[①] 这样便可兼顾农户的生存权及发展权。

二、在加强农户权益保护基础上培育新型经营主体

(一) 继续加强对农户土地承包经营权的维护

在农地"两权分离"权利体系中,我国农村集体土地的权利结构由"集体一权"演变为农地集体所有权和农户土地承包经营权这"两权",从农村集体土地所有权中派生出了农户的承包经营权。当前,我国于推进乡村振兴战略的背景下,又将农村集体土地之上的权利分置为三种权利类型,即农村集体享有的土地所有权、具有农户身份方能享有的承包经营权以及新型经营主体享有的经营权。

然而,无论农村集体土地权利体系如何改革,承包经营权都始终处在核心地位。[②] 应当承认,在农地"三权分置"权利体系中,土地承包经营权对进城农户具有重要作用,尤其是其对进城农户由城市返乡的保障功能远远高于集体收益分配权。[③] 农地"三权分置"的改革初衷是在维护农户对农地已享有权益的基础上,优化农地权利配置,[④] 助推农地使用的最大效益,提升农业现代化的程度。

---

① 参见崔建远:《物权编对四种他物权制度的完善和发展》,载《中国法学》2020 年第 4 期,第 27 页。
② 参见覃杏花:《农村集体土地经营权流转制约因素及其应对》,载《江西社会科学》2020 年第 7 期,第 222 页。
③ 参见靳相木、王永梅:《新时代进城落户农民"三权"问题的战略解构及其路线图》,载《浙江大学学报(人文社会科学版)》2019 年第 6 期,第 160 页。
④ 参见许明月:《论农村土地经营权市场的法律规制》,载《法学评论》2021 年第 1 期,第 95 页。

农地"三权分置"可以说是国家提振乡村经济的创新之举,该制度改革的重要目的之一就体现为使外出进城务工的农户有返回农村的路径,进而维护农村社会乃至整个社会结构的稳定,同时能够为农户生活提供保障,以及促进农地资源要素的市场化。上述目的的实现,需要法律制度层面的规范支撑。[1] 我国目前正在推行的农村土地法制改革,就本质而言是农业生产关系的调整,既应在坚持农村土地公有制的基础上,关注农地使用权的保护,也应依据生产关系和生产力相适应的经济学原理,在物权和债权区分的前提下制定农地法制改革的相关政策。[2] 无论是现在,还是在今后很长一段时间内,关于我国农地权利体系的法制改革都将成为一项涉及农村社会发展的基础性和系统性工程。在这一改革过程中,只有对农户享有的土地承包经营权加强保护,农户方能获得生活保障。[3] 可以说,在当前我国农村社会保障的程度仍旧非常低的背景下,农户享有的土地承包经营权可以发挥社会保障的作用,为农户生存和生活权益构建起最后的屏障,并以此维护最基本的公平性。[4] 这是一项蕴含着身份性及保障性的权利。

放活土地经营权的重要路径是土地经营权的科学配置及保障,这应当以农地集体所有权的落实以及承包经营关系的稳定为基础,而不应对二者进行否定。其一,实现承包经营关系稳定的重要体现是确保农户能够取得承包收益,基于此,我国相关法律才要求应当以具有农户身份为前提。其二,土地经营权的科学配置及保障不但需要契合农地法制改革的总体目标,也需要所在区域的多元主体能够参与其中,尤其是,需要有效地发挥农村集体的价值,毕竟落实农村土地集体所有权是有效发挥集体作用的前提和基础。[5] 一直以来,私人对农地的使用权都被认为是最为重要的财产权之一,也是私人所享有的"消极自由"的最重要体现之一。如果私人享有的农地使用权无法对公权力的侵害和干预

---

[1] 参见李曙光:《农村土地两个三权分置的法律意义》,载《中国法律评论》2019年第5期,第52页。
[2] 参见赵延安、张蚌蚌:《我国封建社会土地法律制度演替及当代启示》,载《西北农林科技大学学报(社会科学版)》2019年第5期,第151页。
[3] 参见刘灵辉:《土地承包关系"长久不变"政策的模糊性与实现形式研究》,载《南京农业大学学报(社会科学版)》2015年第11期,第107—116页。
[4] 参见覃杏花:《农村集体土地经营权流转制约因素及其应对》,载《江西社会科学》2020年第7期,第224页。
[5] 参见刘长全:《以农地经营权配置与保护为重点的农地制度改革——法国经验与启示》,载《中国农村经济》2020年第11期,第142页。

进行防御,那么,个人的消极自由将荡然无存。[①] 因而,在实现土地经营权的科学配置及权利保障过程中,必须重视协同推动农村集体土地所有权的落实以及农户土地承包经营权的稳定。

最近几年,国家相继颁发了关于完善农村承包经营、维护承包户土地权益以及促进土地经营权流转的多项政策,以提升农地资源的利用效率,助推多种形式的农业适度规模经营,进而推动我国现代农业的可持续发展。可以说,农地"三权分置"的制度创新旨在促进土地经营权的顺畅流转,并对农户与农村集体之间的承包经营关系起到良好保障作用,实现农村土地权利体系的科学配置,进而发挥农地政策的引导作用。[②] 据统计,到 2017 年底,全国层面以家庭方式承包经营的耕地使用权的流转面积达到 5.12 亿亩,这一比例占到以家庭方式承包的全国耕地总面积的 37%。[③] 这一数字意味着耕地使用权的流转在推行本轮农地法制改革的实践中已相当普遍。

但是,从农地法制实践看,在农地权利的流转过程中,对于农户作为承包方以及土地经营权再流转获得的收益,都需要从法律层面予以有效保障,否则会引发农户在承包经营土地时与土地经营权人之间,以及土地经营权流转时与受让人之间的纠纷和矛盾。就制度层面而言,在既有的法律与政策框架之下,农地权利流转中关于农户所享有的土地权益的保障尚存在许多的现实困境。为此,依据修正后的《农村土地承包法》,农户作为承包方有权按照内心意愿决定是否以及采用哪种形式来流转土地经营权,任何人无权强迫或阻碍流转土地经营权。[④] 若上述问题无法得到解决,在农地"三权分置"之下,不仅会对农户拥有的承包经营权产生不良影响,而且会牵制土地经营权的适度放活,影响农村土地权利的良性流动及科学配置。

(二) 培育新型农业经营主体

践行我国的乡村振兴战略,充分实现农业经济发展的现代化目标,需要依

[①] 参见谢鸿飞:《〈民法典〉中土地经营权的赋权逻辑与法律性质》,载《广东社会科学》2021 年第 1 期,第 227 页。
[②] 参见彭新万:《乡村振兴战略背景下农民的主要问题》,经济管理出版社 2020 年版,第 79 页。
[③] 参见周건德:《"三权分置"下农村土地承包经营权公司资本化的构想》,载《人民法治》2019 年第 2 期,第 45 页。
[④] 参见张勇、包婷婷:《农地流转中的农户土地权益保障:现实困境与路径选择——基于"三权分置"视角》,载《经济学家》2020 年第 8 期,第 122—123 页。

靠新型经营主体发挥重要作用,拓宽新型经营主体者的对象范围,尽快打破新型农业经营者面临的农村生产要素的市场化发展严重滞后、新型农业经营者内生发展不足、相关制度不健全、政策支持效能不高等困境。[①] 这些问题也是长期以来横亘于我国乡村振兴战略实施过程中的突出疑难问题。

土地经营权从农地"三权"中分置出来的目的,就是让作为非农户的新型经营主体能够注资农业生产,促进当前阶段农业经济的发展。这一制度变化可转变承包地禁锢于农户手中的状况,使之能够为全民所用,转变承包地零碎经营的境况,实现适度规模经营,构造以农村集体所有、农户承包经营、新型经营主体适度规模经营为特点的新型农村土地权利体系。[②] 毕竟,与细碎化生产经营的承包农户相比,新型农业经营者无论在资金还是在人力方面都处于优势地位,[③]可助推农业生产的规模经济效应、知识溢出效应以及社会组织效应的发挥,[④]推动现代农业生产经营模式的转型和升级。

之前,我国农村集体经济的经营体制可归纳为以农户家庭为单位的联产承包责任制以及统分结合的双层经营体制。其中,家庭承包经营构成了我国农村集体经营的基本形式,"农户"本身并非严谨的法律概念,属于一种对农村家庭的制度表达或者现象描述,而农户作为承包经营方属于家庭承包经营的法律表达,但是,它并不具有独立的法律主体地位。在计划经济时代,"农户"是社会经济的参与主体,然而,伴随市场经济的实行,"农户"作为市场主体的地位已然消解,只是在作为集体经济体制的家庭承包经营制度下,将"农户"确立为土地承包方能够更加直接地提升农地的生产经营效率。[⑤]

与之相应,之前的农村土地规范,重在强调农村集体土地所有制之下农户享有的土地承包经营权。在此时期,农户多是为实现自我需求的小农生产者。我国的市场化经济改革推行至今,许多的农业生产者已经不仅仅是为满足自己

[①] 参见孔祥智、周振:《新型农业经营主体发展必须突破体制机制障碍》,载《河北学刊》2020年第6期,第110页。
[②] 参见张力、郑志峰:《推进农村土地承包权与经营权再分离的法制构造研究》,载《农业经济问题》2015年第1期,第79—92页。
[③] 参见王晓睿:《土地经营权流转视域下的农业新型经营主体培育》,载《山东社会科学》2020年第3期,第178—179页。
[④] 参见赵晓峰、赵祥云:《新型农业主体发展与中国农村基本经营制度变革》,载《贵州社会科学》2018年第4期,157—162页。
[⑤] 参见范朝霞:《稳定土地承包关系视域下土地承包经营权继承的法理阐释与规范路径》,载《财经理论与实践》2020年第2期,第147页。

的生存和生活目的而进行生产,而是将主要目的设定为追求市场经济利润。但是,以农户为单位的生产者,生产经营规模较小,抵抗市场经济风险的能力较弱,仍属于小规模农业生产者的层次,无法取得较高的市场利润。在此情景下,农业外部市场的发展决定了需要把农户家庭生产提升到现代农业经营的层次,需要引进农业资本把传统的细碎化经营模式改造为现代农业适度规模经营模式。在这一过程中,无论是工商资本流入农村,抑或之前的农户经由农业资本集中的方式从事农业适度规模的投资,均意味着需要促进农地权利的流转和相对集中。[1] 这也预示着适度规模的农地使用和开发必将成为现代农业发展的趋势。

另外,经由以农地适度规模经营为特征的新型农业经营主体的培育,可以发挥此类新型农业经营者对传统农户经营的带动作用。当前,由于我国正处在由传统农户的细碎化经营转向农地适度规模经营的重要时期,因此,在注重推进新型农业经营主体快速发展的同时,仍需关注它对传统农户经营的带动作用。[2] 例如,中共中央办公厅、国务院办公厅印发的《关于促进小农户和现代农业发展有机衔接的意见》(2019年)就重点强调了新型农业经营主体对传统农户经营的重要带动作用。

三、创设土地经营权以助推农地权利体系完善

(一) 创设土地经营权并允许其流转

在我国之前传统的农地"两权分离"权利结构和法律框架下,农村土地所有权不能进入二级土地市场予以流通。同时,农户的土地承包经营权也由于同农户的身份资格相挂钩而属于具有较为强烈的"身份权"属性的财产性权利,两项权利都不能担当及实现农村土地权利财产化的历史使命。[3] 农户虽然是承包地使用权长久不变的权利方,但由于土地使用权流转受到限制,对承包地使用权处分的自主性并不高。

---

[1] 参见蔡超:《"三权分置"还是"两权置换"?——城乡融合发展视域下的土地制度改革构想》,载《西北农林科技大学学报(社会科学版)》2021年第1期,第92页。
[2] 参见王晓睿:《土地经营权流转视域下的农业新型经营主体培育》,载《山东社会科学》2020年第3期,第183页。
[3] 参见房绍坤、张旭昕:《"三权分置"下农地权利入股公司的路径与规则》,载《湖南大学学报(社会科学版)》2019年第6期,第126页。

因而,在农地"三权分置"改革中,既要构造新型农地权利体系,亦需建构能够更好地维护农户权益以及促进农地权利进行市场化流转的法律制度。[①] 为提升我国农业生产竞争力,应对农业生产劳动力成本增加以及国内外的农产品价格倒挂带来的挑战,应当加快推进农地权利的流转以及农业生产方式的转变。[②] 在此背景之下,亟须从农村土地承包经营权中进一步分置出土地经营权,并以此推动农村土地权利制度改革。

农地"两权分离"权利结构之下,我国农地制度的重要特征是农地所有权归属于集体,农户在这一权利基础上经由签订承包经营合同享有对农地的经营权、收益权。另外,仅有具备本集体组织成员资格的农户方有权承包经营农地。这一项制度于改革开放之初在推动我国农村生产力进步方面发挥了不可磨灭的作用,但是,伴随我国农村经济发展活力的不断释放,特别是农村市场经济制度的不断健全和完善,我国农业产业转型升级步伐逐渐加快,在既有的农地制度之下,我国农地使用权流转不畅的弊端非常明显。

尤其是,农户对农地承包经营权的流转受到多种限制,在承包经营权向本集体经济组织以外的当事人进行流转的场合更是如此。实际上,在《民法典》编纂和《农村土地承包法》修正之前,我国的农地权利制度对于农地使用权流转的规定相较于农业经济发展实践对农地权利流转不断增加的需求而言,已经显得非常僵化。这一问题的主要体现就是农地权利界定不清晰,乡镇基层人民政府、农村集体经济组织和全体村民三者之间在农村土地权利体系中扮演何种角色并不清楚。同时,土地承包经营权流转对象的限定性也极大缩小了权利流转的范围,致使农业发展的活力受限,导致农地权利制度无法在盘活农村承包地等生产性要素中起到有效的作用。[③]

伴随城镇化进程的加快,有许多农村劳动者进城务工。此种离开农业经营进城定居生活的就业模式完善了农户的收入形式,在很大程度上提升了农户的可支配收入,改善和提高了农户整体的生活和消费水平。[④] 根据学者的实证调

---

① 参见向超、张新民:《"三权分置"下农地流转权利体系化实现——以"内在体系调适"与"外在体系重构"为进路》,载《农业经济问题》2019年第9期,第11页。
② 参见刘长全:《以农地经营权配置与保护为重点的农地制度改革——法国经验与启示》,载《中国农村经济》2020年第11期,第140页。
③ 参见丰华:《以农地金融盘活农村土地资产》,载《学术交流》2020年第10期,第107—108页。
④ 参见刘桂芝、白向龙:《新时代农地"三权分置"改革的共享发展机制研究》,载《当代经济研究》2021年第7期,第38页。

研,一个农户的劳动者数量对于该农户参加农地使用权流转意愿的影响非常明显。具体而言,一个农户家庭中的劳动者数量若充足,便可具有充足的劳动者从事农业耕作,此种情形下,农村土地使用权流转的可能性就较低;反之,伴随城镇化的发展,进行农作的劳动者越来越少,更多的农村劳动者选择去城镇务工就业,农村劳动者的过分流失必将导致农地的闲置。[①] 这也预示着农地使用权流转的可能性大大提升。

很长时间以来,因为受到土地承包经营权所蕴含的农户身份属性的束缚,我国承包地权利制度存在诸多困境,之前的立法很难实现农地实践对承包地使用权流转的需求。在我国之前的《物权法》之下,该项制度蕴含的农户身份属性限制了该项权利的流转。另外,按照修正之前的《农村土地承包法》,在把以家庭为单位取得的土地承包经营权向本集体组织成员之外的主体流转时,需要考量多项因素。其一,土地承包经营权被流转之后,承包农户的权利保障问题;其二,土地承包经营权向本集体组织成员之外的主体流转的方式具有局限性,在很大程度上限制了农地的财产功能。

在我国确立改革开放政策之后,家庭联产承包责任制度得到确立。这一制度实现了将土地承包经营权从集体土地所有权中派生出来的目标,即实现了农地"两权分离"的权利架构,在很大程度上激发了农户的生产积极性,助推我国农村获得了长时期的发展。但是,伴随近年来我国城市化进程的推进,农地使用权无法顺畅流转的僵化规定已成为城市化进程中的制度性障碍,农地"两权分离"权利结构的制度弊病日益严重。于此背景下,具有内生性的制度变革需求在实践中便应运而生。[②] 为顺应这一趋势,国家层面推行"三权分置"法制改革,意旨非常明显,就是在坚持我国农地集体所有权的前提下,推动农地使用权的健康有序流转。

正因如此,国家层面积极采取措施以促进土地经营权的健康有序和顺畅流转,进而实现农地适度规模经营目标。[③] 我国农村经济社会正处于转型中,推

[①] 参见张艺、王耀:《"三权分置"下内蒙古自治区农民参与土地流转意愿的影响因素分析》,载《中国农业资源与区划》2021年第4期,第206页。
[②] 参见蒙柳、帅青:《"三权分置"下土地经营权抵押的法律困境与出路》,载《社会科学动态》2019年第10期,第52页。
[③] 参见周敏、胡碧霞、张阳:《三权分置、农业补贴争夺与农业经营激励——吉林省J村玉米生产者补贴分配博弈》,载《华中科技大学学报(社会科学版)》2019年第6期,第61页。

进农地使用权的流转成为化解"三农"困境的核心和关键,①其出发点和落脚点均着眼于引导及促进农地使用权的顺畅流转。②《农村土地承包法》修正的一个重要体现就是纳入土地经营权制度,并对其流转制度予以规范,进而确立农地"三权分置"权利体系。

我国农地"三权分置"权利体系的构建,明确了农户作为承包方有权经由互换、出租(转包)、转让、入股或其他方式将土地经营权或承包经营权进行流转及取得收益,同时,鼓励在农地实践中探讨土地经营权流转的多种实现形式。③也就是说,在该权利体系下,一方面,法律赋予土地经营权自由流转的特性,作为承包农户既有权在本集体内部流转土地承包经营权,也可将土地经营权向本集体经营组织外部的受让人流转;另一方面,土地经营权流转之后要使受让人能够获得权益保障,方能有助于不断地吸引资本投入农业经营,助推实现农业适度规模经营,提升农地资源的利用效率,增进农户的财产性收入。另外,需要使农户转让土地经营权之后不会失去生活保障。④ 因此,这就必须在承包经营权之上,通过立法的形式构建一项可以由受让人取得的权利(即土地经营权),并作为农地"三权分置"权利体系下的第三项权利。

承包地"三权分置"法制改革的实施目的在于盘活僵化的农地权利资源,突破农业资本和工商业资本二者之间存在的制度藩篱。其一,致力于实现农地使用权注入农业公司并且为农户投资者带来实质性的财产性收入;其二,努力使工商业资本和农业资本能够相互融合,进而使二者发挥更加强劲的农业产业集约效应,助推农业的规模化经营和农业产业升级换代。⑤依据新修正的《农村土地承包法》第四十五条,工商企业等新型主体有权取得土地经营权,进而为农村土地使用权入股企业和农地使用权的市场化探索新的路径。

农地"三权分置"法制改革的重要制度目标之一是适度放活土地经营权。

---

① 参见韩长赋:《土地"三权分置"是中国农村改革的又一次重大创新》,载《光明日报》2016年1月26日,第1版。
② 参见尹亚军:《通过合同的治理——克服农地流转困境的助推策略》,载《社会科学研究》2019年第6期,第73页。
③ 参见张勇、包婷婷:《农地流转中的农户土地权益保障:现实困境与路径选择——基于"三权分置"视角》,载《经济学家》2020年第8期,第122页。
④ 参见龙卫球:《民法典物权编"三权分置"规范的体系设置和适用》,载《比较法研究》2019年第6期,第57页。
⑤ 参见房绍坤、张旭昕:《"三权分置"下农地权利入股公司的路径与规则》,载《湖南大学学报(社会科学版)》2019年第6期,第126页。

农地"三权分置"法制改革和承包地确权的实践保护了农户对农村承包地的使用权,并助推了土地经营权的流转。农地"三权分置"推行之后,土地经营权被创设为一项独立的权利,且可予以再流转,加之法律赋予该项权利登记对抗效力,可彰显承包地的财产价值。① 例如,2016年,我国农地使用权流转面积的比例已经占到总耕地面积的35.1%。农地使用权的流转有助于包括种粮大户在内的新型经营主体形成连片经营,开展承包地适度规模经营,优化农地资源要素的配置和整合。② 在此背景之下,应当充分地尊重农民的主体地位,系统探讨在农地权利结构中农民集体与承包农户、承包农户与新型经营主体等在农地流转情景中的法律关系。这是进一步完善我国农业经营体制,助推土地经营权顺畅流转,进而使农户可以取得更多财产性权利的制度依据。③ 这在很大程度上可有效化解当前农村出现的新问题,维护农村社会的和谐稳定。

(二) 助推农地权利体系完善

在农地"两权分离"权利结构实行之前,我国的农业生产主要采取的是集体所有、集中统一经营的方式。也就是说,农村土地的集体所有权和农村土地的使用权是"两权合一"的状态。在包产到户之后,农业生产经营的基本形式是统分结合、双层经营,也就是说,这在制度层面上实现了将农村集体土地的所有权和农户享有的土地承包经营权相分离,即"两权分离"。我国农地权利体系的变革过程可归纳为把农地权利先集中后分解,目前推行的农地"三权分置"法制改革就是这一特征的鲜明例证,可称为我国深化农地法制改革的制度创新。④

自我国推行家庭承包经营制度以来,农地权利体系改革均是围绕农地所有权和农地使用权的分离来展开,在此过程中以强化农地使用权为基本主线,呈现出非常明显的日益重视承包地使用的制度发展趋势。⑤ 在此农地权利体系变革过程中,在尽最大可能保障社会稳定的前提下,坚持农村土地的集体所有

---

① 参见范朝霞:《稳定土地承包关系视域下土地承包经营权继承的法理阐释与规范路径》,载《财经理论与实践》2020年第2期,第148页。
② 参见王新刚、司伟、赵启然:《土地经营权稳定性对农户过量施肥的影响研究——基于黑龙江省地块层面数据的实证分析》,载《中国农业资源与区划》2020年第8期,第162页。
③ 参见丁涛:《农户土地承包经营权流转意愿研究——基于Logistic模型的实证分析》,载《经济问题》2020年第4期,第95页。
④ 参见刘禹宏、杨凯越:《中国农地制度之纷争:"三权分置"的权利关系、法理冲突及其解决途径》,载《安徽师范大学学报(人文社会科学版)》2020年第2期,第141页。
⑤ 参见刘恒科:《家庭承包经营收益分配制度的反思与重构》,载《商业研究》2020年第4期,第139页。

制不改变,经过国家层面多项相关政策的持续颁行,逐渐确立了农地"两权分离"的农村土地权利体系。简言之,农村土地权利体系结构从原来的"两权合一"变革成"两权分离"。

自改革开放至今,我国农村土地权利结构产生了巨大变化,历经了由改革之初把农地所有权和土地承包经营权相互分离以推行家庭联产承包责任制度,到当前新型经营主体可享有经营权的农地"三权分置"权利体系。[①] 申言之,这一权利体系又被赋予了新的内涵,演变为农地"三权分置"权利结构,把农村土地权利结构分置为三项权利,经由农地集体所有权的落实,稳定集体与农户的承包经营关系,并适度放活土地经营权。[②] 这就保持了农地"两权分离"权利结构的制度内核,且于农地"两权分离"权利体系基础上,将农地权利体系更加细化。

科学构建农地权利体系意义重大。回首我国改革开放40余年以来关于农地权利体系的变迁历程,就会发现,农地权利的分解和细化是农地权利体系变化的重要趋势。实行家庭联产承包责任制之时,将农村土地集体所有权和农户土地承包经营权相分开,授予农户具有稳定性且长期不变的土地承包经营权,形成了我国农地权利结构的首次分化,而当前推行的农地"三权分置",则形成了农村土地权利的再次细分。[③] 这需要创设得以由新型经营主体享有的土地经营权,进而实现三种权利分置,并助推放活新型经营主体享有的土地经营权,尽力发挥三项权利的各自作用和整体性价值,逐步建成权利层次分明、权利结构合理以及权利平等保护的农地"三权分置"权利体系。

应当说,农地"三权分置"权利结构的调整,主要归因于农户对承包地经营权的不实际行使,需要把土地经营权单独分置出来,保护新型经营主体的经营权益,实现经由承包地使用权融资、助推经营权顺畅流转、推进农业现代化的法政策目的。在此意义上,由农地"两权分离"到"三权分置"的权利结构转变,可以被视为我国农村基本经营制度的完善,有助于明确农村土地的权利体系以及

---

① 参见黄少安:《改革开放40年中国农村发展战略的阶段性演变及其理论总结》,载《经济研究》2018年第12期,第4—19页;刘守英、高圣平、王瑞民:《农地三权分置的土地权利体系重构》,载《北京大学学报(哲学社会科学版)》2017年第5期,第134—145页。
② 参见冀县卿、钱忠好:《中国农地产权制度改革40年——变迁分析及其启示》,载《农业技术经济》2019年第1期,第21页。
③ 参见肖卫东、梁春梅:《农村土地"三权分置"的内涵、基本要义及权利关系》,载《中国农村经济》2016年第11期,第17—29页。

促进农地资源的合理配置。① 2020年，中共中央、国务院颁发的《关于新时代加快完善社会主义市场经济体制的意见》等政策文件均提出要把完善我国承包地制度和权利体系作为重要任务。

在完善农地法律制度进程中，非常重要的问题便是如何科学设计我国农地权利结构，构建科学的农地"三权分置"权利体系。尤其是，应当将现阶段的农地法律制度改革融入我国整个现代化进程之中，这既是历史发展的要求，也会对将来制度变迁产生重要影响。② 在这一过程中，构建科学的农地"三权分置"权利结构，应赋予农户土地承包经营权更为充实的权能，以维护和落实农地集体所有权并坚持和巩固集体所有制；应创设及保障土地经营权，为新型经营主体取得承包地经营权，进而为解决土地撂荒和有人无地问题提供制度依据；应保障土地经营权的适度流转，以最大程度彰显承包地的财产属性，借助农地法制改革提升农户财产性收益和助力乡村振兴战略。

四、经由现代农业发展以推动城乡一体化进程

(一) 推动现代农业发展

在国家新的发展阶段，发展农业必须寻找到新的驱动。当前，能够促进农业发展的这种新的驱动是什么呢？答案是农业现代化。简言之，就是发展现代农业。自改革开放以来，伴随我国农业生产技术的提升，特别是现代农业科技推广机制的逐步确立，我国传统农业生产力发展水平较低的状况逐渐得到改变。③ 但是，我国的现代化进程尚未完结，法律制度的建立和完善落后于经济社会发展的实践需要。④ 这需要在根本上改革传统农业的生产方式，改变一些农村的落后状况。鉴于农业发展在我国国民经济发展中的基础性地位，以及补齐我国现代化发展的短板的需求，国家层面提出了乡村振兴战略，本质上就是

---

① 参见韩长赋：《土地"三权分置"是中国农村改革的又一次重大创新》，载《光明日报》2016年1月26日，第01版。
② 参见高帆：《中国城乡土地制度演变：内在机理与趋向研判》，载《社会科学战线》2020年第12期，第56页。
③ 参见丰华：《以农地金融盘活农村土地资产》，载《学术交流》2020年第10期，第107页。
④ 参见陈阳、张玉臻、叶剑平：《国有农用地利用的实践需求与制度供给》，载《华中农业大学学报(社会科学版)》2020年第5期，第125页。

直接以"三农"发展作为推进农业实现现代化的对象。[①] 毕竟,在目前我国社会快速发展的背景下,农业发展也要实现现代化的转型。[②] 经由新一轮承包地法律制度改革,可助推承包地使用权流转,使得农业生产经营形成科学化、集约化、规模化、专业化和产业化的格局。[③] 这是现代农业经营方式的显著特征,能够激发农业经营者的生产积极性和生产潜能,使承包地资源的财产性价值得到最好的发挥。[④]

伴随我国农业生产力的提升以及城市化进程的推进,以家庭耕种为特征的农地制度具有很大的弊端。这具体体现为农地耕作的细碎化、农业生产的成本相对较高以及农地生产要素很难科学优化等多个方面。可以说,农地"两权分离"权利体系的制度优势在很大程度上已被消减,现代农业生产力的不断进步以及家庭联产承包责任制度之下细碎化经营所引发的经营效益不高的现象,演变为目前阻碍我国农业经济持续健康发展的障碍。[⑤] 因而,如何在保障农户基本生活的基础上提升我国农业的生产效益,便成为此次农地权利体系改革的基本依循和最终归宿。

无法忽视的一个现实问题是,我国当前阶段的农业经济在整体层面仍然处在传统的农业经营范畴。特别是分散的农地经营模式仍然构成我国农业生产经营的基本样态,相反,农业经营中的科技化、机械化、适度规模化以及集约化农业经营水平和发达国家相比较仍有一些不足之处,我国农业经营的市场化及产业化水平依然相对不高。[⑥] 也就是说,我国传统农业的一个重大的困境在于农业经营效益相对低下,导致我国单位耕地面积的经营产出效益处于非常低的水平。传统农业的经营效益整体不高,会影响到农户从事农业生产经营的积极性,亦会导致我国农地生产效益较为低下。因而,提升我国农业生产的经营效益,转变传统农业生产经营中收益相对较低的现实状况,就应作为盘活我国承

[①] 参见洪银兴、王荣:《农地"三权分置"背景下的土地流转研究》,载《管理世界》2019年第10期,第114页。
[②] 参见刘守英:《中国的农业转型与政策选择》,载《行政管理改革》2013年第12期,第27—31页。
[③] 参见阮文彪:《小农户和现代农业发展有机衔接——经验证据、突出矛盾与路径选择》,载《中国农村观察》2019年第1期,第15—32页。
[④] 参见刘禹宏、杨凯越:《中国农地制度之纷争:"三权分置"的权利关系、法理冲突及其解决途径》,载《安徽师范大学学报(人文社会科学版)》2020年第2期,第147页。
[⑤] 参见王琳琳:《土地经营权入股法律问题研究》,载《中国政法大学学报》2020年第6期,第90页。
[⑥] 参见高圣平:《农地金融化的法律困境及出路》,载《中国社会科学》2014年第8期,第147—166页。

包地资源的必然选择。① 这也应是我国实现农业市场化及产业化升级过程中必然要解决的问题。

构建科学合理的农村土地权利体系,是推动农户同现代农业发展相衔接的制度基础。伴随城镇化和工业化进程的推进,我国农村有大量的剩余劳动力流向城镇,导致许多农村地区出现了闲置土地。但是,另一方面,我国农业生产的现代化(尤其是机械化)水平越来越高,使得一部分农地实际耕作者有进一步扩大经营规模的需求,倒逼着承包地使用权流转的发生。必须看到,经由农地使用权的流转形成的适度规模经营可以优化农地资源的权利配置,提升农业生产的效益,推进现代农业先进技术的推广与使用,进而保障我国主要农产品更为充足的供给。② 通过这一改革路径可助推实现农业增效、农民增收,最终实现国家粮食安全目标。

目前,我国在农地"三权分置"制度架构中加大农地使用权流转的目的在于突破依据农村人口和农地面积推行农户平均承包的制度弊端,实现农户家庭经营与现代农业技术的合理衔接,做到农地经营制度在"效率"与"安全"方面的兼顾,提升农地权利的配置效益和农户收入,推动现代农业的发展和进步。③ 有学者针对通过农村土地权利体系的建构助推农户细碎化经营融入现代农业集约化、规模化经营进行了系统的探讨。④ 有学者在农地"三权分置"改革推行前,就曾讨论农户通过农地使用权的流转、入股、抵押等多种方式参与现代农业生产经营,进而助推现代农业规模化生产的效益。⑤ 这些研究成果对于推动农地"三权分置"从政策探讨提升为法律制度具有重要意义。

农地"三权分置"是国家宏观政策经由实践试点上升为法律制度,进而化解我国农业发展困境的重要创新。当然,由于农地"三权分置"由政策上升为法律时间尚短,加之农业发展周期长的特点,它的转型本就是一项缓慢的工作,这就决定了对此项法制改革的实践效用以及可能面临的新问题的检视极具理论和

---

① 参见丰华:《以农地金融盘活农村土地资产》,载《学术交流》2020年第10期,第107页。
② 参见公茂刚、辛青华:《新中国农地产权制度变迁研究》,载《经济问题》2019年第6期,第16页。
③ 参见程久苗:《农地流转中村集体的角色定位与"三权"权能完善》,载《农业经济问题》2020年第4期,第58页。
④ 参见罗海滨、方达:《农地"三权分置"、小农户与新型农业经营主体协调发展——一个异质性主体资本积累的视角》,载《农村经济》2020年第2期,第8页。
⑤ 参见姚洋:《中国农地制度:一个分析框架》,载《中国社会科学》2000年第2期,第54—65页。

现实意义。① 具体而言,这一权利结构可突破传统农地使用权束缚于农户身份的桎梏,打破城乡二元僵化格局,科学引导城市市场因素进入农村承包地领域,助推农民群体的增产增收。在此过程中,不能简单地把土地经营权看作一种城市商业资本流入农村的现象,而应将其看作发展农村生产力的法律工具。② 在坚持农村集体土地所有制的基础上,经由农地"三权分置"法制改革,为将来更为集约化的农业生产经营提供法制保障。

农地"三权分置"权利结构的构建,有助于促进农地资源的要素释放,且达到物尽其用的目的。在我国土地公有制之下,优化配置城乡土地权利所面临的一大难题就是如何尽力实现物尽其用。同私法体系中的其他客体相较,土地的物理属性及社会特征非常明显,这均是立法机关配置农村土地权利的重要考量因素。毕竟,就私权制度而言,只有在财产权的概念清晰,不受公权力的非正当干预,并且能够容易流通之时,才最能促进社会经济发展。

实际上,一直以来,我国农村土地权利演变的重要特征之一就是尽量释放农村土地的生产要素,使农地使用权成为真正意义上的财产权,此次农地"三权分置"权利体系改革也体现了这一点。③ 在农地经营细碎化的背景下,农地的相对集中经营是农地"三权分置"改革的重要目标,也是各类农业经营权利主体对农地使用权配置的主要着力点。④ 从现实情况看,本轮农地法制改革有助于彰显农地对农民而言的财产性价值,由之前作为农户从事农业生产以及维持基本生活的保障转化为财产性权益的重要来源,充分发挥农地作为农业生产性要素的价值。⑤ 我国农地法权体系改革可以有效降低农地闲置,提升农地的利用效率,经由承包地使用权的流转、土地经营权入股等形式逐步推动农地的适度规模经营,推进农业现代化发展。

---

① 参见董欢:《中国农地制度:历史、现实与未来——"三权分置"政策背景下的新审视》,载《四川大学学报(哲学社会科学版)》2019年第4期,第58页。
② 参见谢潇:《民法典编纂视野下土地经营权概念及规则的妥当构造》,载《当代法学》2020年第1期,第45页。
③ 参见谢鸿飞:《〈民法典〉中土地经营权的赋权逻辑与法律性质》,载《广东社会科学》2021年第1期,第226—227页。
④ 参见孙新华、柳泽凡、周佩萱:《"三权"分置中的地权整合与土地集中利用——以皖南河镇为例》,载《南京农业大学学报(社会科学版)》2020年第1期,第2页。
⑤ 参见任大鹏、王俏:《产权化改革背景下的妇女土地权益保护》,载《妇女研究论丛》2019年第1期,第17页。

(二) 推动城乡一体化进程

农地"三权分置"权利改革将对我国农业现代化进程发挥重要推动价值,拥有丰富的价值意涵,有助于打破承包地权利流转的制度障碍,实现农地适度规模经营,充分发掘农地的融资能力。其一,农地"三权分置"权利结构的推行,既可强化农地的财产权特性,保护农户对农地的财产性权利,也可使广大农户平等地参与到农业现代化进程中,共享农业现代化带来的实益。其二,农地"三权分置"结构之下,新创设的土地经营权可以流转,能够实现农地物尽其用的目的,提升农地资源的权利优化配置,助推农业经营领域公平和效率双重目标的实现。①

与我国农村的高质量健康发展战略相匹配,农地权利制度结构应至少尽力实现两项目标。其一,农地权利结构配置应当有助于推动僵化的城乡二元结构的转型,也就是说,农地权利配置理应助推农村和农业取得优先发展,缩小城乡之间的收入差距,进而化解社会不平衡发展问题。其二,农地权利结构配置应当有助于农业经济效益的提升,也就是说,农地权利配置应当有助于我国的经济增长由粗放型向集约型转变,提升农地使用权的流动性和优化配置效益,实现城乡之间生产要素的双向互动流转以及流转形式的多样化,进而助推解决农村经济发展不充分的难题。② 在推动实施我国农村的高质量健康发展战略的背景下,农地权利制度应当尽力实现农地权利配置的公平与效率两个目标,发挥我国农地权利制度在推动农村高质量健康发展过程中的重要作用。

当前,我国加速城镇化,农业从业者人口、资本要素加速流动,这都预示着我国社会的治理体系出现由城乡二元结构转向城乡一体化的发展态势。③ 城乡一体化的原因在于我国农村人口日益向城镇转移的态势。与此相伴,形成城乡人口流动态势的原因在于民众追求更为美好的社会生活。目前,客观而言,城镇和农村居民无论是在人均收入水平、消费结构、公共服务,还是发展机遇方面,均存在着明显的差距,而城乡一体化的基本目的就是经由多种渠道以缩小两者之间的这种差距,从而使城乡民众能够共同受益。其一,在农地方面,城乡

---

① 参见吴萍:《"三权分置"与耕地轮作休耕的实现》,载《内蒙古社会科学》2018年第5期,第57页。
② 参见高帆:《中国城乡土地制度演变:内在机理与趋向研判》,载《社会科学战线》2020年第12期,第62—63页。
③ 参见胡向东、刘静、刘爽:《宅基地使用权多种实现形式的思考》,载《农业经济问题》2021年第4期,第25页。

一体化改革旨在推动城乡用地市场的融合,尽力实现同地同权的目标,促推农村土地所蕴含的财产权价值可以得到广泛认可,进而提增农民的财产性收入。其二,城乡一体化改革能够提供更多的就业机会,且可经由农业产业的发展来促进农村基础设施和公共服务建设,满足城乡居民对美好生活的需求。[1]

农地"三权分置"改革是在之前集体土地所有权"所有"和"使用"相互分离的基础上对权利的又一次分离。具体而言,在家庭承包经营制度之下,此种两权分离在本质上仍然仅是处在本集体经济组织内部的一种权利分离,有权取得承包地使用权的权利主体,通常也仅限于本集体经济组织内部的农户,因此会在事实上导致农地使用的权利固化现象。在我国推进新型城镇化和乡村振兴战略的过程中,既需要推进农业现代化建设和培育新型农业经营主体,也需要重视非农产业的发展。后者可有效化解返乡人员的就业难问题,尤其是对化解农民的就业稳定性困境具有举足轻重的作用。此外,非农就业机会的提升可显著地促进农地使用权的出租。[2] 经由权利体系的重构,可以将农户从农地中解放出来,避免出现农户不愿意耕种、将农地撂荒,而新型农业经营主体却无地可种的窘境。这实际上是在构建"集体所有、农户承包、多元经营"的新型农业经营模式,进而化解当前阶段我国农村承包地"谁来种"以及"怎么种"的困境。[3] 可见,农地"三权分置"权利结构是改革开放之后我国农地规则演化的必然结果,体现了鲜明的实践必然性。

循此,农地"三权分置"权利体系的创设,是我国农村土地制度法制改革的重要成效,也会对我国农村土地法制的走向产生极为深刻的影响。其一,把农村土地法制改革的成效转化为制度规范,能够确保我国农村重大改革具有法律依据。这是推进依法治国以及实现国家治理体系和治理能力现代化的重要体现,有助于实现我国农业生产的长期稳定发展。其二,关于我国农村承包地的国家政策和法律制度改革一直都处于动态发展的过程中,而通过立法的形式将关于承包地的国家政策和改革成果及时转化为法律规范,能够为农村土地法制

---

[1] 参见林木西、刘理欧:《农村宅基地"三权分置"在城乡融合发展中的作用——基于土地、人口与产业视角》,载《辽宁大学学报(哲学社会科学版)》2021年第1期,第47页。

[2] 参见黄宇虹、樊纲治:《土地经营权出租对农户非农创业质量的影响——基于劳动力迁移和信贷约束的视角》,载《宏观质量管理》2021年第2期,第115—116页。

[3] 参见李停:《从两"分"到两"合":新中国成立以来农村土地制度演变的内在逻辑——兼评"三权分置"的时代正当性》,载《理论月刊》2021年第1期,第27页。

改革提供制度层面的指引及方向,有助于农地法制改革的深入。① 另外,把农地实践成果经由法律规范的形式予以确认,能够使亿万农户获得稳定农业经营的预期,安心从事农业生产经营,保障我国粮食生产的安全。

对农业生产而言,这些制度有利于持续推进农村承包地制度改革,提高农民的财产性收入,并为农业现代化提供规范依据。申言之,伴随《农村土地承包法》等一系列法律的修正和实施,对我国实现农地现代化经营的主要制度性制约和障碍已不复存在,但是,在城乡融合和城乡一体化发展方面尚需采取多种制度创新。尤其是,必须进行农地制度创新,助推农地生产要素和资本要素的良好结合,使得更多城市资本可以流入乡村参与农业生产经营。当前,全国农地使用权的流转面积比例已达到40%以上,而在我国江苏、浙江等发达区域的县市,这一比例更是达到80%甚至90%以上。② 农地制度创新对于保护土地经营者的合法权益、保证土地经营权的稳定预期、助推农业农村现代化意义重大,是我国农村承包地法制改革的方向。

经由既有的制度逻辑和私法理论体系阐释国家农地政策,既要维护农地法律体系的完整性,也要努力避免出现对农地法律政策的内涵解读不深刻、对农地政策目标界定不清晰以及对农地政策指向探讨不明确等问题。由农地"两权分离"到"三权分置"体现了我国之前的农地政策已出现不契合农地实践的一些状况,需要破旧立新。对农地"三权分置"法制体系解读的关键在于科学界定新型权利体系的制度意蕴,实现由农地政策向法律权利的规则化转变。在将农地政策向法律制度的转换过程中,不仅要科学运用立法技术,而且更要在实质内容上实现农地政策的制度化。③ 这正是从推进乡村振兴的视域出发,对农村土地"三权分置"改革问题展开研究的出发点和最终归宿。

---

① 参见房绍坤:《土地经营权入典的时代价值》,载《探索与争鸣》2020年第5期,第14页。
② 参见孔祥智:《乡村振兴:"十三五"进展及"十四五"重点任务》,载《人民论坛》2020第31期,第40—41页。
③ 参见陈小君、肖楚钢:《论土地经营权的政策意蕴与立法转化》,载《新疆社会科学》2021年第1期,第96页。

第三章　乡村振兴中土地承包经营关系的坚持

在《民法典》物权编的编纂过程中，如何对待土地承包经营权及承包经营关系存在争议，需要在承包地"三权分置"新型农村土地权利体系中进行明确。

第一节　土地承包经营权作为用益物权的定位

一、土地承包经营权准所有权化的摒弃

基于土地承包经营关系稳定且长久不变，关于土地承包经营权具有"准所有权化"的观点应运而生。在原《物权法》中，土地承包经营权被确立为一项用益物权。当然，有学者认为，就我国国情而言，把土地承包经营权和农村集体土地所有权之间的关系定位成用益物权和所有权之间的关系在理论层面也值得探讨。原因在于，在我国，承包地作为一项重要的不动产类型"属于本集体成员集体所有"(《民法典》第二百六十一条、原《物权法》第五十九条)，而农民作为本集体内的成员，对集体所有的承包地的使用和处分拥有成员性的权利。[1] 因此，这种情景不同于传统民法体系中的由所有权派生出用益物权的私法逻辑，土地承包经营权在根本意义上应定性为一项"自物权"。[2] 另有学者认为，既然农地"三权分置"权利体系需要在法律层面进行确认，那么，与其将承包经营权进行碎片化改造，不如直接将此项权利规定为完整的物权属性，赋予其完整的

---

[1] 参见郑中云:《从"双层所有权"到"单一所有权"之变——民国时期永佃权在江苏地区的继受》，载《中国农业大学学报(社会科学版)》2020年第1期，第116页。

[2] 参见孙宪忠:《推进农地三权分置经营模式的立法研究》，载《中国社会科学》2016年第7期，第145—163页。

权利内涵,并借此化解农村承包地困境。[1]

土地承包经营权是改革开放以来我国农地"两权分离"制度体系下的核心权利类型,本质上属于用益物权的一种。其实,关于土地承包经营权的权利属性在很长一段时期也争议颇大,属于一项不断探索和演化的重大物权制度。可以说,《民法典》物权编中所规范的物权制度之中有多项都具有很大争议,而土地承包经营权制度就是最具争议的制度之一。在1986年《民法通则》制定时,我国改革开放才刚推行不久,关于经济体制的改革方向并不十分明确,甚至当时我国尚无物权概念。[2] 可见,当时对该项制度予以立法的难度就非常大。

为稳定农户的土地承包经营权,国家推行了"增人不增地,减人不减地"的承包地政策。1986年,因为土地承包经营制度于国家政策层面已经非常成熟,所以被纳入《民法通则》之中进行规范(第八十条第二款),受到法律的保护。从这一规定出发,法学界日益重视对农地法律制度的完善进行探讨。[3] 1987年,为避免农户之间因农地频繁调整而引发的不稳定预期困境,我国农业主管部门在贵州省湄潭县率先设立农地制度改革建设试验区。此次试点的基本思路是,在清晰界定农地集体财产权的基础上,排除新增人口对于重新配置承包地经营权的预期,助推承包地法制改革的推进。[4] 2017年,党的十九大报告指出,"第二轮土地承包到期后再延长三十年"。[5]

为此,有学者认为,土地承包经营权在我国的权利体系中具有类所有权性,并从法律技术层面进行论证。具体而言,作为土地承包经营权人的农户和集体土地所有权人之间存在着独特的法律关系。从传统民法理论看,自物权人和他物权人应当属于各自完全没有关联的法律主体。但是,我国的农地权利体系却并非如此,作为土地承包经营权人的农户是农村集体的组成部分,或者说是农村集体的成员,二者并非毫无关联的法律主体。简言之,农户所享有的承包经

---

[1] 参见辜明安、梁田:《农地"三权分置"法制化与承包经营权制度的完善》,载《河北法学》2020年第2期,第28页。
[2] 参见龙卫球:《民法典物权编"三权分置"的体制抉择与物权协同架构模式——基于新型协同财产权理论的分析视角》,载《东方法学》2020年第4期,第91页。
[3] 参见申始占:《农地"三权分置"改革困境的法理透视》,载《河北法学》2021年第9期,第152页。
[4] 参见徐祥临:《再论巩固和完善农村基本经营制度——兼论重建村民组土地经营市场》,载《毛泽东邓小平理论研究》2021年第4期,第12页。
[5] 参见习近平:《决胜全面建成小康社会 夺取新时代中国特色社会主义伟大胜利——在中国共产党第十九次全国代表大会上的报告》,载《人民日报》2017年10月28日,第01版。

营权的取得依据是其所享有的农村集体成员权。① 孙宪忠教授认为,农民所享有的土地承包经营权是其在行使自己的权利,本质为一项"自物权"。② 有学者认为,土地承包经营权的身份属性以及保障功能被更加固化,在某种程度上体现了所有权性质,是我国农村集体土地所有权的重要实现机制,是作为物权本质的土地经营权的母权。③

但是,它在本质上仍然应被认定为一项他物权。从权利性质看,在物权概念的权利体系中,它的本质属于他物权。④ 毕竟,土地承包经营权一旦设立,其便具有限制农村集体土地所有权的效力,农户作为此项权利的主体享有对承包经营的农地进行占有、使用、收益和依法流转等一系列权能。⑤ 另外,土地承包经营权能够被定位为独立用益物权的原因还在于其具有绝对性及对世性。

就解释论而言,它是最初由原《物权法》所明确规定的一项用益物权。此项权利设置之后,将会对作为农地集体所有权人的农民集体对农地行使占有、使用以及收益的权能进行限制,而此时的农民集体对承包地直接享有的权能则被限缩。进入21世纪之后,我国农村税费改革取得重要成果,承包费的收取被予以禁止。在此情况下,农户对农地的经营收益就完全归属于其自身所有,农民集体无权向农户收取农地的使用费用,也无权参与农户对承包经营的收益分配。⑥

农地"三权分置"权利体系改革引起的承包地权利结构的变动,保持了承包经营权的农户身份特性,且未改变其用益物权本质。⑦ 依据修正后的《农村土地承包法》,土地承包经营权证中应列明该项权利的全部家庭成员(第二十四条第二款)。但是,仍有学者建议,对此项权利应当做到"确权到人"。⑧ 就解释论

---

① 参见于飞:《从农村土地承包法到民法典物权编:"三权分置"法律表达的完善》,载《法学杂志》2020年第2期,第72—73页。
② 孙宪忠:《推进农地三权分置经营模式的立法研究》,载《中国社会科学》2016年第7期,第152页。
③ 参见祝之舟:《农村土地承包经营权的功能转向、体系定位与法律保障——以新〈农村土地承包法〉为论证基础》,载《农业经济问题》2020年第3期,第40页。
④ 参见王利明:《物权法研究(下卷)》,中国人民大学出版社2013年版,第806页。
⑤ 参见刘连泰、余文清:《公平市场价值在集体土地征收补偿中的适用》,载《浙江社会科学》2019年第10期,第22页。
⑥ 参见刘恒科:《家庭承包经营收益分配制度的反思与重构》,载《商业研究》2020年第4期,第139页。
⑦ 参见高圣平:《土地承包经营权制度与民法典物权编编纂——评〈民法典物权编(草案二次审议稿)〉》,载《法商研究》2019年第6期,第25页。
⑧ 参见黄英、曹锦丽:《农村妇女土地权益保护路径探析》,载《辽宁大学学报(哲学社会科学版)》2016年第2期,第117—121页。

而言,针对农村集体土地实行的是以户为单位的承包方式,法律上的承包方是农户,而非农民个体,农户内部的家庭成员对此项权利形成的是一种"共同共有"的关系。因为农村集体经济组织的成员权主体最终指向的是私人,为此,有学者主张把土地承包经营权的共有关系认定为按份共有,而非共同共有,改变农户家庭内部之间承包地权利界分不明的问题,扩充农民个体对承包地的权利内涵。① 但是,在此项权利的行使过程中,农户是法律上的主体。一旦遇到农村人口流动(如出嫁、参军、升学、入城工作等)时,无权依法对土地承包经营权中的共有关系予以权利分割,离开本集体者的承包地权益也可能无法获得保障。②

毕竟,"农户"和"家庭"并不能等同,且"农户成员"和"家庭成员"也非同一概念,几者相互之间并不是完全等同的关系。其中,"农户"是由"农户成员"所构成的,而"家庭"是由"家庭成员"所构成,但是,"家庭成员"与"农户成员"又存在差异。例如,尚未取得承包经营权利的家庭成员(如新出生或嫁入人口)虽然也已经成为集体成员,但是,其却并非"农户成员"。因而,单纯从人口数量看,"农户成员"的人数可能与"家庭成员"的人数相等,这也表明此种情景中的"农户"和"家庭"相等同,而当"农户成员"的人数少于"家庭成员"的人数时,尤其是"增人不增地"的结果,此种情景中的"农户"和"家庭"就不相等同。③ 循此,不能将"农户"和"家庭"完全等同。

但是,需说明的是,无论是从物权法理论出发,还是就法解释而言,均无须创制成员权的权利概念。就农地权利体系而言,成员权概念无须纳入农地权利理论体系。关于成员权或成员资格的认定,通常来自外在的公法限制或赋权,因此,成员权不是权利体系的内部权利。另外,就农地权利体系而言,如何界定成员权的主体,仍然存有争议。有学者认为,无论指向何者,成员权所意欲实现的共益权以及自益权,以农民或者农户为共有人推导而出可能更为自然,而无

---

① 参见刘灵辉、王科宇:《"三权分置"制度下农村大学生土地权益保障研究》,载《西部论坛》2019年第3期,第88页。
② 参见黄英、曹锦丽:《农村妇女土地权益保护路径探析》,载《辽宁大学学报(哲学社会科学版)》2016年第2期,第117—121页。
③ 参见王洪平:《权益主体视角下农户家庭成员土地承包权益研究》,载《现代法学》2020年第3期,第101页。

须借助于成员权概念。究其原因，属于集体成员，仅是公法上的条件要求。①

　　从本质上说，土地承包经营权之权利主体的农户身份性是由农村集体土地所有权作为公有制经济的重要组成部分所决定的。农户享有的土地承包经营权实际上具有应对农村经济风险、维护农村社会稳定的重要作用。② 这在修正之前的《农村土地承包法》中便有制度体现。其一，不是本集体经济组织成员者无权进行承包。土地承包经营合同指向的是农户而非农民个体。在承包地权利体系改革过程中，以土地承包经营权入股为例，就私法理论而言，股权虽然属于股东的个体权利，但是，此处的股权却是确权到农户，农村集体经济组织以农户为单位来颁发股权证。③ 其二，举家进城落户的农户将丧失本集体经济组织的成员资格，或者由本集体经济组织予以强制性收回。但是，此亦有例外，修正之前的《农村土地承包法》赋予了承包方将土地承包经营权向本集体经济组织之外的农户进行转让的权利。另外，非本集体经济组织成员可经由拍卖、招标等方式而取得"四荒地"的承包经营权，且此项权利可进行流转或抵押。

　　此次《农村土地承包法》修正重点强调了土地承包经营权的农户身份属性。其一，把"四荒地"承包经营权改称土地经营权，更加明确此项权利的市场化财产权属性；其二，非本集体经济组织的成员无法取得以家庭方式为单位的承包经营权。依次推理，此项权利的身份属性更为明显。④ 与之前立法不同的是，承包农户在进城落户之后，即便失去农村集体成员的资格，也有权继续保留土地承包经营权。

　　按照现有法律规定，农村集体经济组织将农地使用权进行发包的对象是以家庭为单位的农户，而非独立的农民个体，农户作为法律主体代表全体家庭成员进行土地承包经营。另外，农地使用权并非永远分配给权利取得之时农户中存在的家庭成员，而是指向该农户内部处于动态调整的成员。因此，土地承包经营权在本质上体现的是农户内部成员的共同共有关系，并非家庭内部成员之

---

① 参见张永健：《农村耕地的产权结构——成员权、三权分置的反思》，载《南大法学》2020年第1期，第82页。
② 参见祝天智：《农村土地承包政策中的效率与公平张力及其消解》，载《求实》2020年第6期，第97页。
③ 参见李爱荣：《"户"作为集体经济组织成员权的行使主体探析》，载《当代法学》2019年第6期，第105页。
④ 参见祝之舟：《农村土地承包法修改的制度要点与实施问题研究》，载《南京农业大学学报（社会科学版）》2019年第4期，第90页。

间可分割的按份共有关系。① 实际上,在家庭承包经营关系中,按照家庭成员"人人有份"的分割理念,承包农户依据作为发包人的农地集体所有权人的生产预期目标取得承包经营权,进行农业生产经营活动,本质就是一项土地经营形式。在这种经营形式下,单独的家庭是最基本的生产经营单位,该家庭中的成员均可根据农业经营需要从事生产劳动。故而,农户享有的土地承包经营权实际上是推行家庭联产承包责任制的必然结果,无法把它与农村集体生产经营模式相等同。②

这种将农户耕作农地的权利定位成一项用益物权的做法,既可助推农户自主地开展农业生产经营,也可防止农村集体(或者农村村民委员会)对农户承包土地的任意干涉。有学者认为,主张将农地"三权分置"解释为从农村集体所有权分解而成的观点在本质上是将农地集体所有权理解成不断分散的权利束的立场,同所有权自身的整体性以及全面性的理念并不契合。③ 但是,这种观点值得商榷。依循法学逻辑,原《物权法》将承包经营权确立成一项他物权,进而使得该项权利能够获得法律层面的保护。④ 就立法历史解释看,原《物权法》的制定背景是农村熟人社会⑤,将承包合同的生效作为该项用益物权的设立要件(第一百二十七条第一款),此种立法例也经由修正之后的《农村土地承包法》第二十三条以及已颁布实施的《民法典》第三百三十三条第一款进行了强化。⑥ 在私法层面,农户承包土地的权利在本质上的体现便是对农地有权进行农业生产的一项用益物权。⑦ 也就是说,土地承包经营权应当理解为农户在集体土地所有权之上设置的一项负担。

---

① 参见刘灵辉、向雨瑄:《无地农民土地权益保障策略研究》,载《中州学刊》2021年第1期,第48页。
② 参见滕佳一:《承包地利用的守成与突破——以土地经营权法律定位的检讨为中心》,载《交大法学》2021年第1期,第143页。
③ 参见滕佳一:《承包地利用的守成与突破——以土地经营权法律定位的检讨为中心》,载《交大法学》2021年第1期,第146—147页。
④ 参见廖洪乐:《农地"两权"分离和"三权"分置的经济学与法学逻辑》,载《南京农业大学学报(社会科学版)》2020年第5期,第109页。
⑤ 参见全国人大常委会法制工作委员会民法室编:《中华人民共和国物权法:条文说明、立法理由及相关规定》(第2版),北京大学出版社2017年版,第269页。
⑥ 参见滕佳一:《承包地利用的守成与突破——以土地经营权法律定位的检讨为中心》,载《交大法学》2021年第1期,第146页。
⑦ 参见高圣平:《论农村土地权利结构的重构———以〈农村土地承包法〉的修改为中心》,载《法学》2018年第2期,第15页。

二、土地承包经营权的用益物权属性不变

为了达到维护交易安全和降低交易成本的目的,土地承包经营权作为新创设的土地经营权的"母权"基础,在权属层面理应清晰和明确。① 有学者认为,土地承包经营权应当被定性为一种"准所有权",可经由权利分层理论在其上设立物权属性的土地经营权,进而摆脱"一物一权"主义的桎梏。需注意的是,此种理论认为,此处不是承认两个所有权,而是只有一项所有权,农村集体土地所有权属于终极所有权范畴,在法律层面享有对承包地的终极处分权,而土地承包经营权的本质为"准所有权",权利派生于农村集体土地所有权的权能分割,蕴含着对承包地的占有、使用、收益和特定情形下的处分(流转、继承、抵押等)权能,将此两项权利并存于同宗土地在理论上并无不妥。②

但是,此种观点值得商榷。如果把土地承包经营权作为用益物权的边界无限地扩大,甚至将农户享有的土地承包经营权解读为永远赋予农户,那么,就会产生这样的结果:即便承包农户无力耕作或者不愿耕作,集体也无权收回此项权利,若农户将承包地出租给他人,所获得的租金也应归属于承包农户,农户和农村集体之间就无任何瓜葛。在承包地被征收时,征收补偿也应仅以农户(而不包括集体)为对象。然而,若如此解读,既误读了用益物权的本质,也是对法律规定农村承包地归属于集体所有的曲解。这将会导致十分严重的实践后果:若农户将土地承包经营权视作类似所有权者,农户的碎片化经营将会出现弃耕抛荒者,也会导致集体的收益权无法实现。③

从根本上讲,土地承包经营权并非自物权,在最大程度上只能定位成具有较长期限的用益物权类型。这种权利可以被集体所有权人予以调整或收回。当然,不可被随意调整或者收回。农村土地集体所有权实际上承载着社会公共利益与集体利益实现的双重价值目标,而农户享有的土地承包经营权更多承载的则是实现农户权益的目标。为兼顾社会公共利益、集体利益以及农户权益制

---

① 参见高圣平:《土地承包经营权制度与民法典物权编编纂——评〈民法典物权编(草案二次审议稿)〉》,载《法商研究》2019年第6期,第20页。
② 参见李停:《"三权分置"视域下中国农地金融创新研究》,载《现代经济探讨》2021年第5期,第131页。
③ 参见徐祥临:《再论巩固和完善农村基本经营制度——兼论重建村民组土地经营市场》,载《毛泽东邓小平理论研究》2021年第4期,第17页。

度目标的实现,农户享有的土地承包经营权不宜定位为"永久不变",最大程度的体现是"长久不变"。另外,这种权利的流转既不能过分受制于农村集体土地所有权,亦不能将此完全放开和予以自由流转。① 此时,比较恰当的处理是保持此项权利的用益物权性质不变。

国家农业制度层面的土地承包经营关系"长久不变"表明承包期限较现在规定的三十年具有更长的期限,但是,"长久不变"不应理解为"永久不变"。② 在对农户土地承包经营权期限的界定中,核心的依据是我国农村土地政策中坚持的集体所有制。这一制度决定着承包地法制改革应当坚持农村集体拥有所有权不能发生改变,农户拥有的土地承包经营权的制度安排为"长久不变"。换言之,农村土地集体所有制是我国农村的一项基本制度,不应被土地私有所替代。循此,在坚持这一基本制度的前提之下,农户的土地承包经营权无法"永久不变"。如果作为用益物权性质的土地承包经营权"永久不变",在实践层面容易使人们将其误解为自物权。③ 当前,归属于农村集体所有的农地之上基本设立了农户的承包经营权,而且此项权利在二轮承包经营权期限届满后还将再延长三十年不变。因此,此项权利的稳定性已非常强。④ 但是,仍然应当注意,它毕竟不同于农村集体享有的农地所有权。

就法律解释而言,我国没有明确禁止承包经营权的调整。长期以来,在实践中,也存在允许农村集体于村民自治基础上进行调整。在承包经营实践中,"增人不增地,减人不减地""大稳定,小调整"以及"三年一小调,五年一大调"这三种调整方式在我国农村地区并存。⑤ 就理论层面而言,一些新增人口会基于"大稳定,小调整"的政策取得土地承包经营权,但是,这种权利的取得方式具有不确定性,有时会因错过调整承包地经营权的时间而只能等待下一次的承包地调整。毕竟,承包地使用权的调整时间具有不确定性。例如,这对农村女性更

---

① 参见赵红梅:《农地"三权分置"中集体土地所有权的功能定位——兼解读修正后的〈农村土地承包法〉》,载《法学杂志》2019年第5期,第33页。
② 参见刘锐:《如何解读党的十八届三中全会土地制度改革精神》,载《国家行政学院学报》2014年第1期,第23—27页。
③ 参见李玲玲、李长健:《对农村土地承包经营权具体期限设置的思考——基于"轮+期限"与"适当调整"法律适宜性的探讨》,载《西北农林科技大学学报(社会科学版)》2020年第4期,第82页。
④ 参见程雪阳:《新〈土地管理法〉土地用途管制制度改革的得与失》,载《中国法律评论》2019年第5期,第74页。
⑤ 参见张红宇、李伟毅:《以起点公平为基础实现农村土地承包关系长久不变》,载《新视野》2013年第4期,第14—17页,第57页。

是如此。因为,即使等到村集体将机动地、新增耕地以及农户自愿交回的农地分配给无地或者少地农民,农村集体也往往倾向优先配置给男性,[1]导致之前未分得承包经营权的农村妇女(如嫁入夫家)与承包经营权无缘。[2]

农户享有的承包经营权的权能日益充实,并且保持长久不变,也确实在一定程度上引起了承包经营权的稳定性和农户的公平保障性之间的冲突。例如,不同农户在承包经营权的重新配置方面存在矛盾,尤其是,属于新增人口但不享有此项权利者对承包经营权重新配置的需求日益明显。[3] 实际上,对一项权利的主体身份进行条件限制也并不鲜见。例如,一些国家在立法中就有关于只有本国或者特定国家的国民方可作为该国不动产的所有权人的限制性规定。[4]承包经营权的农户身份是类似的限制,旨在防止一些人成为此处的用益物权人,但不应限制权利的内容或行使方式。

为此,实有通过法律形式把承包经营权期限予以明确的必要,以稳定农户对农地的用益物权关系,即助推土地承包经营关系稳定。土地承包经营权在本质上是一项有期限的用益物权,科学合理地设置此项权利的期限,可稳定农户对农地的经营关系,确保农户对农地的预期收益,规范农地使用权流转市场的秩序,为农户取得在农地领域的财产性收益提供制度基础。[5] 循此,明确的权利存续期限不但是承包经营权的权利要素,而且会直接影响到该项权利作用的发挥。[6] 因此,农村土地承包经营关系"长久不变"也需要设置具体期限限制,进而避免将其误解为承包地私有化。[7] 另外,较为清晰的承包经营权期限界定也可避免在这一问题上出现含糊空间,更好地保持既有土地承包经营制度的稳

---

[1] 参见罗颖、郑逸芳、黄森慰:《农村外嫁女土地权益保护情况分析——基于福建省108份问卷调查数据》,载《内蒙古农业大学学报(社会科学版)》2017年第1期,第16—22页。

[2] 参见刘灵辉:《"三权分置"法律政策下农村妇女土地权益保护研究》,载《兰州学刊》2020年第5期,第155页。

[3] 参见郎秀云:《确权确地之下的新人地矛盾——兼与于建嵘、贺雪峰教授商榷》,载《探索与争鸣》2015年第9期,第44—48页。

[4] 参见张永健:《农村耕地的产权结构——成员权、三权分置的反思》,载《南大法学》2020年第1期,第90页。

[5] 参见李玲玲、李长健:《对农村土地承包经营权具体期限设置的思考——基于"轮+期限"与"适当调整"法律适宜性的探讨》,载《西北农林科技大学学报(社会科学版)》2020年第4期,第82页。

[6] 参见李玲玲、李长健:《对农村土地承包经营权具体期限设置的思考——基于"轮+期限"与"适当调整"法律适宜性的探讨》,载《西北农林科技大学学报(社会科学版)》2020年第4期,第82页。

[7] 参见涂胜华、陈樱:《关于〈农村土地承包法〉的修改建议》,载《农村经营管理》2016年第1期,第33—37页。

定和延续,助推在承包经营制度体系中科学应对人地矛盾、流转期限、征地补偿安置等重要问题。

第二节　坚持土地承包经营权的概念和称谓

农地"三权分置"法制改革,不但要保护新型经营者的权益,而且要避免工商资本对农地的侵犯,保障承包方的权益。① 在缺乏充足的法理根据时,任何法制改革都不应当损害既有权利人的利益。

一、保留土地承包经营权的权利概念

虽然农地"三权分置"权利结构已得到法律确认,但是,农地"两权分离"权利结构也仍然会继续存在。就解释论看,建立在农地之上的权利体系得到了重新构建,迈入两种权利结构共存的阶段。② 就解释论而言,农村承包经营户指向的是我国从事农业承包经营活动的主体,是家庭联产承包责任制之下最基本的生产单位。经由《民法典》规范,赋予土地承包经营户以民事主体资格(第五十五条),其要件包括:其一,必须为本集体经济组织的成员;其二,依法取得土地承包经营权;其三,从事家庭承包经营。③

在以维护农户的承包地权利和提升农地利用效益为目标,以助推农地使用权流转和增进农户财产性收入为宗旨的承包地法制改革进程中,应当充实土地承包经营权的私法权能,使之更为完整和充分。借此可保障农户承包经营关系稳定并长久不变,彰显此项权利的用益物权特性。④ 在对待这一问题上,必须关注 2008 年以来我国关于农村土地承包经营关系由"长期不变"向"长久不变"转变的思想理念。之前,我国的物权制度安排没有过多考量农地经营权的市场化需求,且受到颇多限制。

---

① 参见赵延安、张蚌蚌:《我国封建社会土地法律制度演替及当代启示》,载《西北农林科技大学学报(社会科学版)》2019 年第 5 期,第 152 页。
② 参见吴昭军:《"四荒地"土地经营权流转规则的法教义学分析》,载《安徽师范大学学报(人文社会科学版)》2021 年第 2 期,第 136 页。
③ 参见梁慧星:《民法总则讲义》(修订版),法律出版社 2021 年版,第 114 页。
④ 参见赵金龙、王丽萍:《改革开放以来我国农地产权政策演变及未来展望》,载《经济纵横》2018 年第 5 期,第 89—96 页。

然而,近年来,我国城乡一体化融合发展的趋势日益明显,亟须对农业生产经营方式的现代化、农业经营适度规模化以及农业经营模式市场化的现实需求进行回应,进而推动农村土地权利的市场化进程,满足农村土地经营的新需求。① 每个人都仅具有有限理性。农户流转耕地使用权的行为目的在于追求幸福(效用)最大化。②

保留农户享有的承包经营权成为落实我国农村集体所有权的重要方式。农村土地承包经营关系以坚持农村集体土地所有权和农村双层经营体制为制度基础,由农村集体组织和承包农户经由土地承包经营合同而建立,也是农村集体土地所有权和集体农户权益实现的重要体现。③ 依据《农村土地承包法》的规定,任何组织和个人都无权剥夺和非法限制农户的承包经营权。如果承包方无需具有农村集体成员资格,那么,不但不利于农村土地承包经营关系的稳定,而且也不利于承包经营权的维护,甚至对于农村集体土地所有制的实现也不具有现实价值。④ 因此,无论是农地"两权分离",还是"三权分置"权利体系下的承包经营权之权利主体均被严格限定为本农村集体的成员,即以农户成员身份为前提,有专门性的身份属性要求。⑤ 仅有本集体经济组织的成员才具有此种身份和资格,进而可同作为发包方的农村集体缔结书面形式的土地承包经营合同,自此项合同生效时享有土地承包经营权。

就农地法制改革而言,农地"三权分置"是在土地承包经营关系"长久不变"方针指导下,为实现农业现代化和适度规模化经营而进行的制度完善。这种完善至少体现在两方面。其一,坚持承包经营制度之下农地的社会保障功能。具体而言,农地可以为还未完全实现城市化的农民提供返回农村的退路,发挥社

---

① 参见龙卫球:《民法典物权编"三权分置"的体制抉择与物权协同架构模式——基于新型协同财产权理论的分析视角》,载《东方法学》2020年第4期,第91页。
② 参见何国平:《"三权分置"下农户流转耕地行为研究》,载《华南农业大学学报(社会科学版)》2020年第3期,第43页。
③ 参见祝之舟:《农村土地承包关系自主调整机制的法理内涵与体系完善》,载《法学家》2021年第2期,第89页。
④ 参见祝之舟:《农村土地承包经营权的功能转向、体系定位与法律保障——以新〈农村土地承包法〉为论证基础》,载《农业经济问题》2020年第3期,第47页。
⑤ 参见陈小君:《"三权分置"与中国农地法制变革》,载《甘肃政法学院学报》2018年第1期,第22—33页。

会稳定缓冲器的功能。① 我国农民世代追求的梦想便是"耕者有其田",一直到现在,这也仍是广大农民对于解决承包地问题的朴素观念。尤其是,在我国经济发展相对落后的农村地区,承包地依然是农户得以安身立命的根本性保障。② 可见,农村承包地的核心功能之一是维系我国农村社会的稳定。

其二,在确保农地负载对农户的生存保障价值的基础上,发挥市场在农地资源配置中的作用,优化农地权利的配置。关于农地"三权分置"权利体系的法制改革主要着眼于农户和农地关系的调整,毕竟当前阶段深化我国农村改革的主线应当依旧是处理好二者之间的关系。在改革开放的初始阶段,为深化农村改革,主要应科学处理农地集体所有与农户家庭承包经营的关系,为此,建构了农地"两权分离"权利结构,使农户的积极性得以激发,成效显著。在当前阶段,为深化我国农村改革,在处理好农地集体所有与农户家庭承包经营的关系的同时,应当科学处理在承包地权利流转中承包农户和新型经营主体之间的法律关系。

坚持农村土地承包经营权获得了政策和制度层面的支持。从1986年开始,《民法通则》中确立了土地承包经营权制度,其制度目的在于激活农村居民的生产积极性,促进我国农村经济的发展繁荣。这一制度的确立以坚持我农地集体所有权为基础,产生了我国农地集体所有权和农户承包经营权的一次分离。之后,关于土地承包经营制度由"长期承包"到"长久承包"逐渐转变。③ 1993年,我国首次提出关于承包期限届满后"再延长三十年不变"的调整土地承包经营关系的方针,同时,倡议于土地承包经营期限内推行"增人不增地,减人不减地"的调整思路。于我国第二轮土地承包经营期内,农地承包经营关系愈加稳定。可以说,从1984年到2007年,在涉及农村土地承包关系的一系列法律或政策中,适用的都是"长期稳定"的提法。一直到2008年,国家层面对农地承包经营关系的表述发生了变化,将"长期不变"调整为"长久不变"。具体体现为,2008年中共十七届三中全会提出,要保障农民更为充分和有保障的承包

---

① 参见祝天智:《农村土地承包政策中的效率与公平张力及其消解》,载《求实》2020年第6期,第97页。
② 参见焦芳芳、贾志宏、刘启明:《农户土地诉求变迁与对其政策回应的探讨——基于豫西三个村实践的考察》,载《农村经济》2020年第9期,第64页。
③ 参见龙卫球:《民法典物权编"三权分置"的体制抉择与物权协同架构模式——基于新型协同财产权理论的分析视角》,载《东方法学》2020年第4期,第96—100页。

经营权,承包经营关系要保持稳定和长久不变。① 党的十九大报告更加鲜明地提出,"第二轮土地承包到期后再延长三十年"。关于这一中央层面的农地政策精神以及之前的相关制度被整合纳入修正后的《农村土地承包法》,旨在经由法律制度的形式维护农民土地权利的长久稳定,给农户吃下承包地权利稳定的"定心丸",助推农户享有的承包经营权更为丰富和充实。②

实践中,确权颁证增强了土地承包经营权的稳定性和排他性。农村的承包地作为农户的重要财产具有双重属性,即财产性和社会保障性。农户举家进入城市务工经商之后,在物理状态上实现了与农地的分离,事实上可能产生"有地无人"的撂荒现象。随着农户非农就业机会的增多以及城乡一体化的发展,土地承包经营权的退出政策亦在修正。③ 当前,我国正在推行的农地确权颁证可进一步增强土地承包经营权的稳定性和排他性。这会对承包户的生产经营产生重要影响,也会影响到农地使用权的流转。农地确权颁证降低了农地政策的不可预期性,使得农户的土地承包经营权可以获得更稳定的法律保护,同时,也可强化农户对于承包地集体权益的分配权。当然,就农户的撂荒行为而言,虽然农地的确权颁证可发挥一定的抑制效应,但是,农户的行为选择更多地取决于承包地使用权流转产生的预期收益。在农户自己不直接经营农地时,若农地使用权可顺畅流转给第三人并取得收益,那么,农户可能会倾向于将农地使用权进行流转,确权之后的此项权利所具有的稳定性和排他性,可进一步使农户享有承包地权益以及对承包地集体权益的分配权。相反,如果农户的土地承包经营权不能顺畅流转给第三人,或者无法从此项流转中获取收益,农户就会倾向于将农地撂荒或者从事比较低效益的经营活动。确权之后的此项权利的稳定性和排他性则会强化农户在潜意识里对农地权利的认知,且不再担心此项权利被剥夺而进行任意处置。④ 可见,此时的确权颁证可助推农户将此项权利予以流转,减少农地的撂荒现象。

---

① 参见全国人大农业与农村委员会法案室编著:《农村土地承包法律制度研究》,中国法制出版社 2017 年版,第 11 页。
② 参见刘灵辉、向雨瑄:《无地农民土地权益保障策略研究》,载《中州学刊》2021 年第 1 期,第 46 页。
③ 参见余晓洋、刘帅、吴迪,等:《农村土地承包权退出的缘起及实践模式比较》,载《新疆社会科学》2020 年第 3 期,第 33 页。
④ 参见吴晓婷、杨锦秀、曾建霞:《土地确权颁证减少农地撂荒的区位差异与时间效应——基于农地流转的机制分析与实证检验》,载《西部论坛》2021 第 1 期,第 114 页。

二、土地承包经营权承载的农村社会保障功能

(一) 农地"两权分离"中土地承包经营权的社会保障功能

农村土地承包经营制度是一项具有鲜明中国特色的农地使用制度。尤其是在我国改革开放的初期,这一制度在国家经济社会发展过程中释放了非常巨大的能量,产生了不可磨灭的历史价值。[①] 在之前我国所处的人民公社阶段,农村土地集体所有权与承包地使用权高度统一,农地归属于集体经济组织支配和调整,而集体经济组织成员共同从事生产劳动,相关的农业收益在集体成员之间按照自身所投入的劳动依据高度的平均主义原则进行分配。[②] 在我国改革开放之前,计划经济体制之下的统一分配原则不但严重制约了我国农村社会生产力的进步,而且使得我国农村社会发展付出的代价甚大。[③] 例如,从我国实行农业高级社之后,自1957年至1978年长达20余年的时间中,农民个体从集体经济组织收入中取得的人均年收入仅仅提升了33.3元,与此相伴,农户人均粮油消费水平反而出现了下降境况。[④] 自党的十一届三中全会之后,家庭联产承包责任制起始于安徽省小岗村,将农地实现分田到户,在农地权利体系上实现了"两权分离"。

这种生发于农村基层的自下而上的农村法制改革有效地提升了农户的生产经营积极性,极大地推动了农业增产、农民增收和农村发展。[⑤] 在农地"两权分离"权利结构下,以坚持家庭经营为基础的农村基本经营体制的最主要体现,就是将农地使用权赋予农户。这体现为在集体经营组织内部实行分户承包经营,赋予农户自主开展农业生产经营活动。[⑥] 可见,立法机关旨在把土地承包经营权定位成一种人人都可享有的平等权利,本质为财产权,凭借承包经营合

[①] 参见辜明安、梁田:《农地"三权分置"法制化与承包经营权制度的完善》,载《河北法学》2020年第2期,第21页。

[②] 参见刘灵辉、向雨瑄:《无地农民土地权益保障策略研究》,载《中州学刊》2021年第1期,第46页。

[③] 参见滕佳一:《承包地利用的守成与突破——以土地经营权法律定位的检讨为中心》,载《交大法学》2021年第1期,第143页。

[④] 参见陈锡文、赵阳、陈剑波,等:《中国农村制度变迁60年》,人民出版社2009年版,第19页。

[⑤] 参见刘灵辉、向雨瑄:《无地农民土地权益保障策略研究》,载《中州学刊》2021年第1期,第46页。

[⑥] 参见滕佳一:《承包地利用的守成与突破——以土地经营权法律定位的检讨为中心》,载《交大法学》2021年第1期,第142页。

同而取得,蕴含着将此项权利予以物权化的基本理念。[1] 这一权利最终被原《物权法》确定为一项用益物权。

长期以来,土地承包经营制度化解了我国农户的温饱难题,承载着农户的社会保障功能。对一个国家而言,粮食安全牵涉到整个国家的安全。虽然在和平年代,姑且可以选择经济贸易等方式化解粮食安全问题,但是,如果发生战争或其他突发性事件,那么,粮食安全对于人口大国而言就影响巨大。即便在2008年发生金融危机的情况下,许多进城务工农户在返回农村时仍旧有权依托承包地生活,保持了社会秩序的稳定。我国作为农业大国,要努力实现粮食的自给自足,这就要求我们必须在保持土地承包经营关系稳定的前提下回应土地经营权的流转问题。[2] 从原《物权法》开始,在本质上对承包经营权的物权属性从规范层面进行承认,这也能够保证在此基础上生发的土地经营权的稳定性。[3]

农地承包经营制度在农村市场经济体制中具有明显的制度优势。这主要体现在三个层面:其一,农村土地集体所有权是农户实现"耕者有其田"的根本制度保障,能够使承包地生产要素和农业劳动力要素实现良好结合;其二,能够实现农业市场经济发展关于农村土地集体所有者、土地承包经营者以及实际劳动者三者之间的权益和谐统一;其三,为农村社会的治理提供坚实的农业经济基础。[4]

保护农户享有的土地承包经营权的目的,在很大程度上在于增强其在市民化进程中抵御风险的能力。这就要求经由制度设计以保证农户对于农地使用权进行分配和拥有较为长远的土地承包经营预期。具体而言,这要求农村土地承包经营权保持相对稳定并据此明确农村集体和农户在农地上的权利义务关系。只有在农村集体享有对农地的所有权,而农户依据成员身份对承包地享有分配权的情况下,方能较好地满足农户在向市民化转变过程中对社会保障的需求。可见,农户集体对农地享有的所有权以及农户对农地享有的收益分配权共

---

[1] 参见李适时主编:《中华人民共和国民法总则释义》,法律出版社2017年版,第150页。
[2] 参见张素华、张雨晨:《〈农村土地承包法〉修订背景下土地经营权的法律内涵与制度供给》,载《广西大学学报(哲学社会科学版)》2019年第1期,第118—119页。
[3] 参见熊万胜:《地权的社会构成:理解三权分置之后农村地权的新视角》,载《社会科学》2021年第5期,第76页。
[4] 参见徐祥临:《再论巩固和完善农村基本经营制度——兼论重建村民组土地经营市场》,载《毛泽东邓小平理论研究》2021年第4期,第11页。

同对农户权益起到保障作用。① 这需要在将来进一步构建农户相关土地权益退出的联动机制。在我国既有的农地权利体系下,农户退出承包经营权和其身份属性直接相关,而农户的身份属性亦关系到农村集体土地收益的实际分配。从事实上看,农户所享有的土地承包经营权与集体所享有的土地收益分配权很难分割开,这使本可以退出承包经营权的农户常常会受到其他方面土地权益的影响。② 因而,应当继续强化农户退地与农地法制改革的联动机制,经由激励政策及其相关的配套机制来实现已经在城镇落户的农户有偿退出承包经营权以及其他方面的集体土地收益分配权。

长期以来,农地都承载着维持农户最基本的生活保障的重要功能,而且目前此项功能并未发生根本性的转变。农户进城后如果失去在城镇的工作,土地承包经营权就会变得更为重要。尤其是,出现紧急情况导致城镇工作机会减少时,更会引发许多进城农民返回乡村。此时,保留土地承包经营权对于维持农村生活的稳定就显得非常重要。据学者的实证调研,失去农地的农户的生存保障机制非常不完善,农户对农地看得非常重,如果发生紧急或异常状况,无法实现农地权利时便会引发诉讼纠纷。③ 农村土地集体所有制、农业双层经营体制以及农村家庭承包经营制度共同要求土地承包经营权制度需要向本集体经济组织成员配置农村集体土地权益,进而保障本集体经济组织成员的基本生产生活。为实现这一目标,国家层面多次强调要保持农村土地承包经营关系的稳定,维护农户的承包经营权,尤其是进城务工农户的承包地权益。④ 这就决定了土地承包经营权蕴含着农户的成员资格及其社会保障功能。

农地是农业生产最基本的要素,也是农户生存及发展的重要物质性保障。⑤ 农地是农户得以从事农业生产经营的最重要的生产资料,农户的收入到当前为止也一直同农地紧密相连。其中,农地权利制度改革关系到农户的实际

---

① 参见郭冠男:《"三权分置"内在逻辑研究——制度供给对格局变迁的契合》,载《宏观经济管理》2019年第1期,第54页。
② 参见张勇:《农户退出土地承包经营权的意愿、补偿诉求及政策建议》,载《中州学刊》2020年第6期,第45页。
③ 参见孙晓勇:《农地诉讼频发的成因分析——以司法实践调研为基础》,载《中国法律评论》2021年第1期,第73页。
④ 参见祝之舟:《论农村土地承包经营权的身份属性——从农村户口迁移引发的土地承包经营权流转困境谈起》,载《农村经济》2011年第6期,第80—82页。
⑤ 参见张淑娴、陈美球、张玉琴:《土地承包权调整方式的决策研究——基于Bromley能动的实用主义理论》,载《中国土地科学》2020年第6期,第57页。

权益、现代农业发展进程,甚至关系到社会秩序稳定。[①] 在当前阶段,家庭农户经营依然是我国农村的主要生产形式,即便农户内部成员对土地承包经营权无法进行分割,但是,鉴于农户家庭的身份维系性,其成员在份额不明的状况下亦能满足基本的生存所需。在土地承包经营权存续期间,虽然农户内部成员关于承包经营权的内部份额不能分割,但是,农户成员可以凭借农村集体的成员资格在生活无所依或必要时实现承包地的社会保障功能。[②] 可见,家庭农户身份的成员资格性有助于实现农民的社会保障功能。

(二)农地"三权分置"中土地承包经营权的社会保障功能

农地"三权分置"法制改革的目的在于在兼顾社会保障功能的前提下提升承包地的使用效益。[③] 这体现出"长久不变"的承包地政策对于当前深化我国农村土地法制改革具有重要价值。2019年,中共中央、国务院印发的《关于保持土地承包关系稳定并长久不变的意见》中明确阐释了承包经营关系"长久不变"的基本原则以及内涵。[④] 在我国农地政策推行过程中,如何实现农业经营的效率与公平的兼顾成为无法绕开的问题,二者之间存在的矛盾是由当前我国经济、社会发展的阶段性所决定的。基于我国正处于推进城市化的特殊阶段,许多农民虽然离开了农地但并未意味着"弃地",仍享有承包经营权。因此,在国家层面,农地政策既应以提升农地的利用效率为目标,也不应打破原来的承包经营关系。[⑤] 这就彰显了在承包地法制改革过程中公平与效率两种价值均蕴含其中,需要予以合理协调。

在农地"三权分置"权利体系下,土地承包经营权承载的社会保障功能并未完全丧失。这具体体现为农户对土地承包经营权所寄予的养老保障、非农劳动

[①] 参见高国力、王继源:《新中国 70 年来我国农业用地制度改革:回顾与展望》,载《经济问题》2019 年第 11 期,第 4 页。

[②] 参见肖盼晴:《农村承包经营户内成员共有权的结构与功能分析》,载《中国土地科学》2021 年第 3 期,第 19 页。

[③] 参见陶善信:《农地产权间的功能冲突与调和——基于保障与生产功能关系的辨析》,载《经济学家》2021 年第 4 期,第 122 页。

[④] 参见刘润秋、姜力月:《农村土地承包关系长久不变——历史进程、理论维度与实践逻辑》,载《福建论坛(人文社会科学版)》2021 年第 1 期,第 37 页。

[⑤] 参见祝天智:《农村土地承包政策中的效率与公平张力及其消解》,载《求实》2020 年第 6 期,第 97 页。

失业保障等多重价值。应当承认,我国当前的社会保障体系并不健全。[①] 与城镇的社会保障相比,我国农村的保障体系并不健全。在此背景下,农户享有的此项权利便成为缓解城乡社会保障差距的缓冲器,在很大程度上对农户具有很强的保障功能。[②] 这具体体现为,进城或者兼业农户如果遇到非农劳动失业、年老等状况,不能从事非农劳动或者丧失非农劳动收入时,有权继续在农地上从事农业生产,进而应对生计和养老难题。在此情景下,承包经营权对一些兼业农户可发挥"退可谋生"的保障价值。[③] 兼业农户指的是不但从事农业生产而且也从事非农生产活动的农户。[④] 从本质上看,这些是在拥有既定承包地经营权的情况下,追求农户家庭权益最大化的行为主体。

实际上,在推动农地"三权分置"过程中,需要构建农户退出承包经营权之后的社会保障机制。这需要同我国户籍改革相衔接,助推退地农业人口尽快实现市民化,进一步推动进城落户农民向市民身份的转变,使退地农业人口能够和城镇居民享受到同样的医疗、养老、住房以及最低的生活保障,从根本上化解其离开农村的后顾之忧。[⑤] 当前,我国农地使用权流转市场尚不健全,蕴含着很大的不确定性,而且交易成本较高。继续保留进城农户的成员资格,允许进城落户的农户继续分享农村土地收益,既可保障其基于成员资格的经济性收入,例如,家庭其他成员仍可耕种承包地,或者将此项权利流转以取得收益,或者在出现农地征收时拥有获得补偿的权利,也可以为其在进城失败后再回到农村提供权利基础,继续对承包地进行耕作,以保障其基本生活。[⑥] 总体而言,我国有相当数量的农户对农地生产的依赖性较大,对这些农户而言,农村土地既是重要的生产要素,也蕴含着农户的精神慰藉以及生存保障功能。这在一些农

[①] 参见唐娟莉、倪永良:《中国省际农村社会保障供给绩效的时空演变》,载《河南农业大学学报》2020年第1期,第163—172页。

[②] 参见陈文静、张朝阳、许帅,等:《农地功能视角下兼业农户承包权退出行为分析》,载《河南农业大学学报》2021年第1期,第172页。

[③] 参见陈会广、陈昊、刘忠原:《土地权益在农民工城乡迁移意愿影响中的作用显化:基于推拉理论的分析》,载《南京农业大学学报(社会科学版)》2012年第1期,第58—66页。

[④] 参见韩亚恒、聂凤英:《农户兼业行为研究:以河南粮食主产县为例》,载《调研世界》2015年第6期,第33—36页。

[⑤] 参见张勇:《农户退出土地承包经营权的意愿、补偿诉求及政策建议》,载《中州学刊》2020年第6期,第45页。

[⑥] 参见靳相木、王永梅:《新时代进城落户农民"三权"问题的战略解构及其路线图》,载《浙江大学学报(人文社会科学版)》2019年第6期,第156页。

村市场经济发展相对落后、较为封闭的偏远地区体现得更为明显。

另外,我国农村社会保障体系还不健全,保障水平不高,有相当一部分区域农民的生存保障主要就依赖于农地,这也是许多进城务工的农民返回农村的根据地。① 即便我国已有超过35%的农地使用权发生了流转,但是,有超过三分之二面积的农地使用权流转存在于本集体经济组织内的熟人社会,而流转给规模性经营者的农地使用权的面积未超过耕地总面积的10%。可以预见,这一现象在将来很长一段时期还会继续,原因在于,我国农村普遍存在着许多中老年农民仍然留居农村而缺少进城就业的机会,这些农户仍然留村种田,传统的农业经营为这些农户家庭带来了收入和就业机会。在将来相当长的时期内,依然会存在此类数以亿计的农户要依靠农地收入和农业经营就业以维持生机,从自身意愿出发不愿将农地使用权长期流转给他人。②

在坚持土地承包经营权这一概念及称谓的情况下,农户作为此项权利的主体亦会继续存在(修正之后的《农村土地承包法》第十六条第一款、修正之前的《农村土地承包法》第十五条),进而彰显此项权利的社会保障功能。③ 农户成员共有土地承包经营权是我国农村非常普遍的一种共有形式。2018年底,我国已基本完成以农户为单位的农地确权工作。这也预示着农村土地承包经营户作为民事主体会长期存在,而成员权利将继续融入农户这一结构之中。也就是说,农民既要具有农村集体成员身份,也需具有农村土地承包经营户之成员资格的双重身份属性,基于此身份属性而享有的多项权利被"户"这一主体所承载。《民法典》总则延续了《民法总则》《民法通则》的制度规定,把农村承包经营户作为民事主体规定在"自然人"一章中,对农户内部成员之间的关系没有进行规范。在实践中,由全部农户成员作为土地承包经营合同签约主体具有很大的操作难度,尤其是,一些家庭成员尚属于不具备完全民事行为能力者。因而,一般是由户主作为农户的代表来取得和处分土地承包经营权。④

---

① 参见何国平:《"三权分置"下农户流转耕地行为研究》,载《华南农业大学学报(社会科学版)》2020年第3期,第34页。
② 参见贺雪峰:《关于"十四五"期间推进乡村振兴的若干问题探讨——学习〈"十四五"规划建议〉的体会》,载《广西大学学报(哲学社会科学版)》2021年第1期,第91页。
③ 参见焦富民:《"三权分置"视域下承包土地的经营权抵押制度之构建》,载《政法论坛》2016年第5期,第28页。
④ 参见肖盼晴:《农村承包经营户内成员共有权的结构与功能分析》,载《中国土地科学》2021年第3期,第18页。

目前,全国推行的承包地确权登记在本质上仍然是确认农户享有的土地承包经营的合法地位,并通过登记发证的方式确保农户享有的此项权利不会在土地承包经营权生发土地经营权的流转过程中消失。① 修正之后的《农村土地承包法》仍然将承包经营的具体形式区分为以家庭形式进行的承包和以其他形式进行的承包两种形式。其中,以家庭为单位的承包经营权兼具生产经营及社会保障双重功能,权利主体仅限于本集体经济组织内的成员。为此,立法始终坚持以家庭为单位的承包经营方是本集体内的农户,而其他主体只能通过其他方式承包"四荒地"。② 另外,土地承包经营权的互换、转让亦大多发生于本集体内的农户之间,进一步固定了土地承包经营权的农户身份属性,为维护农村土地承包经营关系的稳定奠定了坚实的制度根基。

土地承包经营权之权利的取得和享有是源于集体所有的承包地的社会保障功能。③ 这至少体现为:其一,仅有所在农村集体的成员方能通过家庭承包方式获得此项权利;其二,非本集体成员进行承包的,必须经过本集体的表决同意程序;其三,对于土地经营权流转,在同等条件之下,本集体成员享有优先权(《农村土地承包法》第三十八条第五项)。这些规定均是对承包经营权之农户身份属性的鲜明体现。④ 很长一段时期以来,农村集体所有的土地由农户以家庭的形式承包经营是农村土地集体所有权的有效实现路径。此项制度的"长久不变"可以保障农户对集体所有的土地享有的承包权益,也是进一步促进农业生产力进步的重要制度支撑。⑤

土地承包经营权作为用益物权的本质不是对农户进行承包资格的确认,而是着力于对农地更为有效的实际经营和使用。农地作为维系农村家庭成员生产和生活的重要物质基础,使得农户成为兼具生活和生产功能的农村基本生产单位。⑥ 目前,农地法制实践对承包地的各项价值提出了新的要求,然而,对承

---

① 参见罗玉辉、张晖:《土地确权与农民土地权益保护的理论思考》,载《河南大学学报(社会科学版)》2019年第3期,第21页。
② 参见丁关良:《新〈农村土地承包法〉的十大亮点》,载《农村经营管理》2019年第2期,第32页。
③ 参见刘恒科:《家庭承包经营收益分配制度的反思与重构》,载《商业研究》2020年第4期,第141页。
④ 参见范朝霞:《稳定土地承包关系视域下土地承包经营权继承的法理阐释与规范路径》,载《财经理论与实践》2020年第2期,第148页。
⑤ 参见刘润秋、姜力月:《农村土地承包关系长久不变——历史进程、理论维度与实践逻辑》,载《福建论坛(人文社会科学版)》2021年第1期,第42页。
⑥ 参见姜红利、宋宗宇:《"三权分置"政策下土地承包权的再确认——基于〈民法典物权编〉的展开》,载《重庆大学学报(社会科学版)》2020年第4期,第201页。

包地承载的多项价值在统筹兼顾的情况下理清其优先位序仍应是农地法制改革的基本依循。为此,有学者认为,承包地具有的保障粮食安全的生产价值、保障生态安全的生态价值以及对农户的社会保障价值等使其具有准公共品的特性,其中,排在优先位序的首先应是农地的生产价值和生态价值,其次是社会保障价值,再次是经济功能,最后是投资价值。① 在农地"三权分置"权利体系中,承包经营权蕴含着特定的法目的,体现为农地由具有本集体经济组织成员身份的农户承包经营。② 循此,土地承包经营权的身份性和财产性的双重属性就非常明显,借此便可实现巩固及完善农村经营制度中"分"的目标。

为此,巩固和完善农户承包经营制度,就成为保持农村承包经营关系稳定及长久不变的规范基础,构成推进三农发展的强大动力。这也是保护承包经营法律关系当事人合法权益的制度根基和前提条件。③ 就学者调研情况而言,许多农户认为进城就业并非长久之计,而是期望仍然保留承包经营农地的资格,不失去作为承包经营权人的农户身份。显而易见,虽然伴随着农地改革的推进,农户对于发挥承包地财产价值的要求越来越高,甚至包括入股、抵押等形式也已成为农户流转土地承包经营权的新需求,农户对承包地的依赖性较之前明显下降,但是,亦须注意到,包括进城务工农户在内的农户家庭对承包地的生活保障功能仍然存有依赖④,依旧有许多进城务工的农户难以形成从农村到城市的彻底性转移⑤。因而,就这些农户而言,离开乡村但不失去承包经营权的制度安排仍有必要。

从农地法制改革的趋势看,助推土地承包经营权的顺畅流转,应是我国市场经济背景下优化承包地资源配置的必然选择。修正后的《农村土地承包法》所体现的农地权利体系是契合当前我国承包地法制实践的合理方案。随着乡村振兴战略的推行以及农业产业化经济的发展,农地权利体系应当朝着市场化

---

① 参见赵延安、张蚌蚌:《我国封建社会土地法律制度演替及当代启示》,载《西北农林科技大学学报(社会科学版)》2019年第5期,第152页。
② 参见高圣平:《农村土地承包法修改后的承包地法权配置》,载《法学研究》2019年第5期,第49页。
③ 参见丁关良:《新〈农村土地承包法〉的十大亮点》,载《农村经营管理》2019年第2期,第31页。
④ 参见陈小君:《我国农地制度改革实践的法治思考》,载《中州学刊》2019年第1期,第57页。
⑤ 参见董欢:《中国农地制度:历史、现实与未来——"三权分置"政策背景下的新审视》,载《四川大学学报(哲学社会科学版)》2019年第4期,第61页。

的方向演进。[①] 但是,农村土地法律制度改革应采取渐进式的方式,需要坚持承包经营权享有主体的成员资格要求,进而使该项权利成为维系农村社会稳定的制度基础。就历史观察,农村土地所蕴含的社会保障功能,通常经由农户对承包地和宅基地能够取得的使用权来具体体现。[②] 农村土地所蕴含的社会保障功能的发挥,实际上影响着农户的行动选择。

城市化的推进在社会的各个层面均有体现,其中,反映到农地政策层面上,就主要体现为两个方面:其一,鼓励及全力推动进城农户流转承包经营权,助推农地实现适度规模经营目标,化解农地细碎化经营可能引发的承包地低效利用困境;其二,必须为所有的农户保留退路,不能运用强制性的措施强迫已进城落户的农户退出土地承包经营权。原因在于,尚未完全城市化的农户极易受到来自国内外的经济波动的影响,甚至会由于暂时失去工作而需要返回农村。更为严重的是,有许多的农村进城务工人员,尤其是第一代进城务工者到了年老时必须退出城镇的就业岗位而返回农村去养老。[③] 这意味着,虽然有些农户不再从事农业生产,但是,在很大程度上,他们仍然无法彻底抛弃农地。

从我国实行家庭承包经营开始,国家层面就一直强调坚持和稳定土地承包经营关系。例如,1997年,中共中央印发的《关于进一步稳定和完善农村土地承包关系的通知》中就提出,于第一轮土地承包经营权到期之后再将其延长三十年。之后,国家层面多次明确强调保持土地承包经营关系稳定和长久不变,同时,强调依法维护承包农户的权利。2019年,国家亦提出于第二轮土地承包经营权届期之后再延长三十年。为此,修正后的《农村土地承包法》也通过法律的形式对此予以确认。依据修正之后的《农村土地承包法》第一条关于承包关系"长久不变"的规定,既可通过概括性授权以实现土地承包经营权的延期目的,也保障了农户在土地承包经营权的权利主体上的长期稳定。[④] 循此,这可以让农户吃下"定心丸"。尤其是,当农户流转土地经营权时,不会因丧失土地

[①] 参见高圣平:《农村土地承包法修改后的承包地法权配置》,载《法学研究》2019年第5期,第49—50页。
[②] 参见吴越、宋雨、赖虹宇:《土地征收中的公私利益平衡与正当程序》,载《农村经济》2020年第8期,第31页。
[③] 参见祝天智:《农村土地承包政策中的效率与公平张力及其消解》,载《求实》2020年第6期,第102页。
[④] 参见吴越、宋雨、赖虹宇:《土地征收中的公私利益平衡与正当程序》,载《农村经济》2020年第8期,第35页。

承包经营权而有后顾之忧,进而有效激励农户从事流转土地经营权的行为。[1]

为此,归属于农户享有的这一权利不应被摈弃。"农民的土地不要随便动;农民失去土地,如果在城镇待不住,就容易引发大问题。"[2]这尤其体现为,在经济全球化的时代,由于受到经济周期律影响以及可能受到国际金融危机的冲击,不排除一些农户会由于失业而需要返回农村。[3] 农村土地蕴含着社会保障功能,其可为农民提供最基本的生活保障和失业保险。[4] 如果仅考虑农地的经济属性,那么,将容易引发农地权利的过分市场化,权利人会产生对权利的强大支配力,进而忽视农地所承载的其他价值因素,无法兼顾农地领域的效率、公平以及社会责任等多重价值,进而会产生过于高昂的社会成本。因而,对农地权利的定位需要考量承包地的其他属性,而非只考量农地的市场价值。[5] 由于大多数进城务工的农村居民在农村仍然拥有对农地的承包经营权,因此,如果失去在城市的工作,借助此项权利也能够保障其基本生存。当前,在我国很多农村地区,虽然许多农民已不在农村耕作土地,但是,保留土地承包经营权的目的,在于保障其能够从集体土地中获取收益。可见,土地承包经营权在维护我国农村以及整个社会稳定层面都发挥着非常重要的作用。[6] 例如,在人地矛盾突出的农村,农户往往并不关心农地具体由谁耕作,而是关心农地带来的经济性收益。[7] 在我国农村土地法制改革中,农地权利体系改革的底线之一是保障农民利益不受损。

三、以土地承包经营权流转助推适度规模经营

伴随我国农村经济的发展以及城镇化的推进,数量众多的农村居民选择到

---

[1] 参见张应良:《"三权分置"与"长久不变"的政策协同困境与破解》,载《改革》2017年第10期,第127—131页。
[2] 参见韩长赋:《中国农村土地制度改革》,载《农业经济问题》2019年第1期,第10页。
[3] 参见祝天智:《农村土地承包政策中的效率与公平张力及其消解》,载《求实》2020年第6期,第98页。
[4] 参见姚洋:《中国农地制度:一个分析框架》,载《中国社会科学》2000年第2期,第54—65页。
[5] 参见谢鸿飞:《〈民法典〉中土地经营权的赋权逻辑与法律性质》,载《广东社会科学》2021年第1期,第227页。
[6] 参见祝天智:《农村土地承包政策中的效率与公平张力及其消解》,载《求实》2020年第6期,第98页。
[7] 参见焦芳芳、贾志宏、刘启明:《农户土地诉求变迁与对其政策回应的探讨——基于豫西三个村实践的考察》,载《农村经济》2020年第9期,第64页。

城镇务工、经商或从事其他职业,导致农村的劳动人口的数量逐年降低,传统农业细碎化的耕作模式已经逐步演变为现代农业经营的制度性障碍,亟须转向规模化和机械化生产。在此情形中,涌现出了诸如种粮大户、家庭农场以及农业经营公司等许多新型的农业经营主体,回应了农业经营适度规模化的发展需求。① 在当前的城乡背景下,适度规模的家庭农场经营形式不但可以保留家庭经营的制度内核,而且可实现农业生产经营的适度规模化,有助于维持既有的乡村秩序以及实现向农业现代化经营形式的转变。具体而言,从事家庭农场的经营者以实现农业生产经营的利润最大化为宗旨,在实现农地适度规模经营的基础上主动运用农业生产机械等现代农业生产要素,提升农业生产的人力资本利用效率,对生产要素予以重新组合优化,②进而为实现农业现代化提供条件。

另外,目前除了我国农村的大量耕地被家庭农户中的中老年人耕种之外,有相当数量的青壮年农民由于无法或者不愿意进城务工而选择留在农村进行农业生产经营,这些农户通过多种途径进行规模化生产,并从农业经营中取得经营收益。这些收益甚至可能会高于农村居民进城务工的收入。这些青壮年农民可以被视为当前我国农村的"中坚农民"。虽然这些农户占总农户的比例只有10%左右,但是,这些农户却非常重要,因为他们在很多情况下都在耕种适度规模的农地,且为其他农户提供农机服务并传播农业技术。在我国很多农村地区,一些村干部亦属于此类"中坚农民"。若经由此类"中坚农民"以培育新型家庭农场以及农业合作社,就很容易产生良好的效果。在国家层面决定于第二轮土地承包经营权到期之后再延长三十年的情况下,必须防止对我国目前农地使用权利分散的局面继续固化,否则,将会导致计划从事农业规模经营的当事人无田可种,也会导致"中坚农民"与其他一般小农户无法经由承包地连片经营以有效利用现代农业机械和基础设施。③ 为实现农户对农业生产经营的需求,家庭承包经营对于提升农业生产效率就有其存在的价值,不应被舍弃。④

---

① 参见刘禹宏、杨凯越:《三权分置:农地产权制度创新的权能分离之法理考量》,载《财贸研究》2019年第1期,第66页。
② 参见刘守英、颜嘉楠、冀县卿:《集体地权制度下农地合约选择与经营体制变迁——松江集体村社型家庭农场的案例分析》,载《中国农村经济》2021年第2期,第38页。
③ 参见贺雪峰:《关于"十四五"期间推进乡村振兴的若干问题探讨——学习〈"十四五"规划建议〉的体会》,载《广西大学学报(哲学社会科学版)》2021年第1期,第91页。
④ 参见廖洪乐:《农地"两权"分离和"三权"分置的经济学与法学逻辑》,载《南京农业大学学报(社会科学版)》2020年第5期,第111页。

在社会实践中,有些承包农户忌惮发生土地经营权流转后,农地将会由实际经营权人占有、使用及取得承包地的收益,进而担心会失去其享有的承包经营权,尤其是,担心流转期限届满之后能否依然享有承包经营权。[1] 根据学者于 2017 年 1 月、7 月和 8 月对 8 省 53 个村 301 个农户所进行的实证调研,关于"您愿意自己耕种承包地吗"这一受访问题,在云南、湖南、江西、安徽、河南、河北、江苏、广东等八省的受访农户中给出肯定回答者占比依次为 90.50%、81.43%、83.86%、80.57%、79.69%、73.92%、43.08%和 39.85%。[2] 从表面上看,经由土地承包经营权发生流转之后所形成的农地"三权分置"把农地权利体系的权能细分了,但是,这事实上是把一些关键性的社会因素,例如行政权力和集体权利蕴含在了农地权利体系之中。[3] 虽然如江苏、广东等省份关于不同区域的受访农户之间的意愿亦存在很大的差别,上述比例是所在省份的平均数,但是,从中也不难看出,位于我国中西部区域的受访者持有种田意愿者占比较高。除了这些经济发达的沿海省份之外,绝大多数的农村仍然是由农户依据承包经营权来直接对农地进行耕作。[4] 据学者统计,截至 2016 年底,在全国享有承包经营权的 2.3 亿农户中,有接近 7 000 万的农户对承包经营权进行了流转。[5] 从中可见,仍然存在着超过三分之二的农户对农地采取的是自耕自营的耕作模式。这也决定了农户仍是我国农业生产经营的重要主体。[6] 保持承包经营关系的稳定,关键在于提升包括农户在内的经营主体对农地的长期投资意愿,进而助推承包地的高效利用。[7] 长期以来,我国一系列政策文件均把发展家庭农户经营和适度规模经营一起作为我国现代农业发展的目标来定位,主张二者协调发展。[8] 简言之,农户于其承包地之上开展直接经营依然成为当前我国农业生产经营的主流形式。

---

① 参见杜涛主编:《中华人民共和国农村土地承包法解读》,中国法制出版社 2019 年版,第 60 页。
② 参见王铁雄:《土地经营权制度入典研究》,载《法治研究》2020 年第 1 期,第 35 页。
③ 参见熊万胜:《地权的社会构成:理解三权分置之后农村地权的新视角》,载《社会科学》2021 年第 5 期,第 73 页。
④ 参见王铁雄:《土地经营权制度入典研究》,载《法治研究》2020 年第 1 期,第 35 页。
⑤ 参见张红宇:《农村土地"三权分置"政策解读》,载《领导科学论坛》2017 年第 4 期,第 29 页。
⑥ 参见王铁雄:《土地经营权制度入典研究》,载《法治研究》2020 年第 1 期,第 35 页。
⑦ 参见童欢:《中国农地制度:历史、现实与未来——"三权分置"政策背景下的新审视》,载《四川大学学报(哲学社会科学版)》2019 年第 4 期,第 63 页。
⑧ 参见孙新华、柳泽凡、周佩萱:《"三权"分置中的地权整合与土地集中利用——以皖南河镇为例》,载《南京农业大学学报(社会科学版)》2020 年第 1 期,第 2 页。

目前，我国农户享有的土地承包经营权体现出日益延伸发展的趋势，尤其是，此项权利的用益物权属性不断加深，也有助于农业生产经营的展开。从该项制度的历史发展看，1986年通过的《民法通则》首次把土地承包经营权界定为一项财产权，彰显了此项权利的用益物权本质。之后的《土地管理法》第二条允许此项权利进行转让，扩展了此项权利的处分权能。1995年颁布实施的《担保法》进一步拓展了农地使用权的权能，且允许"四荒地"的使用权可用作抵押客体。2002年颁布的《农村土地承包法》规定了农地使用权的转让，更为关注承包地之用益物权价值的充分发挥。[1] 伴随着法律层面的不断推进，2007年颁布实施的《物权法》在立法技术安排上正式以法律的形式确立了承包经营权这一权利的用益物权属性，丰富和完善了我国的用益物权体系，意义重大。

在社会经济日益发达的当前阶段，法律应当顺应此趋势，在将土地承包经营权确认为农户依法享有的财产权利的基础上，进一步充实此项权利的私法权能。具体而言，在制度层面，在确认农地"三权分置"权利体系的基础上，赋予土地承包经营权更加完整和充实的制度构造，且允许农户能够自由流转此项权利。这不仅契合农地各方权益的平衡，能够给农户提供更多的选择机会，亦有利于满足社会经济发展的新需要。[2] 也就是说，应当以稳定承包经营关系为前提，构建有助于承包经营关系长期和持续稳定的土地承包经营权。为此，《农村土地承包法》第十六条针对家庭成员得以平等享有的承包地各项权益进行了规定，第二十一条针对承包经营期限，第二十四条针对土地承包经营权的登记颁证，第二十七条针对进城农户的承包经营权的保护等，都在很大程度上进一步强化了对承包农户既得权益的保护。[3] 另外，我国一些农村地区在推动农地确权颁证的同时，亦积极地促进农地使用权的流转，这也使得农地确权颁证工作在很大程度上同当地的承包地使用权流转相契合。[4] 土地承包经营权的确权颁证提升了此项权利的稳定性和排他性，确权颁证的时间越早，就越可能使农户借此获取更多的经济利益，也可助推生发更大的示范效应。

---

[1] 参见李蕊：《管制与市场：土地经营权融资的法律回应》，载《法学杂志》2019年第5期，第23页。
[2] 参见辜明安、梁田：《农地"三权分置"法制化与承包经营权制度的完善》，载《河北法学》2020年第2期，第39页。
[3] 参见许明月：《论农村土地经营权市场的法律规制》，载《法学评论》2021年第1期，第96页。
[4] 参见吴晓婷、杨锦秀、曾建霞：《土地确权颁证减少农地撂荒的区位差异与时间效应——基于农地流转的机制分析与实证检验》，载《西部论坛》2021第1期，第116页。

从一些农村的法治实践经验看,为实现农地法制改革的双重目标(即承包方不失地、适度规模经营),可对土地承包经营权的边界予以重新界定,进而化解承包方的承包经营权保护和农地适度规模经营之间存在的冲突和矛盾,即在保留农户土地承包经营权及其相应权益的前提下,把土地承包经营权和特定的承包地在物理空间上相脱钩,把土地承包经营权由实物转化成价值形态。从本质上看,此种改革思路是把土地承包经营权的内涵重新确认为使用集体所有的承包地以及取得相应收益的权利,包括承包方在返乡之后能够继续对承包地进行耕种的权利。与之前不同的是,承包方对特定承包地不再具有直接占有的权利。这一法制改革路径不但保留了承包方的土地承包经营权,而且亦化解了因承包方直接占有特定承包地块而限制承包地适度规模经营的困境。[1] 为此,修正后的《农村土地承包法》对土地承包经营权的稳定性进行了强化。这尤其体现在该法第二十一条第二款的规定,该条旨在将更稳定的土地承包经营权赋予农户。[2] 从中央层面对农地政策的方针看,围绕土地承包经营关系稳定和长久不变的改革思路也始终没有改变。

四、不应用"土地承包权"代替土地承包经营权

(一)"土地承包权"指向的就是土地承包经营权

在此次《农村土地承包法》的修正过程中,在保留和补充原《农村土地承包法》关于土地承包经营权规定的基础上,在第九条中出现了"土地承包权"的权利用词。若照此逻辑,农地"三权分置"出现了"农地所有权、土地承包经营权、'土地承包权'和土地经营权"这"四权"共存的状况。如果"四权"共存将不可避免,那么,其结构形式是否和农地"三权分置"法制改革的政策目标及其要求相契合?这仍需予以阐释与辨析。[3] 有学者指出,土地经营权不是把农户享有的承包经营权分离成"土地承包权"和土地经营权,而应当理解为将农户享有的承

---

[1] 参见王海娟、胡守庚:《农村土地"三权分置"改革的两难困境与出路》,载《武汉大学学报(哲学社会科学版)》2019年第5期,第189页。
[2] 参见祝之舟:《农村土地承包经营权的功能转向、体系定位与法律保障——以新〈农村土地承包法〉为论证基础》,载《农业经济问题》2020年第3期,第41页。
[3] 参见刘禹宏、杨凯越:《中国农地制度之纷争:"三权分置"的权利关系、法理冲突及其解决途径》,载《安徽师范大学学报(人文社会科学版)》2020年第2期,第141页。

包经营权中蕴含的权能分离出去,聚集成土地经营权。①

实际上,上述条文中出现的"土地承包权"应被理解成土地承包经营权。《农村土地承包法》在修正之后自 2019 年开始正式实施,而《民法典》于 2020 年 5 月 28 日正式颁布,其中,在两部法律中,新创设的土地经营权构成了承包地"三权分置"法制改革最有成效的改革成果。② 申言之,就《农村土地承包法》的用词与出现频次而言,"承包经营权"的概念出现了 28 次,"土地经营权"的概念出现了 40 次,而"土地承包权"的用语仅仅出现了 1 次(第九条)。从立法机关的解读看,该法第九条出现的"土地承包权"用词意在取消一些农户在土地经营权发生流转之后对失去承包地使用权的担心,借由此项权利的创设以稳定农户的预期。③ 实际上,检视整部法律的内容编排,尤其是,从体系解释看,"土地承包权"实际上与承包经营权无甚差异。④

虽然修正之后的该法第九条中出现了"土地承包权"这一概念,但是,没有对此进行界定及阐释,尤其是,没有明确其蕴含的权能。这就容易引起误解。若将它确立成一项独立的财产性权利,就应明确此项权利的内涵,进而清晰界定其权能结构。有学者认为,综合修正之后的《农村土地承包法》及其相关法理,应将该法第九条中的"土地承包权"界定成纯粹的剩余财产权,体现为,原来拥有承包经营权的家庭农户,在将土地经营权流转以后对承包地所享有之剩余权能,其并非一项与农户的承包经营权以及其他新型经营主体享有的经营权相并列的单独的权利种类,也无法进行不动产登记。修正之后的《农村土地承包法》引入此项权利概念的意义在于,一方面依循日常化的生活用语习惯,另一方面在理论层面增强对农户剩余权能的研究,界清承包方和土地经营权人的权利义务关系。⑤

实际上,农地"三权分置"的架构逻辑在于,基于农地"两权分离"权利结构,

---

① 参见辜明安、梁田:《农地"三权分置"法制化与承包经营权制度的完善》,载《河北法学》2020 年第 2 期,第 22 页。
② 参见袁野:《土地经营权债权属性之再证成》,载《中国土地科学》2020 年第 7 期,第 17 页。
③ 参见黄薇主编:《中华人民共和国农村土地承包法释义》,法律出版社 2019 年版,第 170—179 页。
④ 参见高圣平:《农村土地承包法修改后的承包地法权配置》,载《法学研究》2019 年第 5 期,第 44—62 页。
⑤ 参见宋志红:《论〈农村土地承包法〉中的土地承包权》,载《吉林大学社会科学学报》2020 年第 1 期,第 18—28 页。

经由权利流转以分离出新的土地经营权类型。① 进行此项改革的目的在于,农户有权把土地经营权流转给他人进行实际经营,化解农户因失去承包经营权而丧失社会保障的风险,助推承包方流转土地经营权。② 另外,如此规范,亦是为贯彻落实保持农村承包经营关系长久稳定不变的承包地政策。③ 当前,我国农地确权过程中颁发的依然是承包经营权的权利凭证,在大部分地区还没有颁发土地经营权证。④

尽管政策文件采用以及修正之后的法律中出现了"土地承包权"的用词,但是,贯彻中央精神不应拘泥于个别词句,而是应当领会及贯彻其蕴含的精神实质。⑤ 从体系解释看,依据修正之后的《农村土地承包法》第四十四条,承包方在流转土地经营权之后,其与发包方的承包经营关系不会发生变化,而二者的法律关系于法律层面的表达便是土地承包经营权,坚持承包经营关系不变就意味着农户的承包经营权不发生改变。⑥ 循此,这并非在农地权利体系结构之中再创设一项独立的"土地承包权"⑦,而是意在落实农地法制改革过程中对"土地承包权"予以保留的要求⑧。实际上,在我国农村法制实践中,土地承包经营权往往就被简称为承包权,因此,政策文件中经常出现的农户承包权或者"土地承包权"在本质上就是承包经营权。反之,若不作此理解,针对农地"三权分置"权利体系的构建,依据修正之后的《农村土地承包法》在第九条中所出现的承包经营权、"土地承包权"以及土地经营权这三项权利的文义表述,加上农地所有权,则使得修正之后的法律中就存在着四项权利类型。⑨ 这与此轮农地法制改

---

① 参见黄薇主编:《中华人民共和国农村土地承包法释义》,法律出版社 2019 年版,第 43 页。
② 参见高圣平:《土地承包经营权制度与民法典物权编编纂——评〈民法典物权编(草案二次审议稿)〉》,载《法商研究》2019 年第 6 期,第 17—18 页。
③ 参见黄薇主编:《中华人民共和国农村土地承包法释义》,法律出版社 2019 年版,第 44 页。
④ 参见方浍:《农地经营权抵押的政治经济学思考:基于资本、信用与收入视角》,载《经济学家》2019 年第 2 期,第 79 页。
⑤ 参见孙宪忠:《推进农地三权分置经营模式的立法研究》,载《中国社会科学》2016 年第 7 期,第 145—163 页。
⑥ 参见高海:《"三权"分置的法构造——以 2019 年〈农村土地承包法〉为分析对象》,载《南京农业大学学报(社会科学版)》2019 年第 1 期,第 100—109 页。
⑦ 参见高圣平:《农地三权分置改革与民法典物权编编纂——兼评〈民法典各分编(草案)〉物权编》,载《华东政法大学学报》2019 年第 2 期,第 14—24 页。
⑧ 参见高圣平:《土地承包经营权制度与民法典物权编编纂——评〈民法典物权编(草案二次审议稿)〉》,载《法商研究》2019 年第 6 期,第 18 页。
⑨ 参见房绍坤:《〈农村土地承包法修正案〉的缺陷及其改进》,载《法学论坛》2019 年第 5 期,第 6 页。

革的意旨不相契合。

也就是说,"土地承包权"是一种政策上的习惯用语,加之政策也无法创设新的权利类型,因此,这就决定了"土地承包权"不是一项需要重新创设的权利类型,其指向的就是既有的土地承包经营权。① 在此情况下,农村土地集体所有权和农户的承包经营权都不应因为在其上设定了权利负担就改变其权利名称和权利性质。②

若不作此理解,就需要回应"土地承包权"的概念可能会引起的权利体系的不协调问题。就修正后的《农村土地承包法》的规定而言,在承包经营权不发生流转的状况下,它作为一项独立的用益物权自会受到法律保护,而当此项权利发生流转时,所产生的新的土地经营权作为一项独立的新型权利亦受法律的保护。为此,修正后的《农村土地承包法》在第四章关于"争议的解决和法律责任"之中把承包经营权以及土地经营权均纳入了法律所保障的范围,任何组织和个人侵害此两项权利,均需承担民事责任(第五十六条)。然而,修正后的《农村土地承包法》关于"土地承包权"的概念却仅在该法第九条中出现过一次,于其他地方均未出现。尤其是,在修正后的《农村土地承包法》的第四章中,法律所保护的权利范围没有规定"土地承包权"。从法理上看,如果承包方在权利流转之后仍然享有"土地承包权",那么,此项权利自应受到法律保护。③ 反之,若此项权利不受法律保护,就很难称之为权利。毕竟,权利指向的是法律所保护的利益。

可见,承包经营权的本质属性是用益物权,且蕴含着农户的身份属性。当然,这种身份属性同用益物权并不存在本质冲突。作为用益物权,此项权利的主要价值仍然在于"用益"。④ 就农地"三权分置"的权利结构而言,由于成员权并非"三权"之一,而农地法制改革的出发点又是充分释放土地承包经营权的权

---

① 参见姜红利、宋宗宇:《"三权分置"政策下土地承包权的再确认——基于〈民法典物权编〉的展开》,载《重庆大学学报(社会科学版)》2020年第4期,第199页。
② 参见高圣平:《论农村土地权利结构的重构——以〈农村土地承包法〉的修改为中心》,载《法学》2018年第2期,第12—24页。
③ 参见房绍坤:《〈农村土地承包法修正案〉的缺陷及其改进》,载《法学论坛》2019年第5期,第6页。
④ 参见高小刚、谷昔伟:《"三权分置"中农地经营权融资担保功能之实现路径——基于新修订〈农村土地承包法〉的分析》,载《苏州大学学报(哲学社会科学版)》2019年第4期,第77页。

能,故而,农地政策术语中常用的"土地承包权"在本质上指向的便为承包经营权。① 对此,不需要另外创设单独的概念,没有必要引入"土地承包权"的权利类型。循此,在农地之上便应形成农村集体土地的所有权、农户的承包经营权以及其他新型经营主体的经营权的农地"三权分置"权利体系。② 这种权利体系可降低制度成本,实现同之前农地"两权分离"权利体系的对接。

(二) 在"三权分置"中无创设"土地承包权"代替土地承包经营权的必要

虽然《农村土地承包法》在修正之后出现了"土地承包权"和土地经营权概念,但二者不是对土地承包经营权的分解。就法律规定而言,对于所谓的"土地承包权",只在修正之后的该法第九条中有所提及,缺少对此权利的权利性质、制度构造、权利变动、登记制度等的规定,并不能作为独立的权利类型,指向的仍是承包经营权。相较而言,修正之后的该法对土地经营权进行了较为系统的规范,包括其产生方式、设立模式、再流转、登记、融资担保及经营权人的义务等(第三十六条至第四十七条)。③ 对此的正确理解应当是,土地经营权生发自土地承包经营权,是对后者的一种限制。但是,土地承包经营权在生发出土地经营权之后,前者的本质并无变化,仍然是一项用益物权,而上述条款中的所谓"土地承包权"并非一种新的权利类型,应当理解为生发出土地经营权之后的土地承包经营权。④ 也就是说,"土地承包权"和土地承包经营权是同一项权利概念。

在农地"三权分置"法制改革中,不应分解、舍弃承包经营权的权利类型和概念,而应对此项权利的概念称谓及其用益物权属性予以坚持。科学的农地制度建构路径,不是去新创性质和权利内容不明的"土地承包权"的概念。农村土地承包经营关系是农村集体经济组织和本集体农户由于土地承包经营合同而形成的法律关系。其中,土地承包经营权是此项法律关系的核心内容,其表现形式便是修正后的《农村土地承包法》所规定的专属于本集体农户成员的土地

---

① 参见房绍坤、曹相见:《集体土地所有权的权能构造与制度完善》,载《学习与探索》2020年第7期,第59页。
② 参见肖立梅:《论"三权分置"下农村承包地上的权利体系配置》,载《法学杂志》2019年第4期,第31页。
③ 参见刘锐:《〈民法典(草案)〉的土地经营权规定应实质性修改》,载《行政管理改革》2020年第2期,第12页。
④ 参见房绍坤:《〈农村土地承包法修正案〉的缺陷及其改进》,载《法学论坛》2019年第5期,第8页。

承包经营权制度。① 应当说,土地承包经营权是我国农地"两权分离"权利体系建构中基于权能分离的结果,且伴随我国农村家庭联产承包责任制的日益成熟及完善被确定为的一项用益物权。② 同时,土地承包经营权亦成为本轮我国农地法制改革从农地"两权分离"转向"三权分置"进程中的重要着力点。

另外,分析土地承包经营权流转之后的权利称谓及其性质,必须明确权利流转的对象是土地经营权,而非承包经营权。以家庭为单位的农户享有的承包经营权自身蕴含着一定的公法色彩,且具有权利身份的绝对封闭性。③ 也就是说,能够引起农户丧失承包经营权的转让、互换等物权性流转方式,并非农地"三权分置"权利改革所关注的内容,因为不会生成新的土地经营权类型。同时,针对租赁等流转方式,无论把受让方获得的土地经营权定性成债权抑或物权,均不影响农户所享有的承包经营权的定性,也不会引起其权利名称的改变。④

农地"三权分置"法制改革并非废除土地承包经营权制度,也并非将此项权利分解成"土地承包权"和土地经营权。如果在法律制度中再创设新的"土地承包权"类型,就将导致实践中的农地权利体系过于复杂化。显而易见,人为地将农地权利体系复杂化,不利于农地权利体系效用的发挥。⑤ 依循私权生成逻辑,在由农地集体所有权中派生出农户的承包经营权的情况下,农地集体所有权仍然是一项整体性的权利,尤其是,它的名称也没有因为派生出农户的承包经营权就产生变化。那么,在由农户的承包经营权再生发出新型经营主体的土地经营权的情形中,农户的承包经营权亦应当还是一项整体性的权利,它的名称亦不宜由于生发出新型经营主体的土地经营权而产生变化。在法律意义上没有必要对其剩余的权能另行确定权利概念以及权利内容。⑥ 循此分析,在权

---

① 参见祝之舟:《农村土地承包关系自主调整机制的法理内涵与体系完善》,载《法学家》2021年第2期,第86页。
② 参见刘禹宏、杨凯越:《中国农地制度之纷争:"三权分置"的权利关系、法理冲突及其解决途径》,载《安徽师范大学学报(人文社会科学版)》2020年第2期,第142页。
③ 参见滕佳一:《承包地利用的守成与突破——以土地经营权法律定位的检讨为中心》,载《交大法学》2021年第1期,第154页。
④ 参见刘锐:《〈民法典(草案)〉的土地经营权规定应实质性修改》,载《行政管理改革》2020年第2期,第12页。
⑤ 参见肖立梅:《论"三权分置"下农村承包地上的权利体系配置》,载《法学杂志》2019年第4期,第28页。
⑥ 参见高圣平:《承包地三权分置的法律表达》,载《中国法学》2018年第4期,第269页。

利流转之后,在法律层面也没有必要为土地承包经营权所剩余的权能进行单独的命名以及确定权利内容。

构建农地"三权分置"权利体系中所新创设的土地经营权制度的精髓,便是在正视土地承包经营权由于所蕴含的生存保障功能和经济价值功能而无法顺畅流转的情况下,经由此项权利生发出土地经营权,并实现后者的市场化流转,实现维护承包方权益以及促进农地使用权顺畅流转的双重功能。不能把"农户承包权与土地经营权分置"简单地从文义上解释成将土地承包经营权分解为"土地承包权"和土地经营权,亦无法得出由于生发出土地经营权而引发土地承包经营权消灭的结论。这也是修正后的《农村土地承包法》第九条被学界广泛诟病之所在。若能做上述理解,便能很好地回应此种理论诟病。毕竟,虽然该条使用了"土地承包权"的概念用语,但是,修正后的《农村土地承包法》对此项权利是否可予登记、能否得到侵权保护等问题均付之阙如,且缺乏关于此项权利的性质界定,对权利内容亦未规定,可能会造成四种权利并存的混乱景象。另外,用"土地承包权"的概念直接取代承包经营权也与农地实践严重不符,因为当前我国绝大多数农村仍然是以家庭农户经营为典型特征。[①] 可见,用"土地承包权"的概念代替土地承包经营权不利于农村土地承包经营关系的稳定和长久不变。

不创设"土地承包权",保留土地承包经营权也是为让农户更利于理解自己所享有的权利。农地"三权分置"法制改革也表明,我国农地权利体系改革的核心命题之一,应是如何让承包农户拥有长期和稳定的经营预期。农村承包地以承包经营的方式被农户所享有,并且于承包经营的范围内有权排除本集体内的其他农户、农村集体及其他人的干涉。[②] 换句话说,在制度层面需要尽力保持农地权利体系的安全性、充实性以及稳定性。[③] 这种农地权利体系的安全性、充实性以及稳定性,既要由制度层面进行确认,更要作为权利主体的农户能够理解和感知。

[①] 参见王铁雄:《土地经营权制度入典研究》,载《法治研究》2020年第1期,第33—34页。
[②] 参见张永健:《农村耕地的产权结构——成员权、三权分置的反思》,载《南大法学》2020年第1期,第85页。
[③] 参见李东轩、刘平养:《三权分置改革中新型农业经营主体的政策认知及其行为响应——以上海市青浦区为例》,载《自然资源学报》2020年第4期,第958页。

第三节 土地承包经营权的自愿有偿流转和退出

依据修正之后的《农村土地承包法》，承包农户在将土地承包经营权流转或退出时，应当依循农户的内心真实意愿。实际上，自愿原则是私主体从事民事活动的一项基本原则，而农户在流转或退出承包经营权时也必须可以充分地表达自己内心的真实意思，且能够考量自己的实际情况，决定是否将此项权利退出。[①] 循此，农户将承包经营权交回发包方、退出承包经营权应当依循该农户的内心意愿，对农户的权利主体地位予以充分尊重。

一、土地承包经营权流转生成土地经营权的必要性

自我国改革开放以来，农地法制改革一直坚持以农地集体所有权为制度基础，伴随我国家庭联产承包责任制度的持续推进，之前的"两权分离"的权利结构显然已无法满足我国现代农业发展的需求。为此，国家推行了多项制度改革试点，逐步放开承包地使用权流转，进而形成农地所有权、土地承包经营权以及土地经营权为主要权利类型的农地"三权分置"权利体系。[②] 土地承包经营权退回政策的改革目标在于引导农户自愿及有偿地把土地承包经营权退回本集体经济组织，由此也可推动农业人口实现市民化。[③] 换言之，这意味着农户身份和职业的变化，从经营农业的农村居民转变为非农就业的城镇居民。

农地"三权分置"法制改革主要是创设了土地经营权类型。实际上，对我国农地权利制度进行改革的关键性问题，便是应如何回应承包经营权由于受制于成员身份牵绊而仅能于本农村集体内部进行封闭式流转，也就是，如何化解农户享有的承包经营权无法向本集体之外的主体进行流转（包括物权性和债权性流转）的难题。[④] 试想，若不发生权利分置，那么，农地"三权分置"权利体系仍

---

① 参见张勇：《农户退出土地承包经营权的意愿、补偿诉求及政策建议》，载《中州学刊》2020年第6期，第43页。
② 参见刘禹宏、曹妍：《中国农地产权制度的本质、现实与优化》，载《管理学刊》2020年第1期，第10页。
③ 参见余晓洋、刘帅、吴迪，等：《农村土地承包权退出的缘起及实践模式比较》，载《新疆社会科学》2020年第3期，第34页。
④ 参见王铁雄：《土地经营权制度入典研究》，载《法治研究》2020年第1期，第31—32页。

然坚持"两权分离"权利构造即可。这将不会产生土地经营权,正在推行的农地确权颁证也是针对土地承包经营权而展开。① 显而易见,在不发生权利流转的情景下,农地"三权分置"权利构造不会生成,也不会改变既存的农地"两权分离"权利结构。

在改革开放之前,我国的农村承包地属于集体所有,且由集体进行统一经营。这也表明农户并非能够进行自主经营的市场主体,影响了农户的生产经营积极性。② 自改革开放之后,承包地的所有权人仍然是农村集体,但是,已可由农户进行承包经营,农户能够成为进行自主经营的市场主体,在很大程度上可激发农户的生产经营积极性,解放和发展农村的生产力,在很大程度上可促进农村经济的快速发展,且助推开启我国城镇化的道路。当农户实现非农化就业后,就不再直接经营承包地,此时已经成为市场主体的农户就要在流转承包经营权或撂荒承包地之间进行选择。③ 尤其是,伴随我国农村剩余劳动力向城镇的非农化移转,许多享有承包经营权的农户进城从事非农就业。

农地所有权人应当拥有对承包地占有、使用、收益和处分的权能,而农户对承包地经营权的流转是行使自己权利的具体体现。④ 农地权利体系的清晰界定是进行农地使用权交易的制度基础。经由农地使用权交易可以提升农地的经营效益。⑤ 农地权利体系的构建是否科学和合理,直接影响到本集体经济组织内承包农户的生产积极性,制约农地权利资源的优化配置,亦影响到能否稳定农户的承包经营预期,减少农地权利纠纷的出现。

为应对日益严峻的农地细碎化经营格局,绝大多数的承包农户以及新型经营主体均希冀可以实现农地的集中连片经营。实际上,关于人地矛盾的冲突也

---

① 参见刘禹宏、曹妍:《中国农地产权制度的本质、现实与优化》,载《管理学刊》2020 年第 1 期,第 14 页。
② 参见叶剑平、罗伊·普罗斯特曼、徐孝白,等:《中国农村土地农户 30 年使用权调查研究——17 省调查结果及政策建议》,载《管理世界》2000 年第 2 期,第 163—172 页。
③ 参见吴晓婷、杨锦秀、曾建霞:《土地确权颁证减少农地撂荒的区位差异与时间效应——基于农地流转的机制分析与实证检验》,载《西部论坛》2021 第 1 期,第 114—115 页。
④ 参见刘禹宏、曹妍:《中国农地产权制度的本质、现实与优化》,载《管理学刊》2020 年第 1 期,第 10 页。
⑤ 参见仇童伟、罗必良:《农地产权强度对农业生产要素配置的影响》,载《中国人口·资源与环境》2018 年第 1 期,第 63—70 页。

不是能否享有承包地经营权的问题,而是可否分享农地所带来的收益。[1] 就承包农户而言,伴随农村劳动力向城镇的流转,我国农村的承包经营农户已发生了非常大的分化。具言之,留在农村耕种承包地的农户中的成员以留守老人和妇女为主,属于非常典型的小农户。因而,农地对其而言是非常重要的生产资料及收入来源,这些农户更多采用精细化的方式耕种承包地。但是,细碎的地块导致留守老人和妇女的农业耕作非常不便,农地能够连片经营成为一些农户的真切希望。[2] 就农地"三权分置"权利结构而言,新型经营主体对农地使用权的诉求就体现在克服传统农地细碎耕作弊端,旨在经由土地经营权的取得以实现适度农业规模经营上。

从农户所取得的承包经营权之中分置出新型经营主体所享有的经营权,应当在尊重农户内心意愿的基础上实现。这是承认农户对承包经营权享有支配和受益权的体现。就法权结构而言,无论是对土地承包经营权的改造,还是对土地经营权的创设,都应当增加农户因为承包地经营而取得的经济性收益,且获得农户的支持,不断创新农地权利类型及其内容。[3] 在农户退回农地经营权之后,经由对所退回承包地的整理和重新配置,既可缓解农地的粗放经营、撂荒严重等问题,有效推动现代农业的适度规模经营,也可以在一定程度上推动现代农业的多样化经营,助推休闲农业、生态农业以及乡村旅游等现代新型农业经营形式的持续发展。[4]

为提升农户退出土地承包经营权的能力以及降低农户的退地风险,需要运用多种形式增加农户的非农就业机会,提高农户的非农经营收入,降低退出土地承包经营权对一些退地农户的不利影响。[5] 基于土地承包经营权对于一些农户的生产生活意义重大,甚至影响到社会稳定,在政策制定和执行上要防止冒进和可能出现的潜在风险。为此,国家层面一系列的农地政策文件、相关法

---

[1] 参见焦芳芳、贾志宏、刘启明:《农户土地诉求变迁与对其政策回应的探讨——基于豫西三个村实践的考察》,载《农村经济》2020年第9期,第65页。

[2] 参见孙新华、柳泽凡、周佩萱:《"三权"分置中的地权整合与土地集中利用——以皖南河镇为例》,载《南京农业大学学报(社会科学版)》2020年第1期,第2页。

[3] 参见杨敬之、王天铮:《"三权分置"改革下农地承包权的法律思考》,载《农村经济》2019年第3期,第35页。

[4] 参见丁延武、王萍、郭晓鸣:《不同禀赋农民土地承包经营权有偿退出机制研究——基于四川省内江市市中区的经验和启示》,载《农村经济》2019年第9期,第61页。

[5] 参见陈文静、张朝阳、许帅,等:《农地功能视角下兼业农户承包权退出行为分析》,载《河南农业大学学报》2021年第1期,第179页。

律法规均重点强调土地承包经营权的退出需要坚持农户的自愿原则，进而充分维护农户的合法权益。这至少包括：党的十八届五中全会通过的《中共中央关于制定国民经济和社会发展第十三个五年规划的建议》、2018年中央"一号文件"、2018年修正通过的《农村土地承包法》等。

这种配套制度包括构建农户退出承包经营权之后的风险防范机制。为化解农户在退出该项权利之后可能于生活、就业、社会保障等诸多领域出现的风险，保障退地农户实现转移就业及家庭长远生计，实现其退地之后有工作、有收入以及所在家庭的长远生活能有保障，一方面，应从政策层面加强对进城农户的社会保障；另一方面，应对退地农户增强相关职业技能的培训，打通农户进城之后的就业途径。[①] 这可提升退地农户的再就业能力，进而使其能够取得相对稳定的非农收入。

从农地政策看，本轮农地法制改革强调农户承包经营权的自愿退出，且允许运用多种渠道筹集农业发展资金。从2014年开始，国家相关农地政策与法律制度改革均着重强调此点。例如，党的十八届五中全会通过的《中共中央关于制定国民经济和社会发展第十三个五年规划的建议》、2016年中央"一号文件"和2019年《关于建立健全城乡融合发展机制体制和政策体系的意见》等中央文件对"自愿有偿退出承包地"均曾予以强调。同时，除上述与农村土地相关的政策之外，与农地相关的法律修改也同样对承包经营权的自愿有偿退出进行了着重关注（如《农村土地承包法》第二十七条）。在发生权利流转之后，于农地"三权分置"权利结构之下，作为土地经营权权利主体的范围既可包括本集体成员，也可以包括非本集体经济组织成员的农户、家庭农场、种粮大户、农业合作组织，以及农业股份公司、农业有限公司等。[②] 这就极大地扩展了农地使用权人的范围。

农户自愿退出土地承包经营权，可以为农地适度规模经营的实现提供农地生产要素，有助于促进现代农业机械化的开展及保障国家的粮食安全，因此，这些农户理应取得经济性补偿。对农户土地承包经营权的退出补偿，应区分暂时性退出和永久性退出进而制定不同的补偿标准。具体而言，暂时性的退出补偿

---

① 参见张勇：《农户退出土地承包经营权的意愿、补偿诉求及政策建议》，载《中州学刊》2020年第6期，第44—45页。
② 参见张学艳、田明华、周小虎：《农地"三权分置"结构下参与主体的目标取向和互动博弈》，载《现代经济探讨》2019年第7期，第99页。

针对的是特定期限内对农户集体性土地权利的补偿,而永久性的补偿尚应涵括成员资格的失去。例如,对土地承包经营权的延包权、集体收益的分配权等的退出补偿。毕竟,永久性的退出预示着无法再享有相关的集体权益。[1] 有学者针对永久性退出的补偿所提出的更为具体的建议,包含了针对失去集体成员身份者的经济补偿。[2] 对进城农户失去的承包经营权予以合理经济补偿是此项权利退出得以顺利开展的前提性条件。因此,构建科学合理的经济补偿机制是土地承包经营权退出的关键环节。毕竟,对于农户而言,农地的生产价值和财产性价值非常高。[3] 其中,公平、合理、规范、有序是从事此项活动的基本原则,以防止农地使用权的交易价格波动异常,进而损害农户权益。关于补偿资金的来源,2017年的中央"一号文件"和国家发展改革委《关于实施2018年推进新型城镇化建设重点任务的通知》均强调允许地方进行多渠道筹集。[4] 可见,国家层面关于土地承包经营权退出由"自愿交回""不得强制收回"转变为更加具体的"自愿有偿退出"。

农地"三权分置"创设土地经营权的制度目的,在于构建农地使用权健康顺畅流转的制度环境。这一目标的实现理应首先尊重和保障农户的意志自由,依循私法自治的基本原则和以农为本的制度取向,在不改变农地用途的前提下明晰相关的制度引导。据此方能不断改造不妥适的农地法律制度,充实农户的承包地财产性权利,实现我国农业经济的高质量发展。[5] 2014年底,原农业部把农户退出土地承包经营权作为一项改革试点任务,该项权利的退出进入实践试点阶段。[6] 例如,针对特定的农村地区,农户享有的土地承包经营权以及新型经营主体享有的土地经营权是否予以股份化,主要由具体权利人的意思以及农

---

[1] 参见韩松:《农民集体所有权主体的明确性探析》,载《政法论坛》2011年第1期,第108页。
[2] 参见高海:《论农民进城落户后集体土地"三权"退出》,载《中国法学》2020年第2期,第36页。
[3] 参见余晓洋、刘帅、吴迪,等:《农村土地承包权退出的缘起及实践模式比较》,载《新疆社会科学》2020年第3期,第39页。
[4] 参见曹丹丘、周蒙:《土地承包权退出:政策演进、内涵辨析及关键问题》,载《农业经济问题》2021年第3期,第19页。
[5] 参见陈小君、肖楚钢:《论土地经营权的政策意蕴与立法转化》,载《新疆社会科学》2021年第1期,第92页。
[6] 参见陈文静、张朝阳、许帅,等:《农地功能视角下兼业农户承包权退出行为分析》,载《河南农业大学学报》2021年第1期,第172页。

业市场发展需求所决定。① 法律的作用在于对实践需求提供制度框架，而不应进行强制股份化的要求。

为推进农地"三权分置"法制改革，需要尽快出台相关的配套措施。其一，尽快完成农村承包地确权登记工作。其二，依据修正后的《农村土地承包法》的规定，尽快建立健全城市工商资本经由流转取得土地经营权的相关资格审查、项目审核以及风险防范规范，依法规范工商资本流入承包地的行为。② 实际上，行政机关于土地承包经营权的市场化退出过程中不应缺位，而是应当使我国土地公有制的制度优势得以充分发挥，经由农地法制改革的推进，赋予农户更为充足和圆满的承包地权利。同时，最大限度地发挥行政机关在农户退出承包地经营权过程中的重要引导作用，引导进城农户依其意愿能够科学有序地退出此项权利，为全面实现城乡一元化的融合发展提供强有力的农地法律制度支撑。③

二、不应强制农户退出土地承包经营权

当作为承包方的农户举家进城落户之后，如何处理此农户享有的农地使用权一直以来都是司法实践的疑难问题。《农村土地承包法》修正的重要目标之一是把农地"三权分置"的农地政策通过法律规定的形式予以确立。但是，关于农地"三权分置"农地政策的理论解读还存在着许多分歧。尤其是，此种状况影响到《农村土地承包法》修正后进城落户的农户所享有的承包地经营权如何处理的问题。

原《农村土地承包法》第二十六条在本次修正之前，首次以法律形式明确了针对此问题的处理方案，对农户流入城镇区域的不同而区分对待。具体而言，农户举家到小城镇落户者，要以该农户的意愿为根本，有权选择保留此项土地承包经营权，既可以自己经营，也可以将此项权利流转出去；对举家迁入设区的市的农户，无论是承包户把承包地经营权交回作为农村集体经济组织的发包

---

① 参见程雪阳：《农村女性土地权益保护制度迷宫的破解及其规则再造》，载《清华法学》2019年第4期，第40页。
② 参见李春艳、徐刚：《新时代农村承包地改革管理的法律基石——农业农村部政策与改革司副巡视员孙邦群解读〈农村土地承包法〉》，载《农村经营管理》2019年第2期，第30页。
③ 参见刘吉双、张旭：《新时期土地承包经营权退出内部引导机制研究》，载《东北师大学报（哲学社会科学版）》2021年第3期，第94页。

方,还是发包方在农户不交回时将此项权利予以收回,该农户都将失去之前享有的此项承包经营权。另外,依据此项规定,在农户将承包地使用权交回发包方或者被依法收回后,这些农户没有权利对所失去的土地承包经营权请求经济补偿,但是,其拥有权利针对提升该农地进行投入所取得的相应补偿。[1] 申言之,2003年实施的《农村土地承包法》针对举家迁往城镇的农户所享有的土地承包经营权依据所迁往城镇类型的不同,即全家迁入小城镇落户或设区的市落户,而进行区分和区别对待,尤其是,要求举家迁到设区的市进行落户的农户应当交回其所享有的土地承包经营权。

这种区别对待的方式会引起一些农村在处理进城农户拥有的土地承包经营权问题上无法进行平等性保护,政策的随意性非常大。甚至在一些地方出现强制进城定居的农户在未获得合理补偿的情况下被迫退出承包经营权的状况。[2] 也就是说,依据修正之前的《农村土地承包法》的规定,作为承包方的农户举家迁入设区的市且转为非农户口者,应交回承包地。然而,修正后的《农村土地承包法》取消了关于承包地强制性收回的规定。[3] 法律做此调整的原因在于,实践中,许多进城务工的农户所从事的是体力劳动,而非任职于正规和非常稳定的就业岗位,随着进城人员的年龄增长或者遇到特殊状况,可能无法在城镇谋得就业机会。若农户失去承包经营的土地,那么,这些农户不但会失去承包经营权的收入,而且甚至可能需要面对彻底失业的困境。于城乡二元体制之下,农户原本就是市场经济发展过程中的弱者。若在农地"三权分置"权利体系下的农地收益分配中偏重对新型土地经营者的保护,那么,将土地经营权长期流转出去的承包方将成为失地农户。[4] 从长远来看,这也不利于承包方进行权利的流转。

在农地"三权分置"权利结构体系下,需要充分考量承包农户的内心意愿和目标取向,以在最大限度上满足农户的现实需求,助推其秉持内心意愿将土地

---

[1] 参见高飞:《进城落户农户承包地处理之困境与出路》,载《法学论坛》2019年第5期,第15—16页。
[2] 参见王小映、王得坤:《不在村农户与承包地政策的完善》,载《农村经济》2019年第11期,第5页。
[3] 参见李春艳、徐刚:《新时代农村承包改革管理的法律基石——农业农村部政策与改革司副巡视员孙邦群解读〈农村土地承包法〉》,载《农村经营管理》2019年第2期,第28页。
[4] 参见王海娟、胡守庚:《农村土地"三权分置"改革的两难困境与出路》,载《武汉大学学报(哲学社会科学版)》2019年第5期,第188页。

经营权进行流转。① 农地"三权分置"法制改革不应忽视农地使用权流转的特定社会经济条件，不能将农地政策过分倾向于保护新型土地经营者的权益，避免弱化农村集体对承包地的权利配置功能。② 由于"我国正处于快速推进但尚未巩固城市化的阶段，这意味着不少农民正处在'离地但不能弃地'的阶段"③。伴随现代农业的持续推进，涌现了大量的各类新型农业经营主体，逐步形成了对土地经营权的巨大现实性需求。这就在不同的农户之间、农户和其他新型农业经营主体之间呈现农地使用权流转的收益机会。④ 一些农户由于缺少法律知识，可能会处于交易谈判的劣势地位，甚至出现权益受损时无法保护自身权益的情况。为此，在农地法制变革过程中，应当为农户法律赋能，使农户意识到自己所享有的承包地经营权益的具体内容及其法律效力。⑤ 在农地"三权分置"法制改革进程中，应秉持自愿原则，充分依循农户的内心真实意愿，彰显其权利主体地位。

相较于修正之前的《农村土地承包法》，此次修正的重要依循和突出特点就是始终维护承包关系稳定。在农地"三权分置"权利体系的构建中，保护承包方的土地承包经营关系稳定就是明显的体现。经由承包经营制度可将农地转由农户承包和经营⑥，也有助于维护农户的土地承包权益等方面的制度体系⑦。在此次修法过程中，为适应农地法制实践中的新形势，立法机关对有的条款予以了修改和完善，但是，整体的修法基调是在稳定既有制度的基础上予以科学合理的修改及完善，彰显了中央层面关于保持承包地经营关系稳定及长久不变的指导思想。例如，明确在第二轮承包期限届满之后将承包经营权再延长三十

---

① 参见张学艳、田明华、周小虎：《农地"三权分置"结构下参与主体的目标取向和互动博弈》，载《现代经济探讨》2019 年第 7 期，第 100 页。
② 参见王海娟、胡守庚：《农村土地"三权分置"改革的两难困境与出路》，载《武汉大学学报（哲学社会科学版）》2019 年第 5 期，第 188 页。
③ 参见祝天智：《新时期农民土地承包权公平及其实现路径研究》，载《学术界》2019 年第 6 期，第 93 页。
④ 参见何国平：《"三权分置"的发生与演进——基于交易费用和制度变迁理论的分析》，载《云南财经大学学报》2019 年第 8 期，第 10 页。
⑤ 参见刘禹宏、曹妍：《中国农地产权制度的本质、现实与优化》，载《管理学刊》2020 年第 1 期，第 16 页。
⑥ 参见张永健：《农村耕地的产权结构——成员权、三权分置的反思》，载《南大法学》2020 年第 1 期，第 99 页。
⑦ 参见张淑娴、陈美球、张玉琴：《土地承包权调整方式的决策研究——基于 Bromley 能动的实用主义理论》，载《中国土地科学》2020 年第 6 期，第 57 页。

年。又如,在修法过程中,虽然对于承包地二轮承包到期之后对相应权利是否进行调整的问题曾经多有争议,但是,立法机关为落实中央层面关于保持承包地经营关系稳定和长久不变的要求,未对之前的法律规定进行调整,对相关制度经由法律规定进行了进一步确认。①

《农村土地承包法》在修正后关于承包期限有两处变化。其一,修正后的法律没有规定关于"特殊林木的林地承包期"可予以延长。如此修改的原因主要基于实践的考量,因为此项规定从未被真正落实过,从2002年的《农村土地承包法》实施至今,林地承包期限从未出现过批准延长。② 其二,新增加关于耕地承包期限届满之后再延长的相关规范,体现了国家层面坚定地维护农户承包地权益的坚强决心,有助于稳定农户的生产预期,契合广大农户的意愿。③ 土地承包经营权作为农户所依法享有的一项财产性权利,其原因行为在于土地承包合同,内在机理是所有权与他物权的分离,关系到农户的生存保障和发展。另外,如果没有安身立命的财产性保障,农户也无法获得长足发展。因而,法律需要确保每一个农户都能享有和其户内人口相对应的承包经营权,体现出国家层面在农地使用权分配领域蕴含的均田思想。④ 而在涉及土地承包经营关系的解除以及承包经营权的收回时,则需要谨慎,不应采取强制方式。

这实际上是保持农村社会结构稳定的需要,进而为农户进城落户留下退路,而不能强制性地要求其放弃承包地经营权。当然,这实际上是一把双刃剑。有学者就认为,毕竟过分强调保留农户的土地承包经营权,在一定程度上可能既不利于化解农地细碎化的弊端,也不利于降低农产品的生产成本,还会影响到农户财产性权利的变现。从法理层面看,土地承包经营权的固化不利于承包地权利体系内公正、平等目标的实现,让已失去集体成员身份的农户在享有城市社会保障的同时仍享有土地承包经营权会产生重复享受权利的现象。⑤ 关于承包地予以耕种的权利,对承包户和新型土地经营者具有不同影响。鉴于进城农户已实现在城乡之间的双向流动,这些农户的诉求是在他们进城后有权把

---

① 参见李春艳、徐刚:《新时代农村承包地改革管理的法律基石——农业农村部政策与改革司副巡视员孙邦群解读〈农村土地承包法〉》,载《农村经营管理》2019年第2期,第28页。
② 参见黄薇主编:《中华人民共和国农村土地承包法释义》,法律出版社2019年版,第95页。
③ 参见杜涛主编:《中华人民共和国农村土地承包法解读》,中国法制出版社2019年版,第130页。
④ 参见刘平:《承包地退出规则之反思与重构——以〈农村土地承包法〉修改为中心》,载《华中农业大学学报(社会科学版)》2019年第2期,第156页。
⑤ 参见李荣耀、叶兴庆:《农户分化、土地流转与承包权退出》,载《改革》2019年第2期,第18页。

土地经营权顺畅地流转出去,而在返回农村时亦可不丧失土地承包经营权。在农地细碎化耕作的情况下,为促进承包地经营权的流转,要赋予承包方流转经营权的权限,进而实现承包地适度规模经营的目标。为此,维护承包经营权可实现保障农户返乡之后继续耕种承包地的权利,但是,也可能会对土地经营权人的适度规模经营产生不利影响。反之,如果强化对土地经营权的保护则可化解农地相对细碎化经营的困境,但是,进城务工的承包方则会面临无法继续耕种农地的困境。① 可见,这是一种两难选择,过分简单地强化或弱化承包方的权利均无法实现农地法制改革的双重目标。

应当说,农户在进城落户之后,就失去了其之前在农村集体经济组织所享有的集体成员资格。有学者认为,尽管承包经营权在期限届满之前可以进行保留,但是,取得由此而产生的收益是以享有集体成员资格为前提,因此,当农户进城落户之后就不应再继续无偿地保留土地承包经营权。② 农户的此项权利是我国农村集体土地所有权的重要行使方式。基于目前农地尚需承载特定的社会保障功能,因此,当农户从发包方处取得承包经营权时,属于无偿取得,农村集体实际上放弃了农地所有权的收益权能,而这种收益权能也是农村集体经济组织践行集体土地所有权领域所承载的公共职能的重要体现。但是,农户能够无偿取得土地承包经营权的原因在于此项权利应被视作其基本生活保障,且需具有农户的成员资格,这也是农村集体经济公有制的本质性要求。反观已经进城落户的农户,有学者认为,他们已丧失了农户成员资格,不应再拥有此项无偿取得的权利,之前的农村集体也无义务再为这些农户无偿提供基本的生活保障资源。③

从根本上说,这需要完善农村社会保障体系,对退回土地承包经营权的农户进行科学合理的补偿。为完善农户的社会保障机制,应当允许农户把农村社保带到城镇,化解农户的忧虑。另外,针对土地承包经营权的退出建立更为科学与多元的合理机制,例如,对一些尚可从事其他职业的农户尽可能提供就业

---

① 参见王海娟、胡守庚:《农村土地"三权分置"改革的两难困境与出路》,载《武汉大学学报(哲学社会科学版)》2019年第5期,第189页。
② 参见高飞:《进城落户农户承包地处理之困境与出路》,载《法学论坛》2019年第5期,第17页。
③ 参见高飞:《进城落户农户承包地处理之困境与出路》,载《法学论坛》2019年第5期,第18页。

机会,对退出承包地经营权的老年农户进行更为健全的社会保障以及养老服务等。① 另外,应当对土地承包经营权的退出依法进行充分的经济补偿,切实保护退地农户的合法权益。

当前,我国一些小城镇并未建立相对健全的社会保障制度,对于举家迁入这些区域的农户而言,如果丧失非农职业或者其他基本生活来源,那么,该农户在原来的农村所具有的土地承包经营权就仍然是农户生活来源的最基本保障之一。② 这种以土地承包经营权换取城镇社保的形式,在一定程度上可能会使进城农户的土地承包经营权这一财产权益受到极大的损害。因为要求举家进入城镇转为非农户口的农户退回承包经营权,将会导致在这些设区的市定居的农户因不愿失去土地承包经营权而不将农业户口转为城镇户口,阻碍了城乡一体化背景下的户籍制度改革。这也表明强制要求举家迁入设区的市的农户退回承包经营权的规定不具有正当性,且在实践中很难得到执行。③ 农地"三权分置"法制改革,是在坚持和完善我国农村基本经营制度的前提下提出的。该项改革的目的在于,在承认土地承包经营权所蕴含的农户身份属性以及所承载的社会保障价值的基础上,经由制度确认,由土地承包经营权之中生发出一项本质为市场化的权利类型,从而使新型经营者能够获得稳定的农地经营预期。④ 在此基础上,允许新型经营者把其取得的土地经营权进行融资担保。

当前,国家为进城农户保留土地承包经营权的"三权分置"制度安排,转变了之前用此项权利换取城镇居民身份的不合理制度。⑤ 依据修正后的《农村土地承包法》的规定,此项权利的退出应坚持自愿退出的原则,允许农户在进城落户之后仍然能够在一定的期限内继续享有此项权利。有学者据此认为,农户在进城落户之后,暂时不会失去农村集体的成员资格,这取决于农户在进城落户之后仍然享有土地承包经营权以及此项权利的农户身份属性。可见,在实践中,当农户不自愿退出此项权利时,出现了由进城落户的农户丧失本集体成员

---

① 参见余晓洋、刘帅、吴迪,等:《农村土地承包权退出的缘起及实践模式比较》,载《新疆社会科学》2020年第3期,第40页。
② 参见胡康生主编:《中华人民共和国农村土地承包法通俗读本》,法律出版社2002年版,第59页。
③ 参见王小映、王得坤:《不在村农户与承包地政策的完善》,载《农村经济》2019年第11期,第5页。
④ 参见高圣平:《农村土地承包法修改后的承包地法权配置》,载《法学研究》2019年第5期,第45页。
⑤ 参见靳相木、王永梅:《新时代进城落户农民"三权"问题的战略解构及其路线图》,载《浙江大学学报(人文社会科学版)》2019年第6期,第149页。

资格到不当然丧失此项成员资格的转变。① 简言之,进城落户者是否丧失集体成员资格不再单纯以户籍作为判断标准。

同时,鉴于农村务工人员向城镇转移具有季节性的特点,农村进城务工者往往会随着季节的变化而在城乡之间进行流动。一方面,一些农户确实已经在彻底离土离乡之后转变为城镇居民;而另一方面,尚有一些农户常年或者季节性地进城务工或从事商业行为,但是,其农户身份未发生改变。② 实际上,这种现象也是农村进城务工人员城镇化并不彻底的体现,他们没有完全享受城镇居民享有的社会保障及其福利待遇。因而,需要建立和健全有关农户土地承包经营权的合理退出机制。毕竟,农户的土地承包经营权是他们维持基本生活的最后保障。在此情况下,农地"三权分置"法制改革既需要保障承包地的充分合理利用,也不能使农民权益受损。为实现这一目标,需要建立合理的土地承包经营权流转和退出机制,另外,要给进城务工农户提供相对稳定的城镇就业机会和环境,进而助推他们能够平等地享受城镇市民的社会保障和公共服务。③ 只有在满足上述条件的情况下,农村集体方可对农户的土地承包经营权进行有偿回收,进而在充分尊重农村集体成员内心意愿的情况下于本集体再进行公平配置。

应当看到,尽管农地对农户的增收以及社会保障功能均在不断下降,而且非农就业机会越来越多,但是,仍然有许多农户不愿意流转土地承包经营权。④ 长期以来,农地是我国农业生产经营最重要的生产要素和物质性载体,这也决定了农户对农地的依赖程度非常高。⑤ 依据农业生产规律,农户的非农化就业能力越强,农户对土地承包经营权的依赖性程度就越低,他们就越倾向于退出土地承包经营权。⑥ 解决此问题的合理路径,应当是引导举家进城落户的农户

---

① 参见高海:《论农民进城落户后集体土地"三权"退出》,载《中国法学》2020年第2期,第34页。
② 参见张勇:《农户退出土地承包经营权的意愿、补偿诉求及政策建议》,载《中州学刊》2020年第6期,第39页。
③ 参见王成利、徐光平:《农地产权"三权分置"制度的探索与实践》,载《山东社会科学》2019年第10期,第146页。
④ 参见郑阳昭、罗建利:《农户缘何不愿流转土地:行为背后的解读》,载《经济学家》2019年第10期,第104—112页。
⑤ 参见兰勇、蒋黾、何佳灿:《三种流转模式下家庭农场土地经营权的稳定性比较研究》,载《农业技术经济》2019年第12期,第22页。
⑥ 参见邢敏慧、张航:《家庭生命周期对农户土地承包权退出意愿的影响研究》,载《干旱区资源与环境》2020年第2期,第13页。

自愿有偿地退出农地承包经营权。在此基础上，允许发包方对承包经营权进行重新发包，进而助推承包经营权享有的合理化，减少已离开农村的农户享有的承包经营权与留在农村但不享有此项权利的农户之间的矛盾纠纷。[1]

然而，必须认识到，举家进城落户者虽然暂时未失去农村集体的成员资格，但是，这也仅是延缓其丧失此资格进而推迟其丧失与农村集体土地相关的权益资格，而非使其能够永久性地保有农村集体成员资格及享有相关权益。因为，如果在农户举家进城落户之后，仍然能够长久地享有集体成员资格，那么，这就意味着其有权继续享受农地集体权益，例如，延包权、农地集体权益的分享权以及农地集体股份红利的分配权等，将可能出现新的不公平性因素。尤其是，举家进城落户但未失去农村集体成员资格者，无论是相较于放弃集体成员资格进城者，抑或与仍实际留居农村的农户相比，均会产生同享农村集体成员权益以及城镇市民社会保障的双重待遇（"超市民待遇"）[2]，进而增加此同"增人不增地"导向下在农村新增的集体成员不享受集体农地权益的不公平性问题[3]。

在农地法制改革中，土地承包经营权的流转不但要确保承包地的存量，助推农业适度规模经营的实现，而且要依据农户的内心真实意愿，促进农地使用权的合理配置和劳动生产效益的提高。[4] 在此问题上，农村集体和承包方之间似乎陷入了类似"囚徒困境"的博弈过程。[5] "每个对局人都有一个支配策略，即不管其他参与人选择什么策略，对局人自己只要选择背叛策略，总会使他们的境况变得更好。"[6]这需要探索及建立科学的土地承包经营权退出及经济补偿制度，使得农户依循内心意愿选择把土地承包经营权退回本集体经济组织，在现实中实现离土离乡，为推动现代农业的适度规模经营以及促进农业现代化发展创造有利因素。在农地"三权分置"法制改革中，为完善承包地制度体系，农户退出土地承包经营权应当依循自愿原则，而非采取强制方式使其退出。伴

---

[1] 参见王小映、王得坤：《不在村农户与承包地政策的完善》，载《农村经济》2019年第11期，第7页。
[2] 参见金励：《城乡一体化背景下进城落户农民土地权益保障研究》，载《农业经济问题》2017年第11期，第52页。
[3] 参见高海：《论农民进城落户后集体土地"三权"退出》，载《中国法学》2020年第2期，第34—35页。
[4] 参见张国磊、陶虹伊、黎绮琳：《"零租金"交易可以降低农地抛荒率吗？——基于粤中B村的调研分析》，载《农村经济》2021年第1期，第46页。
[5] 参见李凤章：《宅基地使用权流转应采用"退出—出让"模式》，载《政治与法律》2020年第9期，第112页。
[6] 参见[美]埃莉诺·奥斯特罗姆：《公共事务的治理之道：集体行动的逻辑》，余逊达、陈旭东译，上海译文出版社2012年版，第5页。

随农业人口向城镇化转移,农户对土地承包经营权的退出也应当依循渐进过程。毕竟,这不是一蹴而就的问题,农户即便进城也很难彻底切断和农地的关系。① 应当说,农户承包经营土地以及退回承包经营权均依循自愿原则,属于此项权利的一种外在表现。

农户承包经营权的退出不应作为进城落户的前提。在积极稳妥推动土地承包经营权退出的改革试点过程中,国家层面强调此项工作应以承包方自愿有偿为原则,要维护进城农户的土地承包经营权以及对农村集体土地的收益分配权。另外,一些政策性文件和法律规定以更为鲜明的态度强调对进城农户的土地承包经营权予以保护。其中,2018年修正后的《农村土地承包法》以及2019年中央"一号文件"均明确了此点。循此,中央政策关于此问题实现了由"依法收回"到"不得强制收回",再到予以保护的态度转变。②

在农地法制改革中,应当尊重农户对于农地使用权配置和经营模式的内心选择。这对保护农户土地权益和对我国农业适度规模化经营都具有重要价值。③ 修正之后的《农村土地承包法》第二十七条第二款中关于这一问题的规定,改变了之前针对进城农户需要交回承包地的制度性规定,继续将农村土地承包经营关系进行固化,增强了承包经营权制度的稳定性。可见,修正之后的法律把此项权利的权利主体严格限定为本集体内的农户。④ 不具有农户身份者仅可获取土地经营权,而不能取得土地承包经营权。

承包方在流转土地经营权之后,至少可从以下路径取得收益。第一,尽管农户将土地经营权进行流转,但是,这没有改变农户作为承包经营合同的当事人身份,其依然可借助集体成员身份获取农村集体土地的财产性收益。第二,承包方经由出租、入股等形式将土地经营权流转给新型经营主体(包括种粮大户、家庭农场、农业合作社、农业股份或有限公司等),可以获取租金、股利分红等财产性收益。第三,当承包方将此项权利流转时,自己不再实际直接经营承

---

① 参见张勇:《农户退出土地承包经营权的意愿、补偿诉求及政策建议》,载《中州学刊》2020年第6期,第39—40页。
② 参见刘桂芝、白向龙:《新时代农地"三权分置"改革的共享发展机制研究》,载《当代经济研究》2021年第7期,第44页。
③ 参见王常伟、顾海英:《就业能力、风险偏好对农地配置意愿的影响》,载《华南农业大学学报(社会科学版)》2020年第2期,第34页。
④ 参见祝之舟:《农村土地承包经营权的功能转向、体系定位与法律保障——以新〈农村土地承包法〉为论证基础》,载《农业经济问题》2020年第3期,第40—42页。

包地,可助推城乡人口流动以及农村劳动力的转移就业,经由非农就业以获取一定的财产性收入。①

　　也就是说,土地承包经营权是否流转必须依循承包户的内心意愿。实际上,2002年颁布的《农村土地承包法》便以赋予农户长久且有保障的土地使用权作为立法宗旨,明确了土地承包经营权的各项权能,且以制度形式严格限制农村集体组织单方面对承包地使用权进行调整(第二十七条)。另外,该法亦确立了土地承包经营权的互换、自愿交回等自愿调整制度,允许承包方按照内心意愿变更或者退出土地承包经营关系。承包方自主按其意愿进行的承包经营关系调整,与农村集体组织的单方调整不同,应当属于土地承包经营关系的一种自我完善。② 这有助于我国农村土地承包经营关系的优化,契合国家层面所提出的稳定以及完善农村土地承包经营关系的相关政策。

---

① 参见刘桂芝、白向龙:《新时代农地"三权分置"改革的共享发展机制研究》,载《当代经济研究》2021年第7期,第43页。
② 参见祝之舟:《农村土地承包关系自主调整机制的法理内涵与体系完善》,载《法学家》2021年第2期,第86—87页。

第四章　土地经营权的生成及其定性

第一节　土地经营权的生成

为助推农业适度规模经营,提升现代农业发展水平,需要实行农地"三权分置"。[①] 随着农地"三权分置"权利结构在法律上的确立,在土地承包经营权的权利流转中会生发出独立的土地经营权类型。[②] 在之前农地"两权分离"基础上构建的"三权分置"权利结构中,将会有两种类型的土地经营权出现。这具体体现为农户将承包经营权流转而产生的以及以其他方式取得的在"四荒地"之上生成的土地经营权。

一、以家庭承包方式流转取得的土地经营权

（一）土地承包经营权的流转方式

修正后的《农村土地承包法》运用了"流转"用语,但是,严格而言,此项用语不是一个法律概念,而是经济学或管理学经常使用的词汇。在我国,"流转"一词来自经济学,其内涵及具体的方式具有不确定性。对它的不同理解在很大程度上会影响到对土地经营权生成机制的认识以及此项权利的法律构造。这就

[①] 参见龙卫球:《民法典物权编"三权分置"的体制抉择与物权协同架构模式——基于新型协同财产权理论的分析视角》,载《东方法学》2020年第4期,第100页。

[②] 参见滕佳一:《承包地利用的守成与突破——以土地经营权法律定位的检讨为中心》,载《交大法学》2021年第1期,第143—144页。

需要在特定制度体系和具体语境下对"流转"进行理解。① 经由其法律含义的明确,以厘清承包地使用权流转以及由此引发的权利变动之间的关系,依循私法逻辑解读土地经营权的生成机制。

流转指向的是作为流转方的农户有权将土地承包经营权以出租等形式向第三人流转经营权,也包括新型经营主体将其所享有的土地经营权进行再流转,而且再流转的受让方不受农户身份属性的限制。这种土地经营权再流转的产生以农地"三权分置"权利结构的构建为前提,体现为,农地所有权归属农村集体,承包经营权的主体为农户,新型农地经营者享有经营权。② 例如,以土地经营权作价入股企业的目的在于实现承包地和工商业资金、农业技术等要素的融合,助推农业产业化经营目标,提升现代农业发展水平。③ 也就是说,在农地"三权分置"中,法律中所谓的流转土地经营权在本质上针对的是土地经营权的设立,即土地经营权的取得。同时,土地经营权的再流转则与此不同,属于此项权利设立之后的再流转。④ 循此,在已有立法规定的情况下,应经由解释论以助推法律制度解释和适用的统一。

在《农村土地承包法》修正之前,土地承包经营权的转让、互换、出租、转包以及入股等都属于此项权利流转的范畴,而修正之后的《农村土地承包法》则对土地承包经营权和土地经营权的流转进行了区分。在保留承包经营权转让、互换等流转方式的同时,把之前土地承包经营权的出租、转包和入股等流转形式修正为土地经营权的出租、转包和入股等流转形式。在对前述权利流转的改造过程中,修正之后的转让、互换限制于本集体农户,应属于一种权利的内部流转,不会生发新的经营权类型。与此不同,这种权利债权性流转所产生的法律效果体现为,无论承包方如何流转土地经营权,土地承包经营权都属于农户家庭。⑤

---

① 参见郭志京:《民法典视野下土地经营权的形成机制与体系结构》,载《法学家》2020年第6期,第31页。
② 参见李曙光:《农村土地两个三权分置的法律意义》,载《中国法律评论》2019年第5期,第49页。
③ 参见文杰:《"三权分置"下土地经营权入股公司的法律问题探讨》,载《中国土地科学》2019年第8期,第34页。
④ 参见郭志京:《民法典视野下土地经营权的形成机制与体系结构》,载《法学家》2020年第6期,第33页。
⑤ 参见祝之舟:《农村土地承包法修改的制度要点与实施问题研究》,载《南京农业大学学报(社会科学版)》2019年第4期,第88页。

原《物权法》第一百二十八条确立的承包经营权的流转形式中,并未明确出租形式。但是,就解释论而言,该条中的"等"应当将出租、入股等形式解释在内。① 就文义解释而言,《民法典》物权编并未确认承包经营权的转包、出租,而是将其限定为物权性流转,即转让、互换。同时,将出租规定为产生土地经营权的流转形式。② 这种立法技术上的模糊性处理方式,在本质上仍然要归咎于对"流转"这一非法律概念的解释困难,也可能导致一切能够引起土地经营权变动或把其作为处分标的之行为都纳入其中,例如,土地经营权的"融资担保"。同时,《农村土地承包法》第四十二条的规定,属于非常典型的因受让方(新型经营权人)债务不履行而引发合同的另一方当事人(农户)对承包经营权流转合同享有单方解除权的制度性规范,从中可看出非常明显的债权痕迹。③

(二)土地经营权的生成基于土地承包经营权的债权性流转

1. 土地承包经营权的流转方式

承包方是否决定将土地承包经营权进行流转,既取决于承包方对此项使用权流转的预期经济收益,亦取决于承包方对农地所蕴含的社会保障价值的依赖程度。与此不同,从土地经营权的财产权属性看,此项权利的顺畅流转是农地实现适度规模化经营,进而推动农村经济转型发展的前提。④ 在农地"三权分置"权利结构之下,作为土地经营权之权利主体的范围可涵射至非本集体经济组织成员的农户、家庭农场、种粮大户、农业合作组织,以及农业股份公司、农业有限公司等。⑤

土地承包经营权的不同流转方式会产生不同的法效果。就解释论而言,《民法典》未把经由土地承包经营权流转所生成的权利均界定成土地经营权,而是依据流转效果予以区分,能够产生物权效果的,不由"流转"概念所涵括,而是表述为土地承包经营权的转让、互换,此时会产生土地承包经营权的主体变更,即作为出让方的权利消灭,由受让人取得此项权利。与此不同,能够产生债权

---

① 参见王利明:《物权法研究》(下卷),中国人民大学出版社2018年版,第80—81页。
② 参见房绍坤:《民法典用益物权规范的修正与创设》,载《法商研究》2020年第4期,第34页。
③ 参见袁野:《土地经营权债权属性之再证成》,载《中国土地科学》2020年第7期,第19—20页。
④ 参见刘汉成、关江华:《适度规模经营背景下农村土地流转研究》,载《农业经济问题》2019年第8期,第59—64页。
⑤ 参见张学艳、田明华、周小虎:《农地"三权分置"结构下参与主体的目标取向和互动博弈》,载《现代经济探讨》2019年第7期,第99页。

法效力的,调整规范为向新型土地经营者流转土地经营权,并将流转形式限定为出租、入股或其他形式,此时,受让人能够取得土地经营权。[①] 若把此项经营权定性成物权,那么,此项权利的设定方式就应当如建设用地使用权的设立方式一样用出让的形式设定,而非经由租赁(转包)而设立。[②]

由《农村土地承包法》的规定看,在以家庭方式的承包形式中,想要由承包方处取得对承包地的经营权限,就需要在本集体经济组织之内予以互换或者转让(第三十三、三十四条),或者由承包方通过承包经营权的出租(转包)、入股或其他方式流转土地经营权(第三十六条)。就前者而言,本质应认定为承包经营权的完全性让与。为了保持土地承包经营权的成员权属性,这种权利的转让限定在本集体经济组织内部的农户之间。[③] 从文义上看,《民法典》第三百三十九条中"出租"的表述和《农村土地承包法》第三十六条的规定并不完全一致。具体而言,后者第三十六条中的用语为"出租(转包)",而在该法修正之前将此区分为出租和转包,但是,没有明确两种流转形式的具体内容。之前的《农村土地承包经营权流转管理办法》第三十五条对出租和转包的含义进行了界定,虽然用词不同,但仔细检视之后发现,二者本质内涵相同,区别主要限定于转包的对象有区别。[④] 具体而言,转包限于同集体的其他农户,而出租则无此限制,流转的对象可是本集体外的任何主体。

依据《农村土地承包法》第三十六条的规定,承包方就土地经营权流转给他人取得主要通过三种形式,即出租(转包)、入股或者其他方式。其中,出租(转包)隶属典型的债权性流转,而入股行为也不会改变权利的本质属性,毕竟,入股协议在本质上也属于债权性契约。[⑤] 此时,土地经营权无法定性为物权的原因还体现在,通过入股的方式生成的经营权作价入股公司时,如果该公司破产或者解散,土地承包经营权仍应归属于农户。[⑥] 从农地实践看,由于入股登记

---

① 参见高圣平:《民法典物权编的发展与展望》,载《中国人民大学学报》2020年第4期,第24页。
② 参见刘锐:《〈民法典(草案)〉的土地经营权规定应实质性修改》,载《行政管理改革》2020年第2期,第13页。
③ 参见袁野:《土地经营权债权属性之再证成》,载《中国土地科学》2020年第7期,第19页。
④ 参见李国强:《〈民法典〉中两种"土地经营权"的体系构造》,载《浙江工商大学学报》2020年第5期,第29—30页。
⑤ 参见单平基:《"三权分置"中土地经营权债权定性的证成》,载《法学》2018年第10期,第37—51页。
⑥ 参见文杰:《"三权分置"下土地经营权入股公司的法律问题探讨》,载《中国土地科学》2019年第8期,第35页。

对象不同，加之承包经营权承载的社会保障价值，在入股的受让方（如农业经营公司）经营不善时，可能会产生农户失地的风险。因而，土地承包经营权入股在法律属性上存在着"物权说"和"债权说"两种观点。依据"物权说"，此项权利于入股后将转移给受让方，需办理变更登记以起到公示物权状态的作用。"债权说"则认为，入股后，农户仍然保留着此项权利，而只是把此项权利未来的预期收益通过债权的形式移转给受让方，以防止农户失地。[1] 此时，不会导致承包经营权之物权性移转，亦不需要办理登记。

同时，针对以"其他方式"流转，立法没有明确给出具体的类型。但是，立法机关在释义中提及《农村土地承包法》第四十七条以土地经营权进行融资担保可纳入其中。[2] 必须承认，农地使用权流转本身构成开放的权利体系，以其他方式进行流转是一项法律兜底条款，究竟有哪些具体流转类型需要依靠不断发展的农地实践探索？例如，农地信托等新型流转形式也可能会日益重要，与此相伴，土地经营权的设立形式也会不断丰富。[3] 在农地"三权分置"情景下，土地经营权信托在本质上是承包方将土地承包经营权中的土地经营权交由受让人行使，承包方作为承包经营权的权利主体地位未发生变化。[4]

需说明的是，从一定程度上看，转包和出租仅是习惯表述不同而已，就制度内涵、期限长短等二者相较并无区别。实际上，出租可涵括转包在内。为此，《民法典》物权编仅有关于出租的规定，而没有如《农村土地承包法》一样规范为"出租（转包）"，在一定程度上表明在民法意义上只规范了出租形式。[5] 申言之，修正后的《农村土地承包法》把出租作为流转形式，同时把转包和出租相等同，但是，必须指出，在立法技术中用括号形式把两个概念并列式规定的方式并不科学。[6] 试问，若二者相同，为何还均予以规范？若不同，为何又要用括号形式并列规定。

---

[1] 参见徐超、周晓然：《论承包地入股登记制度的困境及规范建构》，载《农村经济》2020 年第 7 期，第 40 页。
[2] 参见黄薇主编：《中华人民共和国农村土地承包法释义》，法律出版社 2019 年版，第 179 页。
[3] 参见郭志京：《民法典土地经营权的规范构造》，载《法学杂志》2021 年第 6 期，第 78 页。
[4] 参见文杰：《"三权分置"下土地经营权入股公司的法律问题探讨》，载《中国土地科学》2019 年第 8 期，第 35 页。
[5] 参见李国强：《〈民法典〉中两种"土地经营权"的体系构造》，载《浙江工商大学学报》2020 年第 5 期，第 30 页。
[6] 参见房绍坤：《〈农村土地承包法修正案〉的缺陷及其改进》，载《法学论坛》2019 年第 5 期，第 13 页。

2. 土地经营权得益于土地承包经营权的债权性流转

土地承包经营权的权利主体仅限于农户家庭,而新型土地经营权人则通过市场交易手段从农户处取得对承包地的使用权利。农村土地权利制度的重要价值之一是指导和激励人们的经济行为。诚如H.登姆塞茨所言,"产权是一种社会工具,其重要性就在于事实上它们能帮助一个人形成他与其他人进行交易时的合理预期"[1]。可见,土地经营权的取得更多应归因于市场在承包地使用权配置中的作用,该项权利的制度功能主要是保障新型土地经营权人得以进行农业生产的权利,进而提升土地经营者对承包地的投资意愿。循此,有学者认为,"三权分置"的关注点侧重土地经营权。[2] 毕竟,承包地耕作的细碎化妨碍了承包地适度规模经营目标的实现,虽然存在农户对承包经营权的自发流转,但是借此形成的承包地经营规模的面积往往并不大。可见,承包户之间的自发性承包地使用权流转无法达成承包地的适度规模经营目标。[3] 例如,承包农户经由"互换并地"的方式减少承包地块的数量,可在一定程度上实现农地适度规模经营目标。近年来,从实践看,一些地方为应对单个农户拥有的承包地地块远近不一、大小不等等承包地细碎化经营的局面,结合我国正在推行的土地承包经营权确权登记实践,在秉持农户内心意愿的前提下,通过"互换并地"的方式助推承包地呈现"小块并大块、多块变一块、分散地块变集中地块"的现象,在适度规模经营方面取得了一定成效。据学者统计,2017年,全国经由互换形式进行流转的农地使用权面积达到0.30亿亩;2002—2017年,互换流转的农地使用权面积占全国承包地使用权流转总面积的比重为5.65%。[4] 应当看到,"互换并地"确实在一定程度上缩减了农户的承包地块数量,但是,这种方式并不能明显扩大承包地的经营规模,仅是在一定程度上实现了之前在不同空间位置的耕地集中和连片经营,有助于农业机械化作业的推进,助推农业增产

---

[1] 参见H.登姆塞茨:《关于产权的理论》,载R.科斯、A.阿尔钦、D.诺斯,等:《财产权利与制度变迁——产权学派与新制度经济学派译文集》,刘守英等译,上海三联书店、上海人民出版社1994年版,第97页。

[2] 参见徐亚东、张应良:《农村承包地"三权分置":产权结构、逻辑悖论与产权重构》,载《农村经济》2019年第7期,第12页。

[3] 参见陶自祥:《"三权分置"与农村土地流转制度创新——以C县"虚拟地块"制度创新为例》,载《思想战线》2019年第6期,第130页。

[4] 参见杜志雄、肖卫东:《农业规模化经营:现状、问题和政策选择》,载《江淮论坛》2019年第4期,第12页。

增收,却难以化解承包地面积规模小以及劳动生产效率低下的困境。

有学者主张,土地经营权亦生发自农地所有权,土地承包经营权的权能分离仅是间接引发此项权利的生发。① 详细言之,作为土地承包经营权人的农户在保留农地承包权能的基础上将特定集体承包地的占有、使用和收益权能分离出去的行为,间接引发农村集体土地所有权生成新的权利类型,即土地经营权。就此而言,土地承包经营权的权能分离行为是可以生发土地经营权的理论依据。但是,有学者认为,土地承包经营权不是土地经营权的母权基础,相反,二者均是设立在集体土地所有权之上,均构成所有权的物上负担。具体而言,当承包经营权在生发出经营权时,由于出现了权能分离现象,而不能再对特定的农村集体土地进行占有、使用和收益,进而无法对抗土地经营权。② 上述观点最大的问题是,若认定由农地所有权中生成新型经营主体的土地经营权,并将后者定位为一项用益物权,那么,土地所有权人的意愿如何在这一过程中进行体现?③ 实际上,只有具有成员资格者才是农村集体土地的所有者,方有资格承包经营本集体的农村土地。

农地"三权分置"的本质内涵就是从农村集体土地所有权中派生出土地承包经营权,进而从后者中生发出经营权而形成的制度结构。在这一过程中,土地承包经营权不会因流转土地经营权而被分置成"土地承包权"和土地经营权,土地承包经营权不会因此消灭。因为,从他物权的生成逻辑看,农村集体土地所有权具有完整性,不会因为其派生出他物权而受到影响,他物权并非对所有权的分解,而只是所有权部分权能的暂时分离。因此,新成立的他物权在很大程度上限制农村集体土地所有权的具体行使。照此逻辑,土地经营权在设立之后亦不会对承包经营权的权能进行分解,也不会对后者的权利概念和内涵产生影响。④ 毕竟,作为一项对农地的用益物权关系,不会基于对人效力(债权性

---

① 参见谢潇:《民法典编纂视野下土地经营权概念及规则的妥当构造》,载《当代法学》2020年第1期,第48页。
② 参见谢潇:《民法典编纂视野下土地经营权概念及规则的妥当构造》,载《当代法学》2020年第1期,第48—49页。
③ 参见黄延信:《农村土地承包经营权延续的前沿问题研究》,载《毛泽东邓小平理论研究》2019年第5期,第6页。
④ 参见严小龙:《农地确权内涵体系的逻辑结构及其三维检视》,载《中国土地科学》2019年第5期,第33页。

质)的土地经营权的流转而受到影响。①

土地经营权有期限性,在期限届满之后,土地承包经营权将会恢复到没有权利负担的用益物权状态。承包方既有权自己继续实际经营,也可再通过租赁、入股等方式流转设立经营权。这便是承包方不失去承包经营权所蕴含的社会保障功能的集中体现。② 其中,在承包农户自己直接经营承包地时,承包方享有完整的承包经营权,而当承包方不直接经营承包地时,才会产生权能的分离。③

若不依据权能分离理论解释此项权利的生成路径将很难得出妥适的结论。这具体体现为,如果不承认农村土地所有权在行使过程中把对农地的占有、使用、收益权能又聚集为他物权或者债权,而仅是单纯依靠所有权行使去解读,那么,在农村集体土地所有权人、农户以及实际经营权人之间,仅是表明农村集体土地所有权人对于农户或者实际经营权人从事农业经营的允许,虽然农户或者实际经营权人进行这些活动具有合法性,但是由于其不享有他物权或者债权,就意味着农村集体土地所有权人可随时收回此类恩惠,即停止集体土地所有权的行使;农户或者实际经营权人不享有他物权,就不具有请求其他人停止侵害、排除妨碍、消除危险等各项请求权,不具有对抗他人不法侵害的正当权源,其权利也就很难得到及时和有效的救济。④ 简言之,如果农户或者实际经营权人不享有他物权或者债权,就无法对抗农村集体土地所有权人不适当地停止行使权利的行为。

由权利生成逻辑观察,土地经营权的生发并非对土地承包经营权进行的权利分解。这可通过土地承包经营权的生成逻辑进行解读。因为,由农地所有权派生承包经营权时,前者的法律性质和权利名称未发生改变,法律不需要为农村集体土地所有权另外命名并做专门规定。与此类似,由承包经营权分置出经营权,前者的权利性质和名称也不会产生改变,法律也不需要为前者流转之后的所谓"剩余权利"进行专门性规范。为此,农地"三权分置"权利体系仅是在

---

① 参见张永健:《农村耕地的产权结构——成员权、三权分置的反思》,载《南大法学》2020年第1期,第94页。
② 参见于飞:《从农村土地承包法到民法典物权编:"三权分置"法律表达的完善》,载《法学杂志》2020年第2期,第77页。
③ 参见肖卫东、梁春梅:《农村土地"三权分置"的内涵、基本要义及权利关系》,载《中国农村经济》2016年第11期,第17—29页。
④ 参见崔建远:《物权编对四种他物权制度的完善和发展》,载《中国法学》2020年第4期,第28页。

"两权分离"所生成的土地承包经营权的基础之上再生发出一项独立的权利类型,即土地经营权。作此理解也可正确处理农地权利体系结构,在理论和制度层面仅需确定新创设的土地经营权的权利性质和权利内容即可,具有节约制度变革成本的作用。①

(三) 土地承包经营权流转生成土地经营权的主要方式

1. 出租

从农地法制实践看,农地"三权分置"的具体实现有多种形式。其中,土地承包经营权出租和转包较为普遍。例如,在宁夏回族自治区的农地"三权分置"实现形式中,包括了租赁、互换、托管、入股和信托等多种形式,其中,土地承包经营权的租赁,既包括面向本集体成员的转包,亦包括对本集体成员之外的出租。近几年,即便租赁形式所占的比例持续下降,但是,所占比例仍然高达90%以上。② 依据《农村土地承包法》,出租是承包方从承包经营权中流转经营权的重要形式,且同转包、入股等方式相并列(第三十六条);从法律体系上看,该项规定位于土地经营权一节之中,属于土地经营权设立的规定。循此,修正后的《农村土地承包法》确立的流转形式与修正之前该法第三十九条的规定存有差异,立法机关将其特别限定在债权性流转的范围内,也难以把"转让"涵括其中。③ 实际上,就农地的用益而言,在没有取得对农地的排他性用益权能的情况下,涉及较多的仍然是土地承包经营权的债权方式流转,主要形式就是租赁。其中,租赁期限届满后新型经营主体有权优先"续租"就显示出土地承包经营权的流转同租赁形成的债权具有非常高的契合度。④

当然,一些学者认为,经由出租方式进行土地承包经营权流转的风险一般较大。因为在出租流转形式中,土地承包经营权的流转期限偏短,尤其是,如果出现更好的受让方,将会极易发生承包方违约的情形,这在违约责任较轻的情

---

① 参见高圣平:《农地三权分置改革与民法典物权编编纂——兼评〈民法典各分编(草案)〉物权编》,载《华东政法大学学报》2019年第2期,第16页。
② 参见哈斯巴根:《宁夏农村土地"三权分置"实现形式调查研究》,载《北方民族大学学报》2020年第4期,第172页。
③ 参见滕佳一:《承包地利用的守成与突破——以土地经营权法律定位的检讨为中心》,载《交大法学》2021年第1期,第150页。
④ 参见袁野:《土地经营权债权属性之再证成》,载《中国土地科学》2020年第7期,第19—20页。

况下更是如此。① 另外,其他具体的批评意见认为,产生此种权利流转困境的根源在于承包经营权流转模式的固化。在农地实践中,比较常见的农地使用权债权性流转更多体现的是农户在无更好选择情况下的选择。若存在转让、互换、入股等其他的流转方式以供选择,那么,受让方可能更愿意支付更高的流转价格,承包方据此亦可长期受益。当然,这可能主要发生在城市郊区的农地地区,且仅有少数农户会凭借其内心意愿采取这种方式进行流转。实际上,农地"三权分置"在适宜农业规模经营的广大平原地区已经推行得非常普遍。② 这是可助推现代农业发展的重要契机。

建立和健全完善的土地经营权租赁规范,构建统一与开放的土地经营权租赁市场,便成为农地法制改革的当务之急。实际上,从实证考察看,依据学者对203个受访农户的调研,当被问及"如考虑扩大农地经营规模,您希望以什么方式取得土地经营权"时,有69.05%的受访者的回答是会以租赁方式取得土地经营权以扩大农地经营规模;另外,有30.95%的受访者的回答是以转让方式取得土地经营权以扩大农地经营规模。显而易见,农户选择租赁方式的比例远远高于转让方式。③ 但是,关于租赁的农地政策在我国既有法律中尚未得到较好反映。尤其是,无论是之前的《合同法》关于租赁合同的制度规范,还是编纂实施后的《民法典》合同编中均没有任何条文具体涉及土地经营权租赁合同,不无缺憾。④ 这在目前我国农地"三权分置"之下适度规模经营已成大势所趋的情况下,已形成一种立法缺陷,需要在后面的立法及司法解释中予以修正。

另外,从比较法上看,与我国上述相关立法不同,尽管农地收益租赁制度在之前也没有得到德国法学界的支持,但是,经由《德国民法典》对农地收益租赁的规范(第五百八十五条至第五百九十七条)⑤,此项制度规范在民法上取得了独立地位⑥。当前,在农业经营过程中,农地收益租赁的作用非常重要,在原联邦州中,大约有30%的农地被用此种方式进行经营,而这一比例在全德国的范

---

① 参见兰勇、蒋黾、何佳灿:《三种流转模式下家庭农场土地经营权的稳定性比较研究》,载《农业技术经济》2019年第12期,第30页。
② 参见陈小君、肖楚钢:《农村土地经营权的法律性质及其客体之辨——兼评〈民法典〉物权编的土地经营权规则》,载《中州学刊》2020年第12期,第49页。
③ 参见王铁雄:《土地经营权制度入典研究》,载《法治研究》2020年第1期,第36页。
④ 参见王铁雄:《土地经营权制度入典研究》,载《法治研究》2020年第1期,第40页。
⑤ 参见《德国民法典》,杜景林、卢谌译,中国政法大学出版社1999年版,第137—147页。
⑥ 参见王铁雄:《土地经营权制度入典研究》,载《法治研究》2020年第1期,第40页。

围内更是达到了约50%,尤其是新联邦州,收益租赁就更受青睐。① 这都意味着无论从理论还是实践层面均需要加强关于农地权利租赁问题的关注。

2. 入股

与其他的流转方式相比较,土地经营权入股流转的制度优势非常明显,能够把相对碎片化的农地资源以及投入农业生产的资金、人力等生产要素集中在入股的受让方。在土地经营权入股后,原来的承包农户取得的是入股企业的股权,进而能够通过整合承包地资源而分享由此带来的增值性效益。但是,入股流转的弊端也非常明显。这至少体现为,基于企业经营的风险性,农户凭借土地经营权入股取得的股权可能无法取得具有稳定预期的经济收益,甚至可能在实际经营人经营不当的情况下遭受经济损失。正是由于土地经营权入股自身存在此类弊端,立法机关对以家庭方式所享有的承包经营权以入股形式流转土地经营权存有一定顾虑。② 就此而言,将土地经营权入股的决定是在理性决断之后的选择,关系到生存理性、经济理性以及社会理性,当然也包括法律理性。

有学者认为,依循市场发展规律,把以土地经营权入股定性成一种债权性流转对于非农股东(尤其是工商资本)的农业投资十分不利,会更加激励此类投资的投机性,不利于助推农地的适度规模化经营,在农地"三权分置"权利语境下,以土地经营权入股农业合作社的行为属于一种物权性流转,因为农业专业合作社的法律性质为法人,以土地经营权入股此法人时,需要依法通过财产转移等程序明确为此法人的合法财产。③

但是,此种观点忽略了一种情形是,并非归属于法人的财产就一定是物权,包括债权在内的权利也可以纳入法人的财产权范围。土地经营权入股的本质为一种经济性投资行为,但是,由于土地经营权的经营对象仍然是承包地,其间蕴含着多重使命,既要保障粮食安全,又要满足农户从事农业活动的基本生产资料,其是农业经济发展的重要因素,因而,以其入股同普通入股行为有所不同。在以此项权利入股的过程中,农户会考量对自身生活的影响,权衡经济性成本和收益、相关的社会评价和代际关系等多重因素。

---

① 参见[德]鲍尔、施蒂尔纳:《德国物权法》(上册),张双根译,法律出版社2004年版,第600—601页。
② 参见徐超、周骁然:《论承包地入股登记制度的困境及规范建构》,载《农村经济》2020年第7期,第39、41页。
③ 参见王琳琳:《土地经营权入股法律问题研究》,载《中国政法大学学报》2020年第6期,第95—97页。

在我国实行农地"三权分置"法制改革之前，单纯依靠农户将承包经营权进行入股，很难解决承包地使用权的流转困境。依据《民法典》第三百三十九条，承包农户可经由入股路径将土地承包经营权中的土地经营权流转给其他人，这其实便是农户通过入股的方式为其他人设定土地经营权，由农户之外的民事主体享有对土地的实际经营权。如果要明晰通过入股形式以设定土地经营权之原理，就需要将其同实行农地"三权分置"改革前的情景相比较。① 在实行农地"三权分置"法制改革之前，农户仅有权将土地承包经营权整体性入股，但是，如此操作会遇到很多法律方面的困境。原因在于，所入股的农业公司在本质上是一种法人，其财产权具有非常强的独立性，在经营过程中，所入股公司可能会出现物权的变动，然而，土地承包经营权仍属于身份属性非常强的一项权利类型，难以转化为公司的独立财产权。② 因此，即便土地承包经营权能够入股，但也很难被视为独立的法人财产。

在之前"两权分离"之承包地权利体系下出现的农地权利流转的制度困境，呼唤着农地"三权分置"法制改革的推进。从中也可以看出，在承包地"三权分置"改革之后，以入股的形式纳入农业经营企业或公司者可体现为土地经营权，即通过"三权分置"的方式分离出土地经营权之后，再将其入股。在此背景下，无论是入股农业公司还是农业合作社，均需把土地经营权转化为后者的财产性权利。③ 在土地经营权人将此项权利入股公司之后，作为股权的此项权利已经转化为公司资本形态。基于资本稳定原则的要求，在土地经营权被资本化和证券化之后具有不可回溯性的特点，虽然土地经营权人有权转让股份，但是无权随意请求恢复土地经营权。④ 在将土地经营权入股的情景中，当入股公司进行利润分配时，应当依照《公司法》的相关规定，将包括以土地经营权作为出资形式在内的股东的出资比例或持股比例作为利润分配的依据，但是，公司章程另有规定的除外。⑤

---

① 参见郭志京：《民法典土地经营权的规范构造》，载《法学杂志》2021年第6期，第77页。
② 参见李国强：《〈民法典〉中两种"土地经营权"的体系构造》，载《浙江工商大学学报》2020年第5期，第29—31页。
③ 参见郭志京：《民法典土地经营权的规范构造》，载《法学杂志》2021年第6期，第77页。
④ 参见刘云生：《土地经营权所涉无权占有类型区分与法律适用》，载《法学家》2019年第2期，第140页。
⑤ 参见文杰：《"三权分置"下土地经营权入股公司的法律问题探讨》，载《中国土地科学》2019年第8期，第33页。

在农地"三权分置"权利体系下,土地经营权人在土地经营权入股时可采用多种形式,体现为入股农民专业合作社、股份合作社或者企业法人。在农地"两权分离"权利体系下,土地承包经营权蕴含着承包地的社会保障功能以及承包地的财产性价值,可以此项权利入股者包括本集体经济组织内的承包农户以及承包经营"四荒地"的当事人。在农地"三权分置"权利体系下,农户的成员身份得以保留,享有再次承包经营农地的资格。由此,此项权利的入股等流转形式,极大地降低了承包经营权所具有的社会保障性质,彰显了承包地的财产权属性。另外,在农地"三权分置"权利体系下,能够以土地经营权入股的权利主体不以农户为限,尚包括除承包农户之外的其他经营主体,如果过分关注农户的社会保障,就会同市场经济发展规律相悖,明显并非土地经营权入股制度构建的最佳选择。[1]

3. 其他方式

法律没有对土地经营权的流转形式进行非常严格的限制。依据修正后的《农村土地承包法》第三十六条的规定,此项权利可以采用出租(转包)、入股或其他方式进行流转。就文义解释而言,此处的"其他方式"表明,除出租(转包)、入股形式之外,在不损害国家、集体或者第三人权益的情况下,通过上述非列举形式从事的权利流转均应获得法律保护。[2]

在农地"两权分离"权利体系下,农地权利的变动受到严格限制,在一定程度上阻碍了承包地使用权的流转。因而,诚如学者所言,农地"三权分置"法制改革在本质上属于法律技术工具的一种革新,也就是说,经由权利变动的转变,克服农地权利流转的制度性障碍。[3] 这也是立法机关提出建构农地"三权分置"权利体系的重要原因,目的在于构造促进农地权利流转的法律制度工具,进而助推农地使用权在更大范围内的流转。

承包方流转土地经营权的行为,在很大程度上可以推动细碎化农业经营的改造,为实现新型农业经营主体的适度规模化经营提供制度基础,进而促进农地使用权的优化配置,提升现代农业机械技术的投入与使用,降低农业生产经营成本,推动新型农业经营主体获取更高的经营性收益。目前,有相当数量的

---

[1] 参见王琳琳:《土地经营权入股法律问题研究》,载《中国政法大学学报》2020年第6期,第95页。
[2] 参见许明月:《论农村土地经营权市场的法律规制》,载《法学评论》2021年第1期,第96页。
[3] 参见郭志京:《民法典视野下土地经营权的形成机制与体系结构》,载《法学家》2020年第6期,第32页。

承包户在进城之后取得的工资性收入已超越家庭对土地的承包经营性收入。这些农户持有土地承包经营权的目的在于避免城镇就业不稳定时缺少社会保障。因而,这些农户把大部分的劳动时间都配置在外出务工之上,导致农地利用效益不高,甚至引发撂荒现象。[①] 对于承包方而言,土地承包经营权的债权性流转,有助于避免农地撂荒,保障农地的可持续耕作,而且可获得农地的租金性收入,促推兼业农户拥有"土地租金+外出务工收入"这一新型收入模式。[②] 与此同时,对新型农业经营主体而言,适度规模的连片农地有助于权利人运用科学的农业管理方法以及先进的农业机械技术,及时把握农业市场方向,实现农业产品生产和销售的一体化。

二、以其他承包方式取得的土地经营权

当前,在许多农村区域,除了可直接由农户耕作的承包地之外,尚存在一些需要进一步开发和再利用的荒山、荒沟、荒丘、荒滩等"四荒地"。

（一）农地"三权分置"体系中的"四荒地"经营权

除家庭承包方式之外,经由招标、拍卖、公开协商等形式在"四荒地"之上设立的权利,在修正前的《农村土地承包法》以及原《物权法》中都被称为土地承包经营权。除家庭承包经营外,农村集体经济组织有权将荒山等"四荒地"经由招标、拍卖及公开协商等方式交由农户之外的其他主体经营。[③] 在实践中,集体经济组织在掌握此类耕地的后备资源之后,可将其交由集体统一予以分配。[④] 其中,经由合同形式进行权利配置是调整"四荒地"使用权流转的重要策略,既有法理支撑,亦契合效益原则。从长远上看,经由合同治理具有非常广阔的适用空间。[⑤] 另外,这些不宜采用家庭方式承包的土地本属于农村集体所有,于该集体中的农户均具有天然份额,因此,与集体经济组织之外的农户或城镇居

[①] 参见董欢:《中国农地制度:历史、现实与未来——"三权分置"政策背景下的新审视》,载《四川大学学报(哲学社会科学版)》2019年第4期,第62页。

[②] 参见张学艳、田明华、周小虎:《农地"三权分置"结构下参与主体的目标取向和互动博弈》,载《现代经济探讨》2019年第7期,第99页。

[③] 参见崔建远:《物权:规范与学说——以中国物权法的解释论为中心》(下册),清华大学出版社2011年版,第518页。

[④] 参见刘灵辉、向雨瑄:《无地农民土地权益保障策略研究》,载《中州学刊》2021年第1期,第50页。

[⑤] 参见尹亚军:《通过合同的治理——克服农地流转困境的助推策略》,载《社会科学研究》2019年第6期,第80页。

民相较,本集体成员享有同等条件下的承包优先权。①

与之前的法律规定不同,编纂通过的《民法典》在第三百四十二条以及修正后的《农村土地承包法》在第四十九条中均将此项权利直接称为土地经营权。法律作此修改的原因主要体现为两个方面:其一,对此类土地承包经营权的享有主体不进行特别的身份限制,其权利流转也没有法律障碍,因此无须进行农地"三权分置"法制改革;其二,此类权利和以家庭为单位的承包经营权存在差异,把其称为土地承包经营权已不妥适。② 申言之,以招标、拍卖、公开协商等其他形式取得的"四荒地"的经营权经由对之前的"四荒地"承包经营权的权利称谓修改而来,彰显此项权利中不蕴含集体成员的身份性质。③

据此,除家庭承包方式之外,可对"四荒地"经由其他方式设立土地经营权。由于以其他方式设立的经营权若被称为土地承包经营权容易与家庭农户取得的权利相混同,因此,在《农村土地承包法》修正过程中,有学者主张将用其他方式依法设立的"四荒地"承包经营权修正为土地经营权。④ 修正之后的《农村土地承包法》也吸纳了此种建议,于该法第五十三、五十四条中直接将它表述为土地经营权,《民法典》亦采取了此种思路(第三百四十二条),其权利结构体系为"'四荒地'集体所有权——'四荒地'经营权"。因而,"四荒地"经营权和设立于农户所享有的承包经营权之上的经营权于权利来源及形成机制等层面均有不同。但是,就权利本质而言,二者具有同质性,均是在本轮农地"三权分置"法制改革过程中所致力于打造的市场化财产权利类型。⑤ 这就可将其区别于农户享有的具有身份性质的承包地使用权。

从解释论看,关于"四荒地"经营权的法规定,修正前的《农村土地承包法》第四十四条至第五十条和原《物权法》第一百三十三条均对"四荒地"承包经营权进行了规范,且明确此项权利可经由转让、入股、抵押等方式进行流转。在《农村土地承包法》修正过程中,有学者建议,"四荒地"的承包主体不以本集体

---

① 参见刘灵辉:《"三权分置"法律政策下农村妇女土地权益保护研究》,载《兰州学刊》2020年第5期,第161页。
② 参见高圣平:《农地三权分置视野下土地承包权的重构》,载《法学家》2017年第5期,第4页。
③ 参见房绍坤、林广会:《土地经营权的权利属性探析——兼评新修订〈农村土地承包法〉的相关规定》,载《中州学刊》2019年第3期,第45—54页。
④ 参见高圣平:《农地三权分置视野下土地承包权的重构》,载《法学家》2017年第5期,第4页。
⑤ 参见郭志京:《民法典视野下土地经营权的形成机制与体系结构》,载《法学家》2020年第6期,第31页。

成员为限,因而,建议把之前以其他形式承包所取得的权利类型直接改称为土地经营权。① 2018 年,修正后的《农村土地承包法》最终正式采纳此建议(第四十九条),体现为关于"应当签订承包合同,承包方取得土地经营权"的立法表述,另外,该法第五十三条中亦有类似表述。之后,《民法典》物权编第三百四十二条承袭了 2018 年修正后的《农村土地承包法》第五十三条的相关规定。② 另外,依据《民法典》第三百三十九条,承包经营权经过债权性流转所指向的是为他人设立土地经营权的行为,在本质上属于权利取得行为。这和修正后的《农村土地承包法》第四十九条具有一致性。

也就是说,《农村土地承包法》修正之后,在法律制度层面对农地"三权分置"权利体系进行了落实,尤其是,创设出土地经营权这一独立的权利类型,且由此引起以其他方式承包取得的土地承包经营权的体系性调整,即由原来的土地承包经营权被塑造成土地经营权。这种变化导致两种形式的承包经营权不再并存,而是在修正之后的《农村土地承包法》中形成了两种类型的土地经营权:由承包农户享有的土地承包经营权中生发出的经营权和从集体土地所有权中生发出的"四荒地"经营权。③

(二) 以其他承包方式取得的土地经营权本质为用益物权

需注意的是,"四荒地"经营权应当定性为何种法律性质。对此,学界观点不一。有学者认为,如果"四荒地"经营权依法登记,那么,其属于用益物权,非经登记者则属于具有债权性质的土地经营权。④ 有学者认为,"四荒地"经营权本身包含着多重性质,既包括物权属性,亦涵括债权属性。具体而言,如果通过物权性方式创设(如拍卖 30 年或 50 年的使用权),则其属于一项用益物权;如果通过"债"权性方式创设(如出租 10 年或 20 年),那么,该项权利就属于债权,无法进行登记。⑤ 具体采用何种方式设立取决于双方当事人根据实际情况依其内心意愿确定。

---

① 参见黄薇主编:《中华人民共和国农村土地承包法释义》,法律出版社 2019 年版,第 205 页。
② 参见房绍坤:《民法典用益物权规范的修正与创设》,载《法商研究》2020 年第 4 期,第 42 页。
③ 参见吴昭军:《土地经营权体系的内部冲突与调适》,载《中国土地科学》2020 年第 7 期,第 9 页。
④ 参见高圣平、王天雁、吴昭军:《〈中华人民共和国农村土地承包法〉条文理解与适用》,人民法院出版社 2019 年版,第 348 页。
⑤ 参见宋志红:《再论土地经营权的性质——基于对〈农村土地承包法〉的目的解释》,载《东方法学》2020 年第 2 期,第 146—158 页。

总体而言,学界目前对"四荒地"经营权的定性争议颇大,主要形成了物权说、债权说,以及期限在五年以上或登记的"四荒地"经营权为物权、其他类型的为债权的区分说。①

在"四荒地"上设立经营权的规范依据是修正后的《农村土地承包法》第四十九条。这同以家庭为单位取得的承包经营权流转而设立的经营权存在差异,依据《农村土地承包法》第三十六条的规定,此项经营权需要经由承包经营权的流转(包括出租、转包、入股或者其他方式)而设立。可见,《农村土地承包法》第四十九条以及第三十六条分别规定了两项经营权的设立路径,在同一部法律中使用了两种不同的表达方式。具体针对"四荒地"经营权的设立,《农村土地承包法》规定经由招标等形式承包,这属于在程序意义上经由缔结合同的方式而设立,并非流转土地经营权的方式。②

就法律逻辑而言,我国不宜存在两种性质各异的承包经营权,也就是说,通过其他形式取得的承包经营权(原《农村土地承包法》第四十九条)也应当定性为用益物权,并且允许其以转让、出租或抵押等方式从事流转。③ 在进行法律解释的过程中,应当保持法律概念的一贯性以及统一性,"同一法律或不同法律使用同一概念时,原则上应作同一解释;作不同解释时,须有特别理由"④。实际上,就法律体系而言,我国既有的取得土地承包经营权的两种方式在修正后的《农村土地承包法》中仍进行了坚持(《农村土地承包法》第三条),无论是以家庭方式进行的承包,还是以其他方式进行的承包,都需要签订承包合同(《农村土地承包法》第二十二、四十九、五十条),承包合同的一方当事人均被称为"承包方"。依据《民法典》规定,未明确区分不同情形的土地经营权,尤其是,第三百四十二条未明确以其他方式承包农地所获得的权利的称谓,而只是规范这一权利在经依法登记之后,可采取多种形式流转土地经营权。⑤ 将《民法典》第三百四十二条的相关规定与旨在构建农地"三权分置"权利体系的《民法典》第三

---

① 参见王利明:《我国民法典物权编的修改与完善》,载《清华法学》2018年第2期,第6—22页。
② 参见吴昭军:《"四荒地"土地经营权流转规则的法教义学分析》,载《安徽师范大学学报(人文社会科学版)》2021年第2期,第137页。
③ 参见高圣平:《新型农业经营体系下农地产权结构的法律逻辑》,载《法学研究》2014年第4期,第80页。
④ 参见梁慧星:《民法解释学》,中国政法大学出版社1995年版,第215页。
⑤ 参见滕佳一:《承包地利用的守成与突破——以土地经营权法律定位的检讨为中心》,载《交大法学》2021年第1期,第148页。

百三十九条关于以家庭为单位取得的土地承包经营权可采取多种形式向他人流转土地经营权的规定相比较,可以发现,以其他方式取得的所谓的"土地经营权"同样应定性为用益物权性质的土地承包经营权。

有学者主张,"四荒地"经营权也是经由出租、入股或其他形式流转设立,等同于从承包经营权中生发经营权的路径。[1] 持此种观点的理由在于,"四荒地"属于集体所有,在权利取得过程中,不会发生"四荒地"所有权的转让、互换等物权性移转。"四荒地"经营权是从农村集体"四荒地"所有权中所直接生发的,也可以说,此项权利是对"四荒地"所有权所设定的一项负担。出租、入股等债权性流转方式得以为集体保留农村"四荒地"集体所有权,而将"四荒地"使用权移转给他人直接经营,即创设土地经营权。这种路径和以农户家庭为单位的承包方继续享有承包经营权,同时经由出租、入股等债权性方式向他人流转土地经营权的制度逻辑相一致。因此,有学者主张,《农村土地承包法》在第四十九条所规范的经由其他方式承包"四荒地"以及订立"承包合同",于法律性质上均应定性为以出租、入股或其他债权性方式流转经营权,而招标、拍卖、公开协商等应理解为订立承包合同的程序性要求。[2]

检视《民法典》第三百四十二条中关于"四荒地"经营权的规定,不是权利取得问题,其中的流转经营权在本质上应当定位成权利移转。就法体系看,《农村土地承包法》第五十三条应以第四十九条为规范基础,应以取得此项权利作为再流转此项权利的前提,但是,《民法典》显然未采纳上述立法思路,不仅未规定"四荒地"经营权的概念,而且亦未规定此项权利的设立形式,存在立法模糊之处。就法体系解释而言,为避免出现司法适用困境,《民法典》可适用修正后的《农村土地承包法》第四十九条和第五十三条的相关制度,做类似转介条款的解释。[3] 这体现为,经由招标等承包行为,可适用《农村土地承包法》的相关规定。

实际上,在农地"两权分离"权利体系下,在"四荒地"之上设置的承包经营权的性质属于用益物权。[4] 这同以家庭为单位享有的承包经营权经流转所产

---

[1] 参见吴昭军:《"四荒地"土地经营权流转规则的法教义学分析》,载《安徽师范大学学报(人文社会科学版)》2021年第2期,第137页。
[2] 参见吴昭军:《"四荒地"土地经营权流转规则的法教义学分析》,载《安徽师范大学学报(人文社会科学版)》2021年第2期,第137页。
[3] 参见房绍坤:《民法典用益物权规范的修正与创设》,载《法商研究》2020年第4期,第42页。
[4] 参见房绍坤:《〈农村土地承包法修正案〉的缺陷及其改进》,载《法学论坛》2019年第5期,第12页。

生的经营权存在差异。当前,"四荒地"经营权本质上指向的就是《农村土地承包法》修正之前以及原《物权法》中的"四荒地"承包经营权。例如,原《物权法》单独对"四荒地"承包经营权进行了规范(第一百三十三条)。《农村土地承包法》在修正之后,将其改称为"四荒地"经营权(第五十三条)。因而,依据"四荒地"经营权的生成路径,将此项权利定性成用益物权,契合法律体系的要求。[1] 基于农地"三权分置"中的"四荒地"经营权,实际上就是农地"两权分离"结构下的承包经营权,因此,无论"四荒地"经营权是否进行登记,均不影响此项权利的物权性质,就如无论土地承包经营权是否登记均不影响其用益物权属性一样。"四荒地"经营权是否登记的法效力在于如果其未登记则无法对抗善意第三人。另外,"四荒地"经营权所指向的仅是以招标、拍卖、公开协商等形式所取得之权利,不涵括以出租形式而设立的权利,后者应定性为债权性质的租赁权。[2] 为此,"四荒地"经营权的权利性质应当定性为用益物权。

对"四荒地"经营权的再流转而言,《民法典》第三百四十二条与原《物权法》第一百三十三条相比较,需要践行登记程序以获得权属证书,实际上是增加了再流转的限制性要求。这一规定极易引发条文解释适用中的困惑。具体体现为,不满足这一条件的"四荒地"经营权再流转的效力如何?事实上,审视上述关于"四荒地"经营权能够进行流转的规定的规范性质,不应当理解为强制性规定,不满足这一条件的"四荒地"经营权不应禁止再流转,也无法由反面解释而得出不满足这一条件的"四荒地"经营权的流转行为无效的结论。[3]

由集体"四荒地"所有权生发的"四荒地"经营权,在本质上应纳入用益物权的范畴。简言之,法律修改理应强化(而非削弱)既有权利的法效力。否则,会使既有权利人的正当权益受到损害。循此,在之前的法律已把"四荒地"承包经营权(即此处的"四荒地"经营权)定性成用益物权的情况下,修正后的《农村土地承包法》就无正当理由借改变名称之机而改变其性质。[4] 针对不必须采用家庭农户承包方式经营的农村土地,集体土地所有权人可经由招标、拍卖等形式

---

[1] 参见房绍坤、任怡多:《新承包法视阈下土地经营权信托的理论证成》,载《东北师大学报(哲学社会科学版)》2020年第2期,第36页。
[2] 参见房绍坤:《民法典用益物权规范的修正与创设》,载《法商研究》2020年第4期,第43页。
[3] 参见吴昭军:《"四荒地"土地经营权流转规则的法教义学分析》,载《安徽师范大学学报(人文社会科学版)》2021年第2期,第138—139页。
[4] 参见房绍坤:《〈农村土地承包法修正案〉的缺陷及其改进》,载《法学论坛》2019年第5期,第11页。

为他人设立经营权。此项权利的性质是在集体土地之上为他人设定的一项用益物权,在本质上就是《农村土地承包法》修正之前通过其他方式承包取得的"四荒地"承包经营权。[1] 因而,此种类型下的土地经营权人享有比较完整和独立的用益物权,许多关于家庭承包的限制性规定对此项权利并不适用。

第二节 土地经营权作为债权属性的证成

虽然《民法典》增设了土地经营权这一独立的权利类型,但是,它仅用四个条文对此进行规范,亟须对其进行制度解释。尤其是,在《民法典》实施后,它的性质及解释适用尚需结合修正之后的《农村土地承包法》进行体系解释。[2] 其中,关于土地经营权的定性,学界进行了热烈探讨。[3] 探讨此项权利的法律属性及制度构造,是对此项权利进行制度界定和解释适用的核心和重点之一,亦是理论难点。从解释论看,《民法典》对土地经营权的定性可能同时存在着"物权说""债权说"以及"二元说"的解释空间,而学者也提出了不同的观点,需要对此予以界清和论证。[4]

一、关于土地经营权定性的学说歧见

农地"三权分置"法制改革意义重大,其中,最为重要的一项制度创新便是创设土地经营权这一独立权利类型。土地经营权是此次农地"三权分置"法制改革中新创设的权利概念。在《农村土地承包法》的修正过程中,将此项权利予以法定化,且专门用一节进行了规范,对该项权利的流转方式、原则、期限以及

---

[1] 参见陶密:《论流转语境下土地经营权的性质及内涵——以物债区分为视角》,载《中国土地科学》2020年第11期,第22页。

[2] 参见郭志京:《民法典视野下土地经营权的形成机制与体系结构》,载《法学家》2020年第6期,第26页。

[3] 参见蔡立东、姜楠:《承包权与经营权分置的法构造》,载《法学研究》2015年第3期,第31—46页;丁文:《论土地承包权与土地承包经营权的分离》,载《中国法学》2015年第3期,第159—178页;马俊驹、丁晓强:《农村集体土地所有权的分解与保留——论农地"三权分置"的法律构造》,载《法律科学》2017年第3期,第141—150页;蔡立东、姜楠:《农地三权分置的法实现》,载《中国社会科学》2017年第5期,第102—122页。

[4] 参见谢鸿飞:《〈民法典〉中土地经营权的赋权逻辑与法律性质》,载《广东社会科学》2021年第1期,第234页。

流转合同等进行了规定。另外,修正后的《农村土地承包法》对此项权利的权利内容、融资担保等制度进行了具体规范,亦对"四荒地"经营权予以了制度确认。

在土地经营权的研究过程中,颇具争议的一个问题便是如何对土地经营权进行定性。① 土地经营权这一概念一经提出,便在学界引发了对其性质的热烈探讨。在此过程中,学界提出了一系列颇具理论和实践价值的学术观点。若一项农地政策在向法律制度的转化过程中缺乏权利概念的准确表达,那么,此项制度在构建之初便缺乏权利体系构建的基础,进而会导致与其相关的制度构建产生及存在先天的缺陷。② 毕竟,依据私法逻辑,任何法律制度的构建,均需要以法律概念的准确定性为基本前提。

但是,既有的法律均没有对其明确定性,而关于土地经营权的定性,学界也呈现较为混乱的现象。一方面,对于此项经营权的法律属性,现行法律制度没有进行明确规范,而是对此采用了较为含糊的表态方式,甚至形成了可物权、可债权的局面。③ 另一方面,立法对土地经营权定性所呈现的两面性,使得学术界就其定性的学术分歧保持开放状态。④ 聚焦于化解农地实践中存在的问题,尽管《农村土地承包法》在修正后规定了土地经营权的权利类型,但是,淡化了此项权利的性质。⑤ 有学者认为,从功能主义出发,《民法典》把经由出租形成的权利称为土地经营权,同时,特别做出了流转期限在五年以上的此项权利采取登记对抗主义的规定,增加了对此项权利进行定性的难度。⑥ 立法机关认为,在实践中存在着不同类型的土地经营权,立法不应简单化地认定此项权利的性质,应当把对权利定性的选择权赋予当事人。⑦

目前,学界大多关注农户享有的承包经营权经由流转所产生的经营权,包括对新创设的土地经营权在农地"三权分置"权利结构中的生成路径、权利性质

---

① 参见于飞:《从农村土地承包法到民法典物权编:"三权分置"法律表达的完善》,载《法学杂志》2020年第2期,第70页。
② 参见高海:《农地入股合作社的组织属性与立法模式——从农村土地股份合作社的名不符实谈起》,载《南京农业大学学报(社会科学版)》2014年第1期,第83—92页。
③ 参见宋志红:《三权分置下农地流转权利体系重构研究》,载《中国法学》2018年第4期,第284页。
④ 参见高海:《"三权"分置的法构造——以2019年〈农村土地承包法〉为分析对象》,载《南京农业大学学报(社会科学版)》2019年第1期,第103页。
⑤ 参见刘振伟:《巩固和完善农村基本经营制度》,载《农村工作通讯》2019年第1期,第22页。
⑥ 参见郭志京:《民法典视野下土地经营权的形成机制与体系结构》,载《法学家》2020年第6期,第29页。
⑦ 参见黄薇主编:《中华人民共和国民法典物权编解读》,中国法制出版社2020年版,第474页。

以及担保融资等问题从事的研究。① 尤其是,就土地经营权而言,学界对此分歧最大的焦点在于此项权利的法律属性。② 具体而言,围绕农地"三权分置"权利结构下新创设的土地经营权的性质,学界提出了物权说、债权说以及把其区分为债权和物权双重属性的"二元论"。③ 但是,从解释论而言,法律并未指明抑或说回避了此项权利究竟是债权还是物权这一问题。④ 在农地"三权分置"权利体系中,关于土地经营权究竟是物权还是债权的争议,体现了现有的民法理论和农地法治实践之间的张力。⑤

对土地经营权的准确定性意义重大,直接影响到农地权利体系的构建。⑥ 对此问题,在《农村土地承包法》的修正过程中至少形成了"物权说""债权说""物权化债权说"等不同的观点。在《农村土地承包法》修正之后,由于立法对此未予明确,学界纷争并未停止。⑦《民法典》是基础性法律,经由农地"三权分置"权利结构将承包地政策予以细化是法典编纂的重要制度创新之一。从制度安排看,《民法典》将承包经营权进行专章规定,同时,在该章中创设土地经营权制度,后者没有被作为专章规定。尤其是,土地经营权被创制成一项独立的权利,而非其他权利的权能,这使得对此项权利定性的争议得以延续。⑧ 申言之,在《民法典》实施后,对其仍存在着债权说和物权说等不同的观点⑨,与此相伴,

---

① 参见吴昭军:《土地经营权体系的内部冲突与调适》,载《中国土地科学》2020年第7期,第9页。
② 参见龙卫球:《民法典物权编"三权分置"的体制抉择与物权协同架构模式——基于新型协同财产权理论的分析视角》,载《东方法学》2020年第4期,第96—98页;宋志红:《三权分置下农地流转权利体系重构研究》,载《中国法学》2018年第4期,第283—284页;单平基:《"三权分置"中土地经营权债权定性的证成》,载《法学》2018年第10期,第37—51页;蔡立东:《土地承包权、土地经营权的性质阐释》,载《交大法学》2018年第4期,第20—30页。
③ 参见宋志红:《再论土地经营权的性质——基于对〈农村土地承包法〉的目的解释》,载《东方法学》2020年第2期,第146—158页。
④ 参见刘振伟:《巩固和完善农村基本经营制度》,载《农村工作通讯》2019年第1期,第20页。
⑤ 参见龙卫球:《民法典物权编"三权分置"的体制抉择与物权协同架构模式——基于新型协同财产权理论的分析视角》,载《东方法学》2020年第4期,第99页。
⑥ 参见高海、李红梅:《农垦"两田制"变化与农用地权利体系重构——国有与集体两类农用地比较的视角》,载《中国农村经济》2020年第6期,第50页。
⑦ 参见房绍坤:《民法典用益物权规范的修正与创设》,载《法商研究》2020年第4期,第40页。
⑧ 参见谢鸿飞:《〈民法典〉中土地经营权的赋权逻辑与法律性质》,载《广东社会科学》2021年第1期,第226页。
⑨ 参见房绍坤:《民法典物权编之检视》,载《东方法学》2020年第4期,第86页。

对于《民法典》所创设的土地经营权在解释论角度仍存在争议[①]。立法机关对此解释为,立法不简单确定其性质,而是依据权利期限长短予以不同安排。[②]

关于土地经营权的定性,物权说认为,此项权利是从承包地所有权中派生出的用益物权。[③] 当然,也有一些学者认为,此项权利是一种次级用益物权,认为农户享有的承包经营权和新型经营主体享有的经营权属于不同层级的两项用益物权,二者竞存不存在冲突情况。[④] 债权说认为,在土地承包经营权已被界定成一项物权的情形下,依据一物一权原理,土地经营权就应设定为一项债权。[⑤] 有学者认为,土地经营权的债权说存在理论上的缺陷,不能实现法目的,而用益物权说具有理论优势。[⑥] 具体而言,围绕该问题的学说至少体现为以下五个方面。

(一) 用益物权说

有学者主张,就《民法典》解释而言,流转期限在五年以上的土地经营权的法律性质应当定性为用益物权。[⑦] 如此主张的原因在于,首先,就此项权利所处的法典位置而言,《民法典》把流转期限在五年以上的此项权利规定于物权编的"土地承包经营权"章中,此种安排便排除了将它定性为债权的可能。毕竟,如果此项权利是债权,那么,就无须由《民法典》物权编进行规范。其次,《民法典》对流转期限在五年以下的此项权利并未规范,体现了对此做区分处理的态度,即不将流转期限不满五年者定性为用益物权。如此进行区分规范的原因在于,流转期限为五年以上的此项权利更需要获得稳定的经营预期,因而需要被赋予物权性的法律效力。最后,流转期限为五年以上的此项权利采债权意思主义,此种权利的取得方式、登记效力同其他用益物权类型,如土地承包经营权、

---

① 参见高海:《论农垦职工基本田承包经营权的性质与构造——兼论〈民法典〉中土地经营权的规定》,载《当代法学》2020年第6期,第61页。
② 参见黄薇主编:《中华人民共和国民法典物权编释义》,法律出版社2020年版,第357页。
③ 参见刘禹宏、杨凯越:《三权分置:农地产权制度创新的权能分离之法理考量》,载《财贸研究》2019年第1期,第65—73页。
④ 参见蔡立东、姜楠:《承包权与经营权分置的法构造》,载《法学研究》2015年第3期,第31—46页。
⑤ 参见单平基:《"三权分置"中土地经营权债权定性的证成》,载《法学》2018年第10期,第37—51页;陈小君:《我国农村土地法律制度变革的思路与框架——十八届三中全会〈决定〉相关内容解读》,载《法学研究》2014年第4期,第4—25页。
⑥ 参见房绍坤、林广会:《土地经营权的权利属性探析——兼评新修订〈农村土地承包法〉的相关规定》,载《中州学刊》2019年第3期,第45—54页。
⑦ 参见房绍坤:《土地经营权入典的时代价值》,载《探索与争鸣》2020年第5期,第14页。

地役权的一些规定相似,可类推做同样的适用解释,即将其解释为一项以对农地占有、使用和收益为内容的用益物权。

有学者认为,认定土地经营权的用益物权属性,可赋予新型土地经营者以更为稳定的农业经营预期。原因在于,物权的效力比债权更加强大,新型土地经营权人可以此对抗其他人的不法侵害。① 另外,对此项权利进行物权定性,也可以使土地经营权的存续期限突破《民法典》对租赁合同最长 20 年租赁期限的限制,加之可对其进行登记,则更加增强了土地经营权适度流转的可能性。②

另有观点认为,土地经营权的物权化可保障此项权利的稳定性和对抗性,实现此项权利的流转及抵押,进而经由规模经营实现未来农业发展的制度改革目的。③ 但是,于用益物权之上再设立一项相同性质的权利,二者会产生权利冲突。④

(二) 次级用益物权说

此种学说主张改变传统民法理论关于用益物权的设置所采用的单层结构的做法,改采用益物权设置的多层权利结构。⑤ 应当看到,按照此种解读方式,尝试把经由承包经营权的流转而生成的经营权纳入传统的用益物权体系中予以解释,使其符合权利生成逻辑,值得肯定。但是,这同物权体系构造不相契合。事实上,多重权利的结构安排并非新鲜事物,在我国封建时期的农村土地权利结构中已经出现,但是,无论设置几重权利,这些权利的支配对象均是土地,而非以权利为支配对象。⑥

就民事权利体系而言,土地经营权应当定性为生发自承包经营权的一项次级用益物权。⑦ 主张权利用益物权说的学者认为,土地经营权的母权基础不是

---

① 参见蔡立东、姜楠:《承包权与经营权分置的法构造》,载《法学研究》2015 年第 3 期,第 31—46 页。
② 参见孙宪忠:《推进农地三权分置经营模式的立法研究》,载《中国社会科学》2016 年第 7 期,第 145—163 页。
③ 参见郭志京:《民法典视野下土地经营权的形成机制与体系结构》,载《法学家》2020 年第 6 期,第 27 页。
④ 参见吴义龙:《"三权分置"论的法律逻辑、政策阐释及制度替代》,载《法学家》2016 年第 4 期,第 31 页。
⑤ 参见蔡立东:《土地承包权、土地经营权的性质阐释》,载《交大法学》2018 年第 4 期,第 20—30 页。
⑥ 参见李国强:《〈民法典〉中两种"土地经营权"的体系构造》,载《浙江工商大学学报》2020 年第 5 期,第 29 页。
⑦ 参见张晓娟:《三权分置背景下农村土地经营权抵押规则之构建》,载《重庆社会科学》2019 第 9 期,第 17 页。

农村土地所有权,而是作为权利主体的农户享有的承包经营权,因而,在农地"三权分置"权利体系下,土地经营权是另一项他物权。依据此学说,它的本质为一项用益物权,准确而言,属于一项权利用益物权。①

(三) 债权说

有学者认为,土地经营权应定性为一项债权,但是可经由登记以给予其类似物权化的法律保护。② 有学者认为,没有进行登记的土地经营权,无论此项权利期限长短,在本质上均应认定为土地租赁权。这不是一项新的权利类型,也不应被涵括于土地经营权的概念之下,而是应当通过《民法典》中的租赁合同制度进行调整。③

在大陆法系的私权体系下,物权和债权界限相对明晰,二者也共同构建起我国财产权体系的基本结构。然而,土地经营权的权利性质并不清晰,如此模糊的定性也无法理清物权和债权的界限,极易导致制度适用的混乱,影响到土地经营权的顺畅流转以及交易安全,需要通过物权、债权相区分的思维以对此项权利的法律属性进行界定,发挥处理承包地使用权流转问题的指导作用。④

(四) 区分定性说

有学者认为,宜依循区分定性路径,把由土地承包经营权流转生发的土地经营权以及设定在农地所有权上的土地经营权解释成蕴含着物权和债权性的权利性质。对于前者而言,期限五年以上者为用益物权,而不满五年的此项权利则定性为债权。⑤ 另有学者认为,蕴含用益物权性质的土地经营权的本质属于人役权的范畴。⑥

有学者认为,法律对土地经营权没有采用统一的定性方式,而是以经营期限五年为界,不满五年者为一项债权,五年以上者应定性为一项用益物权,另

---

① 参见蔡立东、姜楠:《承包权与经营权分置的法构造》,载《法学研究》2015年第3期,第37页。
② 参见高圣平:《农村土地承包法修改后的承包地法权配置》,载《法学研究》2019年第5期,第44—62页。
③ 参见于飞:《从农村土地承包法到民法典物权编:"三权分置"法律表达的完善》,载《法学杂志》2020年第2期,第73页。
④ 参见陶密:《土地经营权的权利类型及规范逻辑解析》,载《中国法律评论》2021年第1期,第82页。
⑤ 参见宋志红:《再论土地经营权的性质——基于对〈农村土地承包法〉的目的解释》,载《东方法学》2020年第2期,第146—158页。
⑥ 参见姜楠:《土地经营权的性质认定及其体系效应——以民法典编纂与〈农村土地承包法〉的修订为背景》,载《当代法学》2019年第6期,第26—36页。

外,如果此项权利未经登记则无法对抗善意第三人。① 有学者认为,在此轮农地法制改革过程中,若把农地"三权分置"权利体系下的土地经营权入股认定为一项债权入股,那么,运用承包经营权的租赁方式就能够在法律层面解决这一困境,也就不需要经由复杂的规范设计,花费立法成本。此次推行的农地权利体系改革,便是希冀经由抵押、入股等多种权利路径,使农户能够获取较之前更多的承包地财产权益,助推承包地集约化经营的开展。② 有学者认为,此项权利蕴含着债权和物权之双重性质,有助于土地经营权纳入《民法典》的制度初衷,也有助于不同法律中相关规范内容的协调。③

有学者认为,就"三权分置"权利结构看,此项经营权不但可以定位为农户经由承包经营权的出租(转包)等形式生发的债权性权利,亦可定位为农户为其他人设定的物权,甚至包括农村集体通过招标、拍卖、公开协商等其他形式设立的物权。此项权利在实现农户社会保障的基础上为助推农业市场化而设立,农户可凭借自己的意愿设定物权或债权性质的土地经营权,进而主张,农地"三权分置"权利结构下的土地经营权的法律属性既不是全部为物权,也不是全部为债权。④ 当然,这一观点在实质上是将物权的种类、内容法定化转由当事人自己选择,忽略了物权法定原则的要求,值得商榷。

(五)新型复合土地权利说

新型土地权利说认为,农地"三权分置"权利体系建构之前的农地权利体系由农村集体土地所有权和农户享有的土地承包经营权所组成,体现为"两权分置"权利结构。⑤ 其中,承包经营权体现为一项复合性的权利类型,在理论上可对此项权利进行再分离。⑥ 有学者认为,土地经营权在本质上是财产权,但是,它的外延并不明确。⑦

可见,在《农村土地承包法》修正后,未对土地经营权应定性为物权抑或债

---

① 参见房绍坤、林广会:《解释论视角下的土地经营权融资担保》,载《吉林大学社会科学学报》2020年第1期,第5页。
② 参见王琳琳:《土地经营权入股法律问题研究》,载《中国政法大学学报》2020年第6期,第100页。
③ 参见姜楠:《土地经营权的性质认定及其体系效应——以民法典编纂与〈农村土地承包法〉的修订为背景》,载《当代法学》2019年第6期,第36页。
④ 参见屈茂辉:《民法典视野下土地经营权全部债权说驳议》,载《当代法学》2020年第6期,第57页。
⑤ 参见刘俊:《土地承包经营权性质探讨》,载《现代法学》2007年第2期,第172页。
⑥ 参见叶兴庆:《从"两权分离"到"三权分离"》,载《中国党政干部论坛》2014年第6期,第9页。
⑦ 参见屈茂辉:《民法典视野下土地经营权全部债权说驳议》,载《当代法学》2020年第6期,第57页。

权进行明确。实际上,关于承包经营权是物权还是债权在之前也争议颇大。[①]即便之前的民法理论大多把此项权利定性为一项用益物权,但是,一直到原《物权法》实施后其方被明确为一种他物权,毕竟在此之前的民法制度中没有真正意义上的物权概念。在《民法通则》中,缺少关于物权和债权区分的权利体系,[②]即便当时的学界基本依循用益物权的理论来解读土地承包经营权制度。

实际上,土地经营权的准确定性对科学构建"放活土地经营权"的流转机制至关重要。原因在于,对于《民法典》的制度架构而言,它无法规范穷尽土地经营权于实践流转过程中出现的所有法律难题。在我国私权体系中对物权和债权进行严格区分的情况下,权利属性的归属决定了此项权利在财产权体系中的基本定位。毕竟,任何一项需经由市场化机制进行流转的财产权都需要遵照物权和债权进行区分的二元格局,以免使该项权利失去流转的既定轨道。如果权利性质界定不清晰,既会导致法律关系在逻辑上发生混乱,也会阻碍此项权利流转制度体系的构建。因此,必须在明晰土地经营权法律属性的前提下,科学构建不同流转形式的法律关系,进而运用法治思维去回应司法实践中所发生的土地经营权流转问题,充分释放农地"三权分置"权利结构的制度优势。[③]

二、无法将土地经营权定性为用益物权或次级用益物权

(一) 土地经营权定性为用益物权或次级用益物权缺少权源基础

自农地"三权分置"权利体系提出之后,如何科学阐释农村土地之上的三项权利之间的关系,一直都是法学界关注的重要问题。对此,学界尝试提出了许多方案以期解决此问题。主张将土地经营权定性为用益物权或次级用益物权的观点,并不鲜见。有学者主张,就权利的特征、功能和效力而言,将土地经营权定性成用益物权的制度优势较为明显,可使此项权利得以直接对抗第三人,用作抵押融资的客体,且权利存续期限更长。[④] 有学者认为,农地"三权分置"

---

① 参见李国强:《〈民法典〉中两种"土地经营权"的体系构造》,载《浙江工商大学学报》2020年第5期,第27页。
② 参见钱明星:《物权法原理》,北京大学出版社1994年版,第290页。
③ 参见陶密:《论流转语境下土地经营权的性质及内涵——以物债区分为视角》,载《中国土地科学》2020年第11期,第19页。
④ 参见孙宪忠:《推进农地三权分置经营模式的立法研究》,载《中国社会科学》2016年第7期,第145—163页。

第四章 土地经营权的生成及其定性

不是在坚持农村集体土地所有权的基础上把土地承包经营权分置成"土地承包权"和土地经营权,土地经营权也并非将承包经营权作为客体的一项权利用益物权,而是应将土地经营权界定成从集体土地所有权中所派生以特定农地为客体,且以从事农业经营为权利内容的一项用益物权。[1] 孙宪忠认为,传统私法理论下的自所有权派生出用益物权的思路无法阐释农户享有的土地承包经营权和农村集体土地所有权之间的关系,需要把土地承包经营权置于我国集体所有制之下方可理解土地承包经营权和土地经营权的分离。[2] 蔡立东主张,可以适度放宽私法中物权的客体范围,把承包经营权也可当作物权客体,进而突破目前承包地权利构建过程中存在的困境。[3] 朱广新认为,可把土地经营权设计为一种"次级承包经营权",且主张这一权利概念可经由我国用益物权体系的解释以取得正当性基础。[4] 例如,在德国民法中,在一项地上权之上可设定下级地上权,并使其具有可予转让的功能。在土地之上可设定权利负担,但是,此项权利的设置不应超越原地上权人的权限。[5] 卡尔·拉伦茨认为,权利客体体现出层次性。第一层次的权利客体指向的是有体物;第二层次的权利客体指向的是权利和法律关系;第三层次的权利客体指向的是可处分的财产上利益。[6]

此时,有一个问题将无法回避,那就是,土地经营权的母权基础为何?依循法学逻辑以及权能分离理论,一项权利中蕴含着多项权能,这些权能可以经由权利分离从原权利中脱离出来并聚合成新的权利类型。作为用益物权性质的他物权的生成,需要有母权作为权源基础,没有母权便不会生成他物权。例如,对于土地承包经营权的生成而言,此项权利由农村土地集体所有权派生而来,其分享了从农村土地集体所有权中分离出的占有、使用和收益权能,聚集形成

---

[1] 参见谢潇:《民法典编纂视野下土地经营权概念及规则的妥当构造》,载《当代法学》2020 年第 1 期,第 39 页。
[2] 参见孙宪忠:《推进农地三权分置经营模式的立法研究》,载《中国社会科学》2016 年第 7 期,第 145—163 页。
[3] 参见蔡立东、姜楠:《承包权与经营权分置的法构造》,载《法学研究》2015 年第 3 期,第 31—46 页。
[4] 参见朱广新:《土地承包权与经营权分离的政策意蕴与法制完善》,载《法学》2015 年第 11 期,第 88—100 页。
[5] 参见[德]鲍尔·施蒂尔纳:《德国物权法》(上册),张双根译,法律出版社 2004 年版,第 652—653 页。
[6] 参见[德]卡尔·拉伦茨:《德国民法通论》(上册),王晓晔、邵建东、程建英,等译,法律出版社 2003 年版,第 377—378 页。

他物权。① 那么,土地经营权的母权为何呢?

一种可能的解释路径是:把土地承包经营权解读为母权,将由此生发的权能所聚集而成的土地经营权作为子权。② 另外,可能也有此种路径,即认为承包经营权的客体不是承包地,而是农村集体土地所有权,仅有土地所有权的客体才能是物,而其他物权的客体指向的都是权利。但是,此观点不符合私权逻辑。依据民法理论,用益物权的客体指向的是不动产,于动产和其他权利之上无法设立用益物权。③ 依据传统民法理论,用益物权派生自所有权,得益于所有权权能分离和重新分配的结果。④ 另外,包括《民法典》在内的法律制度都未规定一项权利可成为用益物权的客体,即便地役权的客体指向的也是供役地。⑤ 依循《民法典》第一百一十五条,一项权利如果能够作为物权的客体需要以法律的特别规定为前提。

针对将土地经营权定性为次级用益物权的观点,需注意,在德国民法体系中,地上权人得以设定所谓次级地上权的前提是土地所有权以及地上权具有可转让性,反观我国则并非如此,土地所有权是无法转让的,而土地承包经营权的移转也受到许多限制。这一前提条件的差异决定了无法简单套用概念,而是应从整个制度体系角度探讨设立次级用益物权有可能引发的效应,进而判断其可行性。⑥

换句话说,我们能否进一步认为农户享有的承包经营权这一用益物权也可派生出一项作为用益物权本质的新的土地经营权呢? 实际上,"权利用益物权说"这一观点就是此种逻辑,具体而言,将所有权规则适用在承包经营权这一权利中,包括将所有权的弹力性赋予此项用益物权,进而完成此项权利的制度构造。依据"权利用益物权说",可从一项用益物权中派生出另一项用益物权。但是,此项观点值得商榷。因为,它始终无法绕过物权客体理论的诘责,存在着过

---

① 参见单平基:《三权分置理论反思与土地承包经营权困境的解决路径》,载《法学》2016 年第 9 期,第 54—66 页。
② 参见崔建远:《民法分则物权编立法研究》,载《中国法学》2017 年第 2 期,第 54—55 页。
③ 参见房绍坤:《用益物权基本问题研究》,北京大学出版社 2006 年版,第 169 页。
④ 参见尹田:《法国物权法》,法律出版社 2009 年版,第 350 页。
⑤ 参见李国强:《〈民法典〉中两种"土地经营权"的体系构造》,载《浙江工商大学学报》2020 年第 5 期,第 28 页。
⑥ 参见李凤章:《宅基地使用权流转应采用"退出—出让"模式》,载《政治与法律》2020 年第 9 期,第 111 页。

度推演的缺陷。① 因为农户享有的承包经营权的本质便是一项他物权,由一项他物权中无法再次派生出另一项与其内容和性质相冲突的他物权。因此,用益物权说不存在合适的法理基点。② 若将此项经营权定性成物权,那么,其可能引发承包地权利体系的混乱。农户享有的承包经营权是一项他物权,若由其又派生出一项他物权性质的经营权,则悖离了他物权的生成逻辑,导致二者之间叠床架屋,在同宗农地之上形成数个具有重复性的循环物权类型。③

从功利主义看,把土地经营权界定成一项用益物权旨在保护新型农业经营主体的经营预期。然而,现有理论在处理农地"三权分置"问题时会面临难题,会遇到逻辑困境。功能主义的逻辑在于,把各种社会性因素置于产权或实际占有关系之外进行考量,但是,我们会发现,这种逻辑会忽视产权权利体系结构的存在。④ 民法使一项权利具有用益物权效力,进而使其能够对他人享有的不动产予以使用、收益的原因,不是立法机关的主观决定,而是蕴含着法律技术因素的考量,所欲达到的立法目的也不仅在于建立人对于物的支配关系,更在于确立物权人对其他人的排他性和对抗性。⑤ 由此观之,我国民法使基于债权协议产生的土地经营权具有物权属性缺乏法理根基。

实际上,把土地经营权定性成一项物权与物权法定的要求无法契合。毕竟,此项权利的基本特征以及权利内容均不清晰,而各种类型的经营权都被纳入此项权利的范畴之中无疑又增加了对此项权利进行定性的难度。从体系解释看,《农村土地承包法》第四十七条针对土地经营权融资担保需要承包方书面同意的规定,可从侧面佐证此项权利的债权属性。毕竟,如果作为一项物权,则必然具有排他支配性,土地经营权人对于此项权利的行使也应当具有物权性的排他性,但是,《农村土地承包法》显然对此施加了过多的限制,不同于一项用益物权所需要展现的权利效力。

---

① 参见谢潇:《民法典编纂视野下土地经营权概念及规则的妥当构造》,载《当代法学》2020年第1期,第46页。
② 参见申始占:《公有制实现形式下农地权能分置理论的反思与重构》,载《农业经济问题》2019年第9期,第20页。
③ 参见姜红利、宋宗宇:《"三权分置"政策下土地承包权的再确认——基于〈民法典物权编〉的展开》,载《重庆大学学报(社会科学版)》2020年第4期,第203页。
④ 参见熊万胜:《地权的社会构成:理解三权分置之后农村地权的新视角》,载《社会科学》2021年第5期,第72页。
⑤ 参见张翔:《论地役权的物权法律技术——兼论〈民法典〉上居住权、土地经营权的物权性质》,载《西北大学学报(哲学社会科学版)》2021年第2期,第97页。

将土地经营权定性为一项物权的理论无法克服土地集体所有权为何能够生发两项用益物权的诘责。在《民法典》的解释适用中,若将土地承包经营权之上所生发的土地经营权也定性为一项用益物权,那么,这就意味着承认在农地之上存在着双层用益物权的权利结构。[1] 从传统民法理论看,由农村土地所有权派生出限制物权,且前者具有弹力性,但是,需要深究的是,用益物权之上可以继续如农地所有权那样派生出新的用益物权吗?[2] 在土地经营权的定性过程中,不宜弱化农村集体土地所有权对该项权利的实际影响。"放活土地经营权"并不意味着要把土地经营权定性为一项用益物权,二者并不必然挂钩。另外,是否要把土地经营权创设为具有支配性的一项权利牵涉到价值判断,不能断然下结论。[3] 依据"一物一权"原则的要求,在同一个物上无法同时并存两项或两项以上内容和性质相冲突的用益物权,于用益物权之上再行设定具有相近权利内容的用益物权的制度安排,本质上是人为地把法律关系复杂化,尤其是,于传统大陆法系关于物债二分的法体系下,此种制度设计更难谓科学。[4] 如果将土地经营权也定位成一种物权,那么,它在登记之后,将出现两项性质及内容相同的权利,难免会出现重复立法的现象,既无必要,也对理论和实践无益。[5]

农村集体土地所有权之上因为设有土地承包经营权而受到限制,待解除此项限制之后权利状态方得以恢复圆满,也方有生发出新的用益物权的可能。由于农户享有的土地承包经营权将作为所有权人的集体对承包地的直接占有、使用排除在外,决定了农地所有权人无法再把土地经营权创设为另一种用益物权,农村集体土地所有权无法同时派生两项内容、性质相冲突的用益物权类型。毕竟,依据民法理论,仅有所有权人方可为他人设定他物权[6],而土地经营权系由承包农户予以设定,若将其定性为用益物权则同法理不符。

---

[1] 参见高海:《论农垦职工基本田承包经营权的性质与构造——兼论〈民法典〉中土地经营权的规定》,载《当代法学》2020年第6期,第61页。

[2] 参见谢潇:《民法典编纂视野下土地经营权概念及规则的妥当构造》,载《当代法学》2020年第1期,第46页。

[3] 参见赵红梅:《农地"三权分置"中集体土地所有权的功能定位——兼解读修正后的〈农村土地承包法〉》,载《法学杂志》2019年第5期,第33页。

[4] 参见李国强:《论农地流转中"三权分置"的法律关系》,载《法律科学》2015年第6期,第179—188页。

[5] 参见陈小君:《土地改革之"三权分置"入法及其实现障碍的解除——评〈农村土地承包法修正案〉》,载《学术月刊》2019年第1期,第91页。

[6] 参见谢在全:《民法物权论(上册)》(修订五版),中国政法大学出版社2011年版,第110页。

另外,若立法机关试图将它的法律性质界定成物权,那么,就应让受让方支付能够取得一项物权的对价(如国有土地使用权出让金),且需要受让方在签订土地经营权流转合同的一定期限内一次性地进行全部支付,而非向土地经营权使用费一样在实践中按年支付。[1] 同时,将它的法律性质界定成一项他物权,不利于农户权益之维护。从农村集体土地中获取收益是涉及农户的根本权益的问题。在农地"三权分置"权利结构中继续承继土地承包经营权制度的原因就是要给予农户最基本的保障。反之,若把土地经营权定性成一项他物权,且允许其能够再流转或担保融资,那么,就需要给予农户充分的对价,仅规定土地经营权人从事上述行为需经承包方的书面同意并不够。[2]

实际上,如果把《民法典》第三百四十一条经由出租生发的超过五年期限的此项经营权解释成一项权利用益物权,那么,这需要处理和《民法典》中租赁合同所产生的债权之间的冲突问题。诚如学者所言,若把因出租生发的经营权也定性成物权,则会使其对民法体系造成不利影响。[3] 试问,如果对此项经营权做此种定性,那么,《民法典》物权编中的经土地承包经营权出租流转而生成的土地经营权难道是《民法典》合同编中的租赁合同的特别规定吗?二者是特别法和一般法的规范关系吗?[4] 因此,有学者指出,经由出租生成的此项经营权纳入债权体系的范畴更符合理论证成[5],而包括《民法典》在内的法律制度也未将其定位为一项用益物权[6]。

同时,将土地经营权定性成效力性更强的一项物权也将面临实践适用的困境。毕竟,不动产物权的取得通常需要经由登记进行公示,登记一般也应成为此项物权的必备要件。但是,在当前我国农地确权登记尚未完成的情况下,若要求土地经营权进行强制性登记,则会给不动产登记机构引发一定的实践困境和压力。相反,若不将此项权利进行登记,那么,它的对抗性和债权又无甚区

---

[1] 参见刘锐:《〈民法典(草案)〉的土地经营权规定应实质性修改》,载《行政管理改革》2020年第2期,第13页。
[2] 参见刘锐:《〈民法典(草案)〉的土地经营权规定应实质性修改》,载《行政管理改革》2020年第2期,第16页。
[3] 参见宋志红:《再论土地经营权的性质——基于对〈农村土地承包法〉的目的解释》,载《东方法学》2020年第2期,第153页。
[4] 参见高海:《论农垦职工基本田承包经营权的性质与构造——兼论〈民法典〉中土地经营权的规定》,载《当代法学》2020年第6期,第61—62页。
[5] 参见崔建远:《物权编对四种他物权制度的完善和发展》,载《中国法学》2020年第4期,第32页。
[6] 参见高圣平:《民法典物权编的发展与展望》,载《中国人民大学学报》2020年第4期,第25页。

别。毕竟,债权也可基于对农地的占有而形成对抗公示性。[1] 循此,将土地经营权的法律属性纳入单一的物权范畴,在理论上存在明显的不足,在实践上也没有起到更好的效果。

(二) 土地经营权的对抗性问题

主张土地经营权的法律属性为"用益物权说"而否认"债权说"的重要原因在于,一项物权蕴含着对世性的绝对效力,相反,一项债权却是属于当事人之间的一项相对权。有学者认为,基于法政策的要求,土地经营权作为此次农地改革的重要成果,将其定性为债权在权利效力、权利期限以及对经营主体的保障性等方面均具有制度性弱势。[2]

土地经营权人对于农地的经营,不必然需要经由土地经营权的物权定性来实现。究竟应否赋予此项权利以物权性质,主要取决于在农地经营过程中此项权利是否只能经由物权定性方能使其具有排他性。[3] 物权和债权的区分在法律保护的效力上存在强弱之分吗？一般而言,物权具有的对世性效力使其可获得侵权制度的救济,而债权相对性原则关注的是特定相对人的履行。但是,债权所具有的相对性并不意味着此项权利不受侵权制度保护,也不意味着其他人无法侵犯到此项权利,更不能由此认定对债权的保护就属于弱势。[4] 实际上,物权所具有的对世性特征,最终也将落实到特定的侵权人,进而体现对人效果。

就制度构造看,土地经营权以占有为外部表征,无论此项权利的法律性质如何,经营权人实际占有农地的事实可使其具有公示性,进而对抗其他人对土地经营权的不法侵害。因而,就对抗其他人的不法侵害而言,是否赋予土地经营权以物权性质意义不大。[5] 其实,这与土地承包经营权的公示性具有类似之处。在城乡二元结构之下,农村熟人社会决定了在集体经济组织内部对承包经营方案的讨论、公布、实施以及承包经营合同的签订均是一种公示形式,加之农

---

[1] 参见王辉:《论土地经营权的二元法律属性及其实践价值》,载《浙江学刊》2019年第3期,第98页。
[2] 参见谭启平:《"三权分置"的中国民法典确认与表达》,载《北方法学》2018年第5期,第5—15页。
[3] 参见张翔:《论地役权的物权法律技术——兼论〈民法典〉上居住权、土地经营权的物权性质》,载《西北大学学报(哲学社会科学版)》2021年第2期,第108页。
[4] 参见张淞纶:《三权分置的挑战与〈民法典〉的回答》,载《河北法学》2021年第4期,第16页。
[5] 参见张翔:《论地役权的物权法律技术——兼论〈民法典〉上居住权、土地经营权的物权性质》,载《西北大学学报(哲学社会科学版)》2021年第2期,第108页。

户对农地进行占有的事实，已足以对农地的利用关系进行公示，而无须进行登记。[1]

主张把土地经营权界定成物权而非对其债权定性的一项理由在于前者更为稳定，主要原因是认为具有支配性的物权的存续期限一般较长，而债权则刚好相反。实际上，这种观点不能成立，不排除债权也存在较长的期限。例如，《民法典》第七百零五条有关于租赁合同20年最长租期的规定，那么，如果把土地经营权定性成债权，它是否需要适用上述租赁合同制度中的最长租赁期限的限制呢？回答是否定的。就解释论看，如果把《农村土地承包法》第二十一条关于农地承包期限的规定同该法第三十八条第二款第三项关于经营权期限不得超过承包期的剩余期限予以体系性理解，便可看出，法律允许经营权的权利期限长于20年。加之《农村土地承包法》相较于《民法典》属于特别法的范畴，这决定了不论土地经营权是何种性质，在权利存续期限上，均可排除租赁合同最长期限一般规则的适用。[2]

不论是把流转而生发的经营权界定为物权，抑或债权，均会受到法律的强制性保护，不存在所谓违约风险孰轻孰重的问题。在现代法治理念下，即便是债权合同也应如物权一样受到法律的强制性保护。法律对于债权合同的签订、成立、生效、无效、可撤销、解除、违约责任等都有严格的限制，违反合同约定者需要依法承担法律责任，不存在所谓随时收回经营权的问题。另外，我国实行的物权变动的有因性，也决定了即便把它界定成物权，当土地经营权流转合同存在效力性瑕疵而被撤销或解除时，也会影响到此项物权的变动。[3] 循此，把它界定为物权抑或债权，其所面对的法律风险没有区别。

三、权利期限长短、登记与否无法作为权利定性的依据

（一）关于土地经营权区分定性的观点

修正之后的《农村土地承包法》在法律层面确立了"三权分置"的制度安排，

---

[1] 参见高圣平：《土地承包经营权制度与民法典物权编编纂——评〈民法典物权编（草案二次审议稿）〉》，载《法商研究》2019年第6期，第21页。
[2] 参见张翔：《论地役权的物权法律技术——兼论〈民法典〉上居住权、土地经营权的物权性质》，载《西北大学学报（哲学社会科学版）》2021年第2期，第109页。
[3] 参见张翔：《论地役权的物权法律技术——兼论〈民法典〉上居住权、土地经营权的物权性质》，载《西北大学学报（哲学社会科学版）》2021年第2期，第109页。

创设了土地经营权,但是,它采取实用主义的立法思路,未界定此项权利的法律属性。①　主张对土地经营权进行二元化区分定性者主要又可以具体分为两种解释路径:其一,主张经登记的此项权利为物权,未经登记者为债权;②其二,主张流转期限短(如低于五年)者为债权,期限长者为物权。③　有学者主张,以期限(五年)区分定性此项经营权为用益物权或债权。④

　　土地经营权入典后,就意味着它一定应当被认定为一项用益物权吗? 对此,学者往往认为,蕴含着用益物权属性者是《民法典》第三百四十一条中所规定的超过五年的此项权利,或者说,是《民法典》第三百四十二条所规定的以其他方式设立的土地经营权;⑤相反,《民法典》第三百三十九条、第三百四十条中规定的此项权利并没有将期限在五年以下者进行排除。也就是说,此项权利中也应涵括债权性质的权利类型,而界定成用益物权者仍然需要把《民法典》第三百三十九条以及第三百四十条作限于五年以上期限的解释。⑥　有学者认为,此项权利定性较为模糊,为采用二元化的解释路径提供了可能,应将《民法典》中流转期限五年以上的此项权利的性质解读为一项物权,同时,应把以出租方式进行流转且期限为五年以下的此项权利定性为债权。⑦　有学者主张依据土地经营权流转期限的长短对其区分定性,把期限在五年以下的此项权利定性为债权,把五年以上且已登记的此项权利定性为物权。⑧　另外,也有学者主张按是否进行登记来对此项权利进行区分定性,已登记者为用益物权,未登记者则主

---

① 　刘振伟:《巩固和完善农村基本经营制度》,载《农村工作通讯》2019 年第 1 期,第 20 页。
② 　参见王铁雄:《农村承包地三权分置制度入典研究》,载《河北法学》2020 年第 1 期,第 20—42 页。
③ 　参见王利明:《我国民法典物权编的修改与完善》,载《清华法学》2018 年第 2 期,第 6—22 页。
④ 　参见宋志红:《再论土地经营权的性质——基于对〈农村土地承包法〉的目的解释》,载《东方法学》2020 年第 2 期,第 146—158 页。
⑤ 　参见谢潇:《民法典编纂视野下土地经营权概念及规则的妥当构造》,载《当代法学》2020 年第 1 期,第 47 页。
⑥ 　参见高海:《论农垦职工基本田承包经营权的性质与构造——兼论〈民法典〉中土地经营权的规定》,载《当代法学》2020 年第 6 期,第 62 页。
⑦ 　参见郭志京:《民法典视野下土地经营权的形成机制与体系结构》,载《法学家》2020 年第 6 期,第 39 页。
⑧ 　参见房绍坤:《土地经营权入典的时代价值》,载《探索与争鸣》2020 年第 5 期,第 14 页;祝之舟:《农村土地承包法修改的制度要点与实施问题研究》,载《南京农业大学学报(社会科学版)》2019 年第 4 期,第 93 页。

要依据当事人之间所订立的流转合同来保持债权性质。[1]

基于土地经营权的不同流转期限,有学者认为,这种区分化规定具有非常重要的意义,彰显了期限超过五年者之用益物权属性。[2]《民法典》第三百四十一条承继了《农村土地承包法》第四十一条区分经营权期限长短的相关规范,并对此进行了完善,体现为,期限超过五年者,自流转合同生效时设立,且在登记后可对善意第三人具有对抗效力。之所以如此进行制度设计,立法机关给出的解释是,在承包地实践中,有的经营期限的需求较短,有的则较长,大致可以五年为界,五年以上者经登记可定性为物权,五年以下者不予登记,应作债权定性。[3]另外,有学者借助英美法系的客体权益分离理论以及大陆法系的权能分离理论探讨土地经营权的属性,认为其兼具债权和物权的双重属性,在保持农户的承包经营权不变的前提下从中分离出独立的土地经营权,主张于《民法典》的合同编增设农地租赁经营合同以对债权性的经营权进行规范,同时,于《民法典》的物权编创设"农用地使用权"以对物权性的经营权予以规范。[4]

"二元说"实际上是把能够登记的经营权认定成物权,也就是说,将登记能力等同于物权属性,但坚持"债权说"也主张可将经营权予以登记,由此可见,登记不是将其进行物权和债权区分的标志,以此进行定性并不严谨。[5]"二元说"或者说区分说,实际上是一种折中观点。把期限超过五年者确定为他物权,而五年以下者定性为债权。有学者认为,这种观点虽然可满足多样的实践需求,但是,这种观点却必须将《农村土地承包法》第三十六条进行限缩性的法律解释,即把"出租(转包)"等债权性流转方式仅限定为不满五年期限的经营权类型。[6] 显而易见,这种阐释路径并不足取。

---

[1] 参见房绍坤、林广会:《土地经营权的权利属性探析——兼评新修订〈农村土地承包法〉的相关规定》,载《中州学刊》2019年第3期,第53页。

[2] 参见房绍坤:《民法典用益物权规范的修正与创设》,载《法商研究》2020年第4期,第41页。

[3] 在2020年1月16日上午由全国人民代表大会常务委员会法制工作委员会民法室组织召开的《中华人民共和国民法典·物权编(草案)》研讨会上,有关领导介绍了这种立法计划和立法目的。转引自崔建远:《物权编对四种他物权制度的完善和发展》,载《中国法学》2020年第4期,第29页。

[4] 参见王铁雄:《土地经营权制度入典研究》,载《法治研究》2020年第1期,第30页。

[5] 参见陶密:《论流转语境下土地经营权的性质及内涵——以物债区分为视角》,载《中国土地科学》2020年第11期,第20页。

[6] 参见宋志红:《再论土地经营权的性质——基于对〈农村土地承包法〉的目的解释》,载《东方法学》2020年第2期,第146—158页。

(二) 土地经营权区分定性的弊病

主张土地经营权蕴含双重属性的观点容易引发其权利定位的困境。虽然将土地经营权的法律性质进行区分定性的二元论观点试图通过此项权利的不同设立方式、期限长短、是否进行登记等情形而将其予以类型化,意在保障其内部结构更清晰,但是,此种解释路径容易导致制度理解的复杂化,引发农地"三权分置"权利体系下的土地经营权制度过于繁杂。[1] 严格来说,这种区分仅仅是一种理论假设和逻辑推演,无法涵括及界清所有的法律关系以及其包含的权利类型,无法满足社会经济的现实发展需求。[2] 在我国当前法律体系之下,在无法破除物权和债权的二元区分的情况下,就需要把土地经营权归为其中的一类。那么,应当如何认定呢?近年来,诸如"债权物权化""物权债权化"以及"混合权利"等学说看似合理,但实则舍弃了物权、债权二者的区分,并不妥适。[3]

实际上,以期限长短或者登记与否对土地经营权区分定性的观点,也存在着区别,甚至呈现混乱景象。修正后的《农村土地承包法》第四十一条以五年为界,确立了登记后此项权利的对抗效力。如果以流转期限作为界定此项权利之法律性质的理由,那么,五年以上者无论是否进行了登记,均应界定成物权,但是,只有登记者方具有对抗效力,没有登记者就不具有对抗效力。依循这种思路,土地经营权就将呈现出三种形态:其一,期限不满五年者是债权;其二,期限为五年以上者若未进行登记,虽是物权,但不具有对抗效力;其三,期限为五年以上者且进行了登记,界定成具有对抗效力的物权。同时,如果以是否登记作为界定此项权利之法律性质的理由,那么,依据《农村土地承包法》第四十一条,土地经营权又将呈现出两种形态:其一,无论期限长短,未登记者,应当界定成债权,无对抗效力;其二,期限为五年以上者且进行了登记,界定成具有对抗效力的物权。[4]

这两种解释路径均值得商榷。其一,以期限长短(五年)为标准去界定一项权利的性质缺乏法理依据。从表面上看,修正后的《农村土地承包法》就是采取的这种思路,并以此区分一项权利是否具有登记能力。但是,经由权利存续期

---

[1] 参见吴昭军:《土地经营权体系的内部冲突与调适》,载《中国土地科学》2020年第7期,第10页。
[2] 参见刘云生:《物权法》,元照出版有限公司2015年版,第8—11页。
[3] 参见刘云生:《土地经营权的生成路径与法权表达》,载《法学论坛》2019年第5期,第25页。
[4] 参见吴昭军:《土地经营权体系的内部冲突与调适》,载《中国土地科学》2020年第7期,第10页。

限来判断一项民事权利的债权抑或物权属性,并不足取。① 虽然一般而言,物权期限较长,债权的期限较短,但是,也不全部如此。有些债权的期限也会较长,例如,房屋租赁权的期限虽然最长可达 20 年,但是,期限较短的用益物权、担保物权等也大有所在②,而租赁权在具体的个案中也可能期限较短。对此,一种可能的解释是,如果期限不同,那么,行为人对此项权利的稳定预期以及是否进行登记的需求可能存在不同,期限较短者可能认为没有必要进行登记,反之,期限较长者,经营权人进行登记的意愿可能就更为强烈。如此理解就会发现《农村土地承包法》第四十一条关于五年期限界定的目的,并非区分物权或债权的定性,而是对一项权利是否具有登记能力进行明确。另外,依据民法理论,对物权和债权进行区分的标准并非权利期限的长短,房屋承租权的期限长达 20 年,但其仍然是一项债权,相反,地役权等即使仅存续两年期限,也不妨碍其为物权的定性。③ 由此可见,土地经营权的法律性质应当具有统一性,而不能人为地以期限长短进行区分和分割。④

其二,借助登记与否去界定一项权利的性质也无理论根基。是否申请权利登记在于当事人的意愿选择。当事人取得一项权利的依据在于其内心意愿,而非登记机关所从事的登记行为。登记的效力主要体现为设权效果和对抗效力,具体取决于法律的规定。登记行为并不是判断一项权利是物权抑或债权的决定性因素。例如,期限超过五年的两个经营权,一项进行了登记,一项未登记,如果将未登记的界定为债权,而登记的界定为物权,那么,也不契合《农村土地承包法》第四十一条的制度意旨。毕竟,该条所规范的也仅是期限五年以上者经登记具有对抗性,而其权利性质并未因登记与否而有差异。⑤ 另外,能够予以登记者亦均非物权。例如,房屋租赁权等。

其三,无论是债权,还是物权,权利的存续期限均可由当事人进行约定。也就是说,若以期限长短对土地经营权定性,那么,当事人的意愿是确定土地经营权流转期限长短的决定性因素。当事人可依据内心意愿在不违反物权法定主

---

① 参见崔建远:《物权编对四种他物权制度的完善和发展》,载《中国法学》2020 年第 4 期,第 31 页。
② 参见王泽鉴:《债法原理》,北京大学出版社 2009 年版,第 40 页。
③ 参见吴昭军:《土地经营权体系的内部冲突与调适》,载《中国土地科学》2020 年第 7 期,第 10 页。
④ 参见房绍坤、林广会:《土地经营权的权利属性探析——兼评新修订〈农村土地承包法〉的相关规定》,载《中州学刊》2019 年第 3 期,第 45—54 页。
⑤ 参见吴昭军:《土地经营权体系的内部冲突与调适》,载《中国土地科学》2020 年第 7 期,第 10—11 页。

义原则的要求下约定他物权期限的长短。另外,修正后的《农村土地承包法》第四十条、《民法典》第三百三十九条等均未禁止当事人做此选择,关于经营权期限长短的当事人约定均为法律所允许。在此情景下,就需要统一地对此项权利进行定性,进而进行整体地对待,只是按照当事人的约定去判断权利的性质,显然不具有充分的理由。[1]

可见,需对此项经营权统一认定成债权。农地法制改革应当以解决承包地实践问题为基本导向。此项改革的重要目标是在维持当前我国农村基本承包经营制度的基础上,尽力经由多种流转形式以放活土地经营权,助推承包地使用权的流转。经由出租等债权协议成立的权利,当然应属于债权属性的经营权。如此定性,可以满足农地实践对于不同期限、权利内容的经营权现实性需求,较之设立物权属性的土地经营权更为自由和多元。另外,此项经营权可凭借登记而具有公示对抗性,进而强化此项权利的稳定性,亦可作为融资担保的客体,进而缓解承包地融资难困境。[2] 循此,此项权利的债权属性可以实现此次承包地"三权分置"法治改革的制度目标。

其四,事实上,以权利期限当作土地经营权的定性根据并不合适。尤其是,据学者考察,在承包地实践中,此项权利的期限长短不像理论设想的那么长久和牢固,大多采取的是一年一付租金的方式,往往是经营者仅能获得支付租金当年对农地的实际经营权,是否可取得对尚未支付后续租金的承包地的直接经营权尚需依据后续的租金支付情况而定。若权利期限太短,则对经营主体经营预期的稳定性不利,也影响其长期投资;相反,若期限过长,又可能会影响农户权益及承包地使用权的调整。因此,为满足不同需求,就要使权利的流转期限兼具稳定性和灵活性。[3] 在债权定性的逻辑之下,权利的期限长短可由行为人决定,更为灵活。[4] 另外,修正之后的《农村土地承包法》没有明确经营权人需一次性支付流转价款,在实践中往往是分年进行支付,与建设用地使用权不同,这在一定程度上也可体现此项权利的债权性质。[5] 例如,土地经营者和承包方

---

[1] 参见崔建远:《物权编对四种他物权制度的完善和发展》,载《中国法学》2020年第4期,第31页。
[2] 参见吴昭军:《土地经营权体系的内部冲突与调适》,载《中国土地科学》2020年第7期,第11页。
[3] 参见孙新华、柳泽凡、周佩萱:《"三权"分置中的地权整合与土地集中利用——以皖南河镇为例》,载《南京农业大学学报(社会科学版)》2020年第1期,第2页,第7页。
[4] 参见李曙光:《农村土地两个三权分置的法律意义》,载《中国法律评论》2019年第5期,第49页。
[5] 参见刘锐:《〈民法典(草案)〉的土地经营权规定应实质性修改》,载《行政管理改革》2020年第2期,第13页。

签订了流转期限为20年的合同,约定租金结算采用一年一付,那么,该经营者直接取得的仅是当年的土地经营权,对于剩余的合同年限,由于租金还没有支付,其是否享有对农地的实际经营权尚待确定。在此情景下,土地经营者就无权将此项权利用作融资担保。[①]

经典产权理论认为,如果土地使用权的流转期限较短,此项权利的受让方将不会注重土地权利的保护,甚至出现暴力开采承包地,进而损害承包地质量的现象。但是,在实践中,权利期限的长短,并不会成为此项权利的转出方对受让方在经营中是否会导致承包地质量损害的判断因素。这也在一定程度上说明,我国土地经营权流转关系无法完全使用市场产权理论去理解,乡土社会自有其自身的运行逻辑。[②] 近年来,从我国农地使用权流转实践看,租赁是该项权利流转的主要形式,且期限长短不同,真正具有适度规模经营以及担保融资需求的比例非常小。[③]

经由法律解释的体系性要求,需要理解立法机关所欲追求的价值理念,进而在整体上对某项权利概念和制度进行解读,避免出现制度解释的体系逆反。毕竟,在民事立法中,尚未出现既是债权亦是物权的分类。在中国所属的大陆法系民法体系中,物权和债权的二元区分是权利定性的基本依据。修正后的《农村土地承包法》所创设的土地经营权也应归入其中的一种,而不宜在破坏权利划分体系的情况下对其做出兼跨物权、债权二元定性的结论。[④] 实际上,将土地经营权区分为物权、债权的"二元说",在很大程度上使得此项权利的定性更加模糊。[⑤] 在既有民事权利体系内部,并无既属物权又系债权的权利类型。[⑥] 简言之,二元性的区分说在现实中不具有可操作性,极易产生司法实践的混乱。

[①] 参见胡小平、毛雨:《为什么土地经营权抵押贷款推进难——基于四川省眉山市彭山区的案例》,载《财经科学》2021年第2期,第114页。

[②] 参见王晓睿:《土地经营权流转中预付租金的实现逻辑》,载《吉首大学学报(社会科学版)》2019年第6期,第156页。

[③] 参见刘锐:《〈民法典(草案)〉的土地经营权规定应实质性修改》,载《行政管理改革》2020年第2期,第16页。

[④] 参见吴昭军:《土地经营权体系的内部冲突与调适》,载《中国土地科学》2020年第7期,第10页。

[⑤] 参见陈小君、肖楚钢:《农村土地经营权的法律性质及其客体之辨——兼评〈民法典〉物权编的土地经营权规则》,载《中州学刊》2020年第12期,第48页。

[⑥] 参见谭启平:《"三权分置"的中国民法典确认与表达》,载《北方法学》2018年第5期,第5—15页。

四、土地经营权的债权定性

(一) 对土地经营权定性为债权的质疑

关于权利客体,有学者认为,将土地经营权认定成债权的观点未注意到该项权利的客体指向的是行为,若把此项权利定性成债权,便应认为其客体和农村集体土地所有权、土地承包经营权的客体并不一样。毕竟,物权的客体是物,而债权的客体是给付行为,而非指向特定的物。也就是说,二者的客体在客观上无法重合,甚至都不能衔接,更不能将二者的客体相等同。为此,该观点认为,债权说将特定的地块认定为土地经营权的客体,不但是对债权性质的否定,也是对此项权利之物权定性的默认。①

关于权利的内涵,有学者认为,将此项经营权认定成债权属性,将会使租赁权和此项经营权相混淆,不但无助于构建农地权利体系,而且也不利于农地"三权分置"的落实以及适度放活土地经营权改革目标的实现。② 有学者认为,如果把土地经营权认定成一项债权,那么,此项权利在本质上就是受让人经由出租形式从农户那里取得的对农地的债权使用权,这种层面上的承包地使用权在之前的农地"两权分离"权利结构中就已经存在。③ 有些学者甚至主张,农地"三权分置"架构的创新点仅是创制了新的权利名称和概念。④ 有学者认为,虽然债权说力图经由法律解释的方式把此项经营权阐释成一种债权性的经营权,然而,这一观点的解读容易把租赁权与此项经营权在本质上相混淆,不利于明晰法律概念,更可能会冲击我国既有的民事权利体系结构。⑤

关于权利登记,有学者认为,经登记的土地经营权就已经成为一项物权,而非物权化的债权。就土地经营权而言,运用此项权利以实现适度规模经营和进行融资恰是创设此项权利制度的重要目的之一。因此,法律已赋予了此项权利

---

① 参见陈小君、肖楚钢:《农村土地经营权的法律性质及其客体之辨——兼评〈民法典〉物权编的土地经营权规则》,载《中州学刊》2020年第12期,第50页。
② 参见陈小君、肖楚钢:《农村土地经营权的法律性质及其客体之辨——兼评〈民法典〉物权编的土地经营权规则》,载《中州学刊》2020年第12期,第48页。
③ 参见屈茂辉:《民法典视野下土地经营权全部债权说驳议》,载《当代法学》2020年第6期,第49页。
④ 参见宋志红:《三权分置下农地流转权利体系重构研究》,载《中国法学》2018年第4期,第286—287页。
⑤ 参见陈小君、肖楚钢:《农村土地经营权的法律性质及其客体之辨——兼评〈民法典〉物权编的土地经营权规则》,载《中州学刊》2020年第12期,第48页。

以登记能力,在履行登记程序的前提下使得该项权利能够起到对抗第三人的效力,实际上旨在使其具有物权的对世效力。此时,这一权利的性质就已并非物权化,而是成为一项纯正的物权。① 有学者对债权说提出批评,将土地经营权的法律性质定性成债权的最大不足,是债权固有的相对性,也就是说,此项权利无法对第三人产生约束力,无对抗性。②

关于权利对抗性,有学者认为,如果把此项经营权定性成债权,那么,其对抗效力会明显弱于将其定性为物权。此项经营权不但无法对抗农村集体所有权,而且也无法对抗作为土地承包经营权人的农户。③

关于权利流转,有学者认为,在此轮农地权利制度改革进程中,把土地经营权认定成债权以实现债权性的承包地使用权流转,并不妥适。④ 有学者认为,它本质上是承包方对土地承包经营权予以物权性流转的结果。⑤ 但是,对此观点的回应是,转让、互换等土地承包经营权的物权性流转路径,并不会产生新的土地经营权,也不会形成新的农地"三权分置"权利体系,更不存在对土地经营权进行定性的问题。同时,因土地承包经营权的入股而产生的土地经营权很难被定性为一项可以同农户的土地承包经营权处于同等地位的用益物权。

关于制度效果,有学者认为,债权说不利于实现农地"三权分置"法制改革将土地经营权进行适当放活的法治改革目标,影响到承包地利用效率的提升以及我国农业现代化的实现。原因在于,农地的债权性利用方式囿于债的相对性特征,其权利期限通常较为随意,蕴含的权利价值亦较为模糊,且不便进行权利的公示。也就是说,在此种学说之下,权利架构的稳定性和权利效力偏低,导致权利人以此项权利予以融资或对农地予以长期投入的动力不足。⑥ 若把农地租赁权解释成债权说所得以主张的土地经营权,那么,这便可能扰乱我国农村

---

① 参见于飞:《从农村土地承包法到民法典物权编:"三权分置"法律表达的完善》,载《法学杂志》2020年第2期,第70页。
② 参见崔建远:《物权编对四种他物权制度的完善和发展》,载《中国法学》2020年第4期,第29页。
③ 参见刘云生:《土地经营权所涉无权占有类型区分与法律适用》,载《法学家》2019年第2期,第137页。
④ 参见陈小君、肖楚钢:《农村土地经营权的法律性质及其客体之辨——兼评〈民法典〉物权编的土地经营权规则》,载《中州学刊》2020年第12期,第49页。
⑤ 参见高飞:《寻找迷失的土地承包经营权制度——以农地"三权分置"政策的法律表达为线索》,载《当代法学》2018年第6期,第14—24页。
⑥ 参见陈小君:《我国涉农民事权利入民法典物权编之思考》,载《广东社会科学》2018年第1期,第219—233页。

土地权利体系,影响到经由农地"三权分置"法制改革以放活土地经营权的目标实现。主张物权说者认为,将土地经营权纳入债权范畴不利于实现农业现代化和保障粮食安全。若将土地经营权定性成债权,极易造成远离城镇的远郊农户选择债权流转方式,进而保护自我权益,会影响到远郊农业现代化的实现。[①]但是,需注意的是,农地法制改革应以遵循既有权利人(承包方)的内心意愿为前提,他们应是自身权益最大化的最佳判断者和最终决定者。

(二) 土地经营权之债权属性证成

1. 债权性质的土地经营权的生成逻辑

农地"三权分置"由农地政策转化成制度规范,不但需要依循经济逻辑,而且要遵循法学逻辑,注重私权的生成、权利定性以及法律保护,运用法律术语和制度逻辑。[②] 就农地"三权分置"的制度实现而言,之前将土地承包经营权入股存在着困境,主要体现为,承包经营权中蕴含着农户的成员资格,需要从此项权利中剥离出去。在土地经营权的生成过程中,承包经营权内所蕴含的农户身份属性得以剥离,使土地经营权成为能够适应市场经济发展的财产性权利。[③] 因此,修正之后的《农村土地承包法》确立了土地经营权这一新的权利类型,使农地"三权分置"权利结构实现了从政策层面到制度规范的转化。

由中央发布的农地政策文件看,农地"三权分置"对新型经营主体之土地经营权的创制,使得这一权利结构可将承包地为农户所用转变成"承包地为全民所用"。[④] 也就是说,就农地制度而言,新型经营主体享有的土地经营权被新创设为一项独立的权利,成为与"两权分离"中的其他两项权利相并立的权利类型。[⑤] 即便法律对土地经营权的法律性质未予明确,但该项权利属于一项财产

[①] 参见陈小君、肖楚钢:《农村土地经营权的法律性质及其客体之辨——兼评〈民法典〉物权编的土地经营权规则》,载《中州学刊》2020年第12期,第49页。

[②] 参见廖洪乐:《农地"两权"分离和"三权"分置的经济学与法学逻辑》,载《南京农业大学学报(社会科学版)》2020年第5期,第111页。

[③] 参见徐超、周骁然:《论承包地入股登记制度的困境及规范建构》,载《农村经济》2020年第7期,第41—42页。

[④] 参见张力、郑志峰:《推进农村土地承包权与经营权再分离的法制构造研究》,载《农业经济问题》2015年第1期,第80页。

[⑤] 参见谢潇:《民法典编纂视野下土地经营权概念及规则的妥当构造》,载《当代法学》2020年第1期,第41页。

权应无异议。① 当承包方经由债权形式流转土地经营权之后,受让方便能够取得因权利流转所生发的此项权利。

农地"三权分置"权利体系实际上蕴含着一种逻辑关系,体现为,先由农地所有权派生出农户之承包经营权,再由后者经流转生发出土地经营权。在此意义上,此项经营权就其本质而言是经由承包经营权而生发的一项合同性权利(债权)。② 以合同约定形式处理土地经营权人、农户与集体之间的法律关系,具有独特的制度优势。经由规范的书面合同可明晰当事人之间的权利义务,依据流转当事人的内心意愿进行合理的利益分配,各当事人也倾向于尊重依其内心意愿订立的合同。③ 实际上,在当事人之间所订立的合同约束之下,当事人权益可有较为确定的保障。④ 当《民法典》物权编对承包地法律关系进行重构时,仍需要兼顾我国物权、债权相区分的权利体系的现实。在承包经营权出租的情景中,作为出租人的承包方和承租人之间形成债权债务关系,之前的承包经营权得以保留,未产生变化,仍然具有物权效力(原《物权法》第一百二十七条第一款)。⑤

农地"三权分置"从"两权分离"权利结构演变而来,经由权利流转而分置出新的权利类型。也可以说,如果没有权利分置就没有土地经营权,也无所谓"三权分置",其本质是经由法律技术实现的制度变革,旨在克服土地承包经营权的流转障碍。在此背景下,于农地"三权分置"权利体系中,立法关于"流转"用语就蕴含着特定的含义,准确而言,所谓流转土地经营权就应当解释成向受让人分置出土地经营权,属于土地经营权的设立过程。⑥

明晰土地经营权的法律定性,既可以促进承包地的高效利用,也能够化解

---

① 参见房绍坤:《土地征收制度的立法完善——以〈土地管理法修正案草案〉为分析对象》,载《法学杂志》2019年第4期,第6页。
② 参见温世扬:《农地流转:困境与出路》,载《法商研究》2014年第2期,第11—16页。
③ 参见李剑:《消费者价格决策方式与建议零售价的法律规制——行为经济学下的解释、验证及其启示》,载《法商研究》2012年第1期,第66—74页。
④ 参见尹亚军:《通过合同的治理——克服农地流转困境的助推策略》,载《社会科学研究》2019年第6期,第76页。
⑤ 参见滕佳一:《承包地利用的守成与突破——以土地经营权法律定位的检讨为中心》,载《交大法学》2021年第1期,第144—154页。
⑥ 参见郭志京:《民法典视野下土地经营权的形成机制与体系结构》,载《法学家》2020年第6期,第26页。

承包地权利体系内部的法律逻辑冲突。① 土地承包经营权人有权采用多种形式流转土地经营权。例如,采用出租、入股或其他方式。应当说,土地承包经营权人也可通过转让、互换等形式流转承包经营权,但是,转让和互换的方式会导致作为农户的转让方丧失此项权利。与此不同,出租、入股等债权性流转方式既可助推土地经营权能够进入市场流通,而且也不会影响农户继续保留承包经营权。另外,受让方在享有土地经营权之后,有权将实际占有的承包地自主从事农业生产经营活动并取得相应收益,进而在最大限度上发挥承包地的利用效益,提升承包地利用效率。② 也就是说,互换和转让是两种物权性的流转方式,其移转的客体均指向承包经营权,引发的是承包经营权的移转,主要体现为由本集体经济组织内的一个农户转移到另一个农户,而未发生土地经营权的分离。③ 因而,在此两种物权性流转形式之下未形成"三权分置"权利结构,而仍然处于农地"两权分离"的结构之下。

相较于物权性的承包经营权,土地经营权的债权属性更加明显。在解释论上,此项权利的债权属性已经非常清晰。把此项经营权界定为物权将会产生难以弥补的学理缺陷。相对于物权定性而言,此项权利的债权定性更加契合农地法制改革的政策导向,另外,债权定性于登记以及融资层面也不落后。④ 虽然在性质上将其定性为一项债权,但是,不同情形的土地经营权受到保护的程度不同,已经登记者实际上可发挥物权性的对抗效力。⑤ 也就是说,即便将其纳入债权范畴,在允许其办理登记的情况下,就可被赋予对抗效力,具有公示表征所产生的公信力。⑥

就静态的权利归属而言,农地所有权是农户享有的承包经营权的权源基础,后者是从前者分离而成的一项用益物权,而土地经营权应当理解为是由承

---

① 参见滕佳一:《承包地利用的守成与突破——以土地经营权法律定位的检讨为中心》,载《交大法学》2021年第1期,第141页。
② 参见房绍坤:《土地经营权入典的时代价值》,载《探索与争鸣》2020年第5期,第13页。
③ 参见何国平:《"三权分置"的发生与演进——基于交易费用和制度变迁理论的分析》,载《云南财经大学学报》2019年第8期,第5页。
④ 参见袁野:《土地经营权债权属性之再证成》,载《中国土地科学》2020年第7期,第22页。
⑤ 参见高圣平:《土地经营权制度与民法典物权编编纂——评〈民法典物权编(草案二次审议稿)〉》,载《现代法学》2019年第5期,第45—57页。
⑥ 参见姜红利、宋宗宇:《"三权分置"政策下土地承包权的再确认——基于〈民法典物权编〉的展开》,载《重庆大学学报(社会科学版)》2020年第4期,第196页。

包经营权生发的一项债权。① 只有在承包方流转承包经营权的情景下方能从中派生出经营权,只有为了实现承包地使用权的顺畅流转才需要进行权利分置,没有承包经营权的流转便不会产生此处的权利分置。与此相应,没有权利分置,就不会创设土地经营权。也就是说,只有在生发承包经营权的权利分置型流转(如出租、入股等)时,方可能生成独立的土地经营权。②

从实证考察看,承包户更倾向于采用债权性的方式流转承包经营权,而非运用物权性的形式进行流转。据学者组织的课题组在2017—2018年赴位于珠三角的江门市以及其他7个地市进行调研所获取的这些地方的农地法制改革的资料来看,受访农户表示把承包经营权进行流转的意愿非常强烈,在问及所倾向采用的流转方式时,有高达83.33%的承包方选择采用"转包或出租"的债权性流转形式,选择采用"互换"形式的比例为58.33%,选择采用"入股"形式的比例为50%,选择采用"转让"形式的比例为45.83%,选择采用"抵押"形式的比例为41.67%。③ 经营权人经由租赁取得的经营农地的权利就应定性为债权,而非物权层面上的土地经营权。这就类似于承租人租赁国有建设用地,但不能取得物权性质上的建设用地使用权。④ 进入21世纪之后,大量农村劳动力转移城镇就业,农地以出租形式经营的比例快速上升。据农业农村部的数据,目前农地使用权流转面积的比例已达到35%,其中,东部沿海省份更是达到了50%以上,绝大多数的流转形式为出租。⑤ 这种形式操作容易,相关规定比较成熟,已成为农户最主要的农地使用权再配置模式。

另外,土地经营权的享有具有期限性。此项权利不具有永续性,具有期限性,它的存续期限需要受到承包经营权剩余期限的限制。⑥ 依据修正后的《农村土地承包法》第三十六条,它的取得需经由承包经营权之出租、入股或者其他方式。其中,经由出租所生发的租赁权的本质尽管呈现出债权物权化的特征,

---

① 参见李停:《"三权分置"视域下中国农地金融创新研究》,载《现代经济探讨》2021年第5期,第130页。
② 参见郭志京:《民法典视野下土地经营权的形成机制与体系结构》,载《法学家》2020年第6期,第32页。
③ 参见陈小君:《我国农地制度改革实践的法治思考》,载《中州学刊》2019年第1期,第57页。
④ 参见刘锐:《〈民法典(草案)〉的土地经营权规定应实质性修改》,载《行政管理改革》2020年第2期,第15页。
⑤ 参见王常伟、顾海英:《就业能力、风险偏好对农地配置意愿的影响》,载《华南农业大学学报(社会科学版)》2020年第2期,第26页。
⑥ 参见刘云生:《土地经营权的生成路径与法权表达》,载《法学论坛》2019年第5期,第25页。

但是，在传统民法中，仍应把此项权利界定为一项债权。为此，承包方经由承包经营权出租所设立之土地经营权也应当界定成债权，如此理解才契合私权的权利体系逻辑。如果把土地经营权定位成一项物权，那么，这就说明即便是用租赁方式产生的土地经营权也不能定位为债权。① 如果在此场合突破承租权本质为债权的权利定位，把土地经营权定性为一项物权，则需要尽更多的论证义务，阐释土地经营权和其他租赁权所存在的差异。② 这将打破《民法典》针对租赁权的一般性规定。

  一项权利应否纳入物权范畴，可从该项权利的效力中予以观察。③ 从体系解释看，修正后的《农村土地承包法》第四十六条和第四十七条针对土地经营权行使以及此项权利的处分需取得承包方同意之规定，能够很好地体现出此项权利所具有的债权属性。这说明此项权利并不蕴含支配标的物的效力，也不具有排除他人干涉的绝对性，在解释论上不具有物权的特性。④ 按照《农村土地承包法》第四十六条的规定，它的再流转需取得承包方的同意，且需向本集体经济组织履行备案程序。其一，此项规定的立法意旨在于促进土地经营权的再流转，实现提升承包地利用效益和放活土地经营权的目的。其二，鉴于维护土地承包方及农村集体利益的考量，此条规定确立了土地经营权再流转的限制性条件。由此可知，土地经营权的物权属性并不明显，立法机关整体上是把其定位成一项债权。⑤ 与普通债权不同的仅是根据《农村土地承包法》第四十一条的规定，五年以上的此项权利具有登记权能，并具有对抗善意第三人的效力。

  若把此项经营权纳入债权范畴，则更有助于解释"三权分置"的权利架构。在家庭农户承包之下，农户享有的承包经营权是在农地所有权之上设置的负担，承包方可选择自营，也可选择将承包地交由其他人经营，体现为"土地所有权、用益物权和债权"的结构形式。⑥ 依据《民法典》第三百三十九条，经由土地

---

① 参见刘锐：《〈民法典（草案）〉的土地经营权规定应实质性修改》，载《行政管理改革》2020年第2期，第14页。
② 参见吴昭军：《土地经营权体系的内部冲突与调适》，载《中国土地科学》2020年第7期，第11页。
③ 参见朱庆育：《物权法定的立法表达》，载《华东政法大学学报》2019年第5期，第106—115页。
④ 参见吴昭军：《土地经营权体系的内部冲突与调适》，载《中国土地科学》2020年第7期，第11页。
⑤ 参见赵红梅：《农地"三权分置"中集体土地所有权的功能定位——兼解读修正后的〈农村土地承包法〉》，载《法学杂志》2019年第5期，第34页。
⑥ 参见滕佳一：《承包地利用的守成与突破——以土地经营权法律定位的检讨为中心》，载《交大法学》2021年第1期，第153页。

承包经营权出租所生发的土地经营权在本质上是一项债权性权利。另外,依据体系解释,经由入股或者其他方式流转而取得的土地经营权也应界定为具有债权属性。[1] 承包方和受让人之间经由合同约定双方的权利义务关系,决定了土地经营权的对抗性、可转让性以及权利存续期限等均契合债权的特征。[2] 入股可产生权利流转的效果,在承包经营权仍坚持农户的身份属性要求的情况下,入股无法引起权利变动,只能发生债权意义上的结果。[3] 实际上,就农地权利入股而言,新创设的土地经营权的物权抑或债权定性都不会对此产生影响,均可以一种财产性权利作价入股。[4] 有学者指出,在商法层面,土地经营权的法律属性定位对此项权利入股的影响差异较为微弱。[5] 就对农地经营的控制程度而言,不同的权利流转形式会呈现不同的强弱程度。农户对农地进行自营的控制程度最强,以出租形式交由他人经营之后的农地控制权相对较弱,而就入股而言,虽然农户作为股东在理论上具有话语权,但是,因农户个体所占股权的份额一般较小,因而几乎无实质经营控制权。[6] 另外,"其他方式"从解释论层面指向的为除出租、入股之外,能够引发债权性效力的流转形式。[7] 这些形式引发的是承包地经营权的债权性变动。[8] 这也决定了由此生成的土地经营权应被界定成一项债权。

另外,当我们将此项经营权定性成一种具有物权化特性的债权时,实质上依然是将其定性为一项债权,只不过是在某些特殊的情形中对其赋予某种物权权能。例如,赋予房屋承租权以"买卖不破租赁"(《民法典》第七百二十五条)等

---

[1] 参见高圣平:《承包地三权分置的法律表达》,载《中国法学》2018年第4期,第261—281页。
[2] 参见高圣平:《农地三权分置改革与民法典物权编编纂——兼评〈民法典各分编(草案)〉物权编》,载《华东政法大学学报》2019年第2期,第17—18页;高海:《论农用地"三权分置"中经营权的法律性质》,载《法学家》2016年第4期,第43—52页;陈小君:《我国农村土地法律制度变革的思路与框架——十八届三中全会〈决定〉相关内容解读》,载《法学研究》2014年第4期,第11—13页。
[3] 参见单平基:《"三权分置"中土地经营权债权定性的证成》,载《法学》2018年第10期,第37—51页。
[4] 参见房绍坤、张旭昕:《"三权分置"下农地权利入股公司的路径与规则》,载《湖南大学学报(社会科学版)》2019年第6期,第130页。
[5] 参见陈彦晶:《"三权分置"改革视阈下的农地经营权入股》,载《甘肃政法学院学报》2018年第3期,第74—75页。
[6] 参见王常伟、顾海英:《就业能力、风险偏好对农地配置意愿的影响》,载《华南农业大学学报(社会科学版)》2020年第2期,第26页。
[7] 参见吴昭军:《土地经营权体系的内部冲突与调适》,载《中国土地科学》2020年第7期,第11页。
[8] 参见朱广新:《土地承包权与经营权分离的政策意蕴与法制完善》,载《法学》2015年第11期,第88—100页。

特定的对抗效力。但是,这种对抗性的效力非常有限,需要满足特定的房屋已被占有等条件限制,进而使房屋承租权能够维持作为一项债权的本质属性。①

就我国当前的农地使用权流转而言,债权性流转所占比例非常大。这意味着,在农地"三权分置"权利体系之下,土地经营权的债权定性具有现实性基础。② 在现实中,农户对农地使用权的配置选择不是采用单一模式。就实践调研而言,有学者提出"下列土地配置经营方式,您比较倾向选择哪一种"这一问题,并备有"出租""代耕""入股"和"都不愿意,自己耕种(自营)"这四个选项,调查结果显示以上四个选项所占比例依次为 42.68%、9.66%、23.21%、24.45%。③ 从上面的数据可知,当农户面临农地使用权的多种模式选择时,大部分农户会选择经由出租形式进行承包地权利的再配置。

严格而言,在承包经营权租赁法律关系中,此项经营权的法律属性应纳入债权范畴。④ 经由承包经营权出租这种流转形式所设立的土地经营权,在本质上属于债权性的租赁权。⑤ 当前,学界虽然存在着将土地经营权纳入债权⑥,或者将其纳入权利用益物权范畴⑦的不同观点,然而,检视相关观点后就会发现,许多学者所主张的将其定性为权利用益物权的观点,实际上关注的是土地承包经营权的转让所设定的权利类型。⑧ 从中可见,这些将此类经营权纳入用益物权范畴,以及将其定性为债权的观点有殊途同归的效果,即均将经由承包经营权之债权性流转而生成的土地经营权纳入债权的范畴。⑨

---

① 参见宋志红:《再论土地经营权的性质——基于对〈农村土地承包法〉的目的解释》,载《东方法学》2020年第2期,第154页。
② 参见郭志京:《民法典视野下土地经营权的形成机制与体系结构》,载《法学家》2020年第6期,第28页。
③ 参见王常伟、顾海英:《就业能力、风险偏好对农地配置意愿的影响》,载《华南农业大学学报(社会科学版)》2020年第2期,第30页。
④ 参见申惠文:《不动产登记视角下的土地经营权探析》,载《中国土地》2015年第3期,第32—34页。
⑤ 参见陶密:《土地经营权的权利类型及规范逻辑解析》,载《中国法律评论》2021年第1期,第83页。
⑥ 参见高圣平:《农村土地承包法修改后的承包地法权配置》,载《法学研究》2019年第5期,第56页。
⑦ 参见李国强:《论农地流转中"三权分置"的法律关系》,载《法律科学》2015年第6期,第186—187页;孙宪忠:《推进农地三权分置经营模式的立法研究》,载《中国社会科学》2016年第7期,第160—161页。
⑧ 参见高飞:《土地承包权与土地经营权分设的法律反思及立法回应——兼评〈农村土地承包法修正案(草案)〉》,载《法商研究》2018年第3期,第12页;耿卓:《承包地"三权分置"政策入法的路径与方案——以〈农村土地承包法〉的修改为中心》,载《当代法学》2018年第6期,第9页。
⑨ 参见高海:《论农垦职工基本田承包经营权的性质与构造——兼论〈民法典〉中土地经营权的规定》,载《当代法学》2020年第6期,第61页。

2. 土地经营权处分所受的法限制契合债权属性

土地经营权系基于流转合同而生成,其出租、入股、再流转以及融资担保等均需要取得承包方的书面同意,并报发包方进行备案。就法解释而言,从修正之后的《农村土地承包法》第四十六条来看,此项权利的再流转既要取得承包方同意,也要向发包方备案,决定了此项权利并不具有独立的物权属性。[1] 尤其是,土地经营权人对土地经营权在事实及法律上处分所受到的限制,即需要经承包方同意。具体而言,按照《农村土地承包法》第四十三条、第四十六条和第四十七条,土地经营权人的一些事实行为,例如对农地的投资改良,关于农业生产附属、配套设施的建设等,以及一些法律行为,例如对此项权利的再流转、融资担保等,都要征得承包方同意。这实际上在权利行使层面就弱化了经营者对农地直接的支配性,类似于承租人对租赁物处分的限制(《民法典》第七百一十五条、第七百一十六条),使此项权利呈现出非常强的债权性。[2]

就解释论而言,虽然修正之后的《农村土地承包法》未明确土地经营权的性质为一项债权,但是,就此项权利的生成方式及权利行使过程中所受到的限制而言,立法机关更倾向于采用债权定性。为此,为尊重立法原意,把此项权利界定为一项债权,更契合实践需要。另外,赋予此项权利以登记能力,也可弥补债权的公示性缺陷。这种选择契合一物一权的原则要求。[3] 修正之后的《农村土地承包法》第四十六条确立了此项经营权再流转过程中需经承包方书面同意,并向本集体备案的规范性要求。其中,备案意在以备查询,是否践行此项程序不会对其进行再流转的效力产生影响。[4] 立法关于此项经营权的取得选择的是意思主义模式,仅需承包方和作为受让方的土地经营权人达成合意即可,不要求具有特定形式作为生效要件。这意味着修正后的《农村土地承包法》第三十六条所要求的"向发包方备案"不是此项经营权的生效要件,即使未履行此项备案程序,也不影响此项权利的设定。同时,在此项经营权的流转过程中,如果

---

[1] 参见张素华、张雨晨:《〈农村土地承包法〉修订背景下土地经营权的法律内涵与制度供给》,载《广西大学学报(哲学社会科学版)》2019年第1期,第117页。

[2] 参见宋志红:《再论土地经营权的性质——基于对〈农村土地承包法〉的目的解释》,载《东方法学》2020年第2期,第146—158页。

[3] 参见张素华、张雨晨:《〈农村土地承包法〉修订背景下土地经营权的法律内涵与制度供给》,载《广西大学学报(哲学社会科学版)》2019年第1期,第119—120页。

[4] 参见高圣平、王天雁、吴昭军:《〈中华人民共和国农村土地承包法〉条文理解与适用》,人民法院出版社2019年版,第302页。

当事人未签订书面合同(《农村土地承包法》第四十条第一款),也不应对此项权利的设定产生影响。《农村土地承包法》针对此项经营权的取得规定的诸如备案、签订书面合同等,不应当认定成此项权利设定的强制性要求,而是仅具有证据和倡导价值。①

此外,需要着重思考的是承包方同意的法律效力。有学者认为,若把此项经营权纳入债权范畴,那么,可将其解释为与《民法典》第五百五十五条中的债权债务概括转让的限制性规定相等同。② 于农地"三权分置"权利结构下,此项经营权之法律属性理应属于债权范畴。土地经营权的处分受到许多限制,不符合物权属性。修正之后的《农村土地承包法》在第四十三、四十六和四十七条中均有"经承包方同意"的限制性规定,这就使此项经营权的再流转、融资担保等法律处分需受到承包方的限制,在很大程度上削弱了土地经营权人的物权人地位。③ 可见,就法体系而言,依据修正之后的《农村土地承包法》,作为受让方的土地经营权人的权利行使受到许多限制。例如,投资改良承包地,对农业生产附属、配套设施进行建设等事实处分需经承包方同意;又如,此项权利的再流转、融资担保等法律处分,也需要取得承包方同意。④ 如此规定的原因在于,承包地蕴含的经济价值实际上分担了我国农村社会保障功能。毕竟,土地经营权与农户家庭承包之间关联密切,为保护农户权益,方在修正之后的《农村土地承包法》中的上述条文中作此限制。这些规定均弱化了土地经营权的独立性,无法将其认定为物权,而是印证了其债权属性。

3. 土地经营权定性为债权的体系效应

作为债权的土地经营权可用作融资担保。例如,有学者认为,《农村土地承包法》第四十七条中的经营权应蕴含租赁权在内,在租赁权可予登记的基础上,也可用作融资担保的客体。⑤ 依据修正之后的《农村土地承包法》第四十七条

---

① 参见姜楠:《土地经营权的性质认定及其体系效应——以民法典编纂与〈农村土地承包法〉的修订为背景》,载《当代法学》2019年第6期,第30页。
② 参见李国强:《〈民法典〉中两种"土地经营权"的体系构造》,载《浙江工商大学学报》2020年第5期,第32页。
③ 参见陶密:《论流转语境下土地经营权的性质及内涵——以物债区分为视角》,载《中国土地科学》2020年第11期,第22页。
④ 参见宋志红:《再论土地经营权的性质——基于对〈农村土地承包法〉的目的解释》,载《东方法学》2020年第2期,第146—158页。
⑤ 参见于飞:《从农村土地承包法到民法典物权编:"三权分置"法律表达的完善》,载《法学杂志》2020年第2期,第69—77页。

第一款,作为承包方的农户有权将承包地的经营权作为担保标的进行融资,此处的权利主体是承包方,而担保客体却是经营权,那就意味着需要经营权已经设立。[1] 但是,在发生承包经营权的流转之前,并未形成新的独立的土地经营权。这就意味着,该款中的融资担保的客体指向的应是承包经营权,而非土地经营权。

土地经营权可纳入登记的范围。为构建科学的农地权利体系,突破农地权利优化配置的制度困境,国家决定实施农地"三权分置"并对承包地进行确权登记。在坚持承包地所有权不变的前提下,稳定农户的土地承包经营权,放活新型经营主体享有的土地经营权,引导承包地使用权适度规模集中,向善于从事农业生产经营的权利主体流转,进而提升农地权利的优化配置和农业生产效益。[2]《民法典》把此项经营权的权利内涵界定为可依照约定在一定期限内对农地进行占有,得以有权自主通过农业生产经营而获得收益的一项权利。在适度放活土地经营权流转的背景下,《民法典》没有确认此项经营权的用益物权属性,但是,对于已登记的此项经营权可给予物权性的保障。[3] 另外,此项经营权主要依据承包方,或者农村集体与新型经营者的土地经营合同而设立。这些规定在很大程度上可以稳定市场经营主体的预期。

由于对土地经营权的物权定性没有办法化解它所面对的一物一权原则,以及物权、债权二分理论带来的诘责,注定了土地经营权定性存在着现实上的制度障碍。这也是立法未采用将此项权利定性成他物权的缘由。从修正之后的《农村土地承包法》第四十一条的规定观察,适用于登记的此项权利被限定在流转期限五年以上者。也就是说,此项权利并非必须进行登记,而是可以选择登记,登记后就具有对抗性。据此,难免会做出反面推论,即流转期限为五年以下者无法登记,且无法对善意第三人产生对抗效力。[4] 实际上,不应做此理解。正确的理解应当是,无论是五年以上者还是不满五年者,均可具有登记能力。

就对抗性而言,土地经营权经登记,则具有对抗效力,但不登记者,也具有

---

[1] 参见陶密:《论流转语境下土地经营权的性质及内涵——以物债区分为视角》,载《中国土地科学》2020年第11期,第21页。
[2] 参见南光耀、诸培新、王敏:《政府背书下土地经营权信托的实践逻辑与现实困境——基于河南省D市的案例考察》,载《农村经济》2020年第8期,第86页。
[3] 参见高圣平:《民法典物权编的发展与展望》,载《中国人民大学学报》2020年第4期,第24—25页。
[4] 参见张素华、张雨晨:《〈农村土地承包法〉修订背景下土地经营权的法律内涵与制度供给》,载《广西大学学报(哲学社会科学版)》2019年第1期,第119页。

一定对抗性,并非就不具有任何对抗效力。在农地"三权分置"之下,市场经营者取得的权利类型就体现为土地经营权,为丰富当事人的市场交易形式,宜把此项权利认定成债权,但为稳定市场经营者的预期,可使此项权利具有登记能力及对抗性。① 此项权利的可登记性,能够为其债权定性提供可能。即便是债权,通过不动产登记簿的记载,可让其他主体知晓农地利用关系,进而在权利交易过程中进行理性的判断。实际上,依据《民法典》第三百四十一条,登记后的此项权利具有对世性,可对抗任何第三人,同时,未经登记者亦具有对抗性,只不过限于对此知情或者应当知情的恶意第三人。② 循此,无论此项权利是否登记,都蕴含着对抗效力。③ 这表明一项权利并非只有登记方具有对抗性。

由于对农地利用方式的不同,会产生不同的物权或债权性法律效果。就解释论而言,从《农村土地承包法》第三十六条的规定看,从中无法必然得出土地经营权作为一项用益物权的结论。采用哪种方式流转经营权的决定权在于农户,其有权通过租赁或入股等形式设定土地经营权,期限为五年以上的此项权利可予登记,且具有对抗第三人的效力。循此,就文义解释而言,此项经营权更应认定为具有债权性质,只不过针对五年以上的此项权利可经由登记而具有对抗效力。④ 当土地经营权设立之后,对此项权利的再流转亦无法生成新的权利,而只是对既有土地经营权的移转,将其交由新的受让人进行农业经营。当土地经营权消灭之后,承包方的土地承包经营权得以全面恢复。这类似于所有权所具有的弹力性。

实践中,出租是承包方流转农地使用权的常见方式。经由农地使用权的出租,在一定程度上可有效解决农村剩余劳动力的转移问题,亦有利于提升农民的财富水平。这从间接层面也可缓解农地融资难的信贷约束。在农地使用权出租之后,离开农村的居民可从农地中解脱出来。尤其是,这些农村居民可经

---

① 参见高圣平:《完善农村基本经营制度之下农地权利的市场化路径》,载《社会科学研究》2019年第2期,第42—45页。
② 参见黄薇主编:《中华人民共和国农村土地承包法释义》,法律出版社2019年版,第179页。
③ 参见陶密:《论流转语境下土地经营权的性质及内涵——以物债区分为视角》,载《中国土地科学》2020年第11期,第20页。
④ 参见高小刚、谷昔伟:《"三权分置"中农地经营权融资担保功能之实现路径——基于新修订〈农村土地承包法〉的分析》,载《苏州大学学报(哲学社会科学版)》2019年第4期,第79页。

由非农就业以实现家庭财产的积累。① 通常情形下,尽管农民已进城务工甚至定居,也就是说,他们不再直接耕种农地,但其往往也会保留对土地的承包经营权,而仅把对农地的直接经营权流转给他人。这种流转土地经营权的方式在很多情形下优先采用的是短期和无固定期限合同的形式,经由非正式方式流转的对象往往是亲朋邻里,如果农户自己由城市返回,随时可耕种农地。当然,伴随许多农民长期在城市安居扎根,他们也会选择经由正式合同的形式把农地经营权长期流转给他人,原因在于以此种形式流转通常会取得较高的流转对价。②

实际上,在发生债权性流转时,继续承袭土地承包经营权的概念名称和权利性质,不但契合既有的民法制度体系,而且有助于本轮农地制度改革目标的实现。③ 编纂民法典就是要形成系统完整、结构合理的规范体系。④ 我国《民法典》物权编中的用益物权制度是对新一轮农地法律制度改革的集中反映,把农地权利体系结构进行了重新建构,并且明晰了土地经营权的权利内涵,赋予其登记能力。⑤

土地经营权定性为债权契合农地法制改革的政策精神。修正之后的《农村土地承包法》继续运用了模糊性极强的"流转"这一非法学概念来对租赁(转包)、入股和其他方式进行统领,这就会直接导致对不同流转方式所形成的土地经营权的法律定性产生理解差异,进而产生对相关法律规范解释适用的困境。⑥ 依据民法理论,经由流转设立的此项权利的法律属性,在根本上取决于其所采用的流转方式。此项权利乃经由土地承包经营权的出租、入股等行为而生成,以债权契约为原因行为,经营权人对土壤进行投资改良、建设相关设施以及对此项权利的再流转等,都需要取得承包方的同意,彰显了其债权特征。此

---

① 参见黄宇虹、樊纲治:《土地经营权出租对农户非农创业质量的影响——基于劳动力迁移和信贷约束的视角》,载《宏观质量管理》2021年第2期,第116页。
② 参见贺雪峰:《关于"十四五"期间推进乡村振兴的若干问题探讨——学习〈"十四五"规划建议〉的体会》,载《广西大学学报(哲学社会科学版)》2021年第1期,第92页。
③ 参见向超、张新民:《"三权分置"下农地流转权利体系化实现——以"内在体系调适"与"外在体系重构"为进路》,载《农业经济问题》2019年第9期,第11页。
④ 参见《中华人民共和国民法典(含草案说明)》,中国法制出版社2020年版,第195页。
⑤ 参见高圣平:《民法典物权编的发展与展望》,载《中国人民大学学报》2020年第4期,第19页。
⑥ 参见刘锐:《〈民法典(草案)〉的土地经营权规定应实质性修改》,载《行政管理改革》2020年第2期,第13页。

项权利的再转让需经农户的同意,不符合物权的属性,而与债权相契合。① 例如,在出租这种流转形式中,农地被农户交由新型经营主体耕种,后者依约支付租金。② 可见,经出租产生的是一项债权。③ 也就是说,依据修正之后的《农村土地承包法》的设定,此项经营权应定性为一项债权。

循此,权利流转的受让方以出租形式获得的此项权利并非物权,而是按照与出租人签订的租赁合同取得的债权性权利。④ 转包也是如此,农户将承包经营权转由本集体内的其他农户耕种,但实际的承包人还是原农户,之前的承包经营关系没有发生变化。⑤ 据此可知,这同出租在本质上是相同的,都属于债权性的土地租赁。入股与出租、转包相类似,入股后,原承包经营关系也不发生改变,只是将经营权转由被入股的企业享有。"其他方式"则属于兜底性制度条款,流转后产生债权性质的经营权。⑥ 其中,将农户享有的承包经营权经由债权性流转给其他经营者时,土地经营权才由农户的承包经营权中生发。尤其是,即便产生权利分置,农户依然享有承包经营权,仅是两项权利分别被不同的主体享有。⑦ 可见,农地"三权分置"不是在既有"两权"基础上进行权利的简单相加或者分置,而是经由流转生成土地经营权的方式使农地使用权涤除农户的身份属性。

---

① 参见姜楠:《土地经营权的性质认定及其体系效应——以民法典编纂与〈农村土地承包法〉的修订为背景》,载《当代法学》2019年第6期,第26—27页。
② 参见王利明:《民法》(第七版),中国人民大学出版社2018年版,第269页。
③ 参见朱广新:《土地承包权与经营权分离的政策意蕴与法制完善》,载《法学》2015年第11期,第92页。
④ 参见单平基:《"三权分置"中土地经营权债权定性的证成》,载《法学》2018年第10期,第43页。
⑤ 参见李建伟:《民法》,北京大学出版社2016年版,第288页。
⑥ 参见单平基:《"三权分置"中土地经营权债权定性的证成》,载《法学》2018年第10期,第43页。
⑦ 参见董欢:《中国农地制度:历史、现实与未来——"三权分置"政策背景下的新审视》,载《四川大学学报(哲学社会科学版)》2019年第4期,第61页。

第五章　土地经营权再流转的制度功能

从农地所有权、农户土地承包经营权的"两权分离"权利结构向农地"三权分置"权利结构的演进,契合了农村生产力的发展要求。在承包地"两权分离"之下,土地承包经营权的流转受到极大限制,我国的农业经营制度已落后于我国农业经济发展的现实性需要。在农地"三权分置"之下,农业生产经营要素的科学优化配置和有效流转,是实现现代农业经济高效发展的关键环节。其中,土地经营权的再流转具有重要的制度价值。

第一节　在农地"三权分置"之下放活土地经营权

一、农地"两权分离"对土地承包经营权流转的限制

由"两权分离"演进到"三权分置"权利体系,并不是我国土地政策的跳跃式裂变,恰当的理解应当是基于我国农村生产要素重新整合以推动乡村振兴战略实施的背景而采取的必要制度修正。[1] 就制度规定而言,承包地使用权流转必须凭借相关的权利变动方可实现。农村土地归属于集体所有被视作我国最基本的经济制度之一,这决定了农村承包地权利资源的市场化配置无法经由农地所有权的交易来助推。[2] 毕竟,从农村土地集体所有制确立以来,法律就禁止经由农地所有权主体的变更来进行农地权利资源的优化配置。

在农村土地所有权不能交易的法背景下,农户只能经由承包经营权的流转

---

[1] 参见李曙光:《农村土地两个三权分置的法律意义》,载《中国法律评论》2019年第5期,第49页。
[2] 参见许明月:《论农村土地经营权市场的法律规制》,载《法学评论》2021年第1期,第97页。

以实现农地权利流转便成为必然选择。就民法理论而言,所有权包含占有、使用、收益和处分四项权能。但是,在此意义上,我国农村集体土地所有权并非完整的所有权类型,尤其是在权能方面受到许多限制。例如,农村集体土地所有权不能交易、农地用途受到严格管制等。当然,法律对其权能的严格限制不能否定农村集体土地所有权的财产权本质。在我国土地公有制之下,农村集体土地所有权的财产权属性往往以承包地使用权的方式展现。[1] 我国从20世纪80年代初开始推行承包地法制改革,一直以来都在依照农地市场化的逻辑来推进农地权利制度变迁。这一制度变迁的理论逻辑体现为,明晰农地权利体系、放松农地权利管制、推动土地承包经营权顺畅流转,进而助推实现承包地权利资源的优化配置和提升农地权利体系的生产绩效。[2]

但是,在之前的农地"两权分离"权利体系之下,承包经营权的流转被严重限制,诸如抵押等融资担保方式也被禁止,这些都成为制约农地使用权流转的制度障碍。很长一段时期,从农地的权利体系看,对土地经营权人的权益保护存在困难。虽然1984年中央一号文件就已经明确地提出要鼓励农地逐步向种田能手进行集中,但是,一直到20世纪末我国农地流转的面积占到以家庭方式承包经营的总面积的比重一直不高。进入21世纪,伴随我国农村居民向城镇的转移,尤其是2008年,中共十七届三中全会提出了承包经营关系"长久不变",这一方针在很大程度上推动了农地使用权的流转。例如,据学者考证,2012—2014年,我国农地流转的面积占以家庭方式承包经营的总面积的比重呈逐年上升趋势,每年递增4%以上,2016年以后,这种增幅下降至2%以下。从全国第三次农业普查的数据来看,一直到2016年底,于全国2.0743亿农业经营户之中,仅有398万农业经营户为规模性经营,占比仅为0.19%,远未实现农业规模化经营的政策初衷。产生这一结果的本质原因,便是我国的农业经营制度已经严重落后于我国农业经济发展的现实性需要,尤其是进入21世纪之后,我国的农地制度改革红利已在日益消散。[3]

---

[1] 参见刘连泰、余文清:《公平市场价值在集体土地征收补偿中的适用》,载《浙江社会科学》2019年第10期,第22页。

[2] 参见刘守英、颜嘉楠、冀县卿:《集体地权制度下农地合约选择与经营体制变迁——松江集体村社型家庭农场的案例分析》,载《中国农村经济》2021年第2期,第20页。

[3] 参见孔祥智、周振:《新型农业经营主体发展必须突破体制机制障碍》,载《河北学刊》2020年第6期,第111页。

虽然伴随我国农村经济的不断发展以及承包地规范的日益完善，农户享有的土地承包经营权逐渐由一种保障性的权利演化为一种财产性的权利类型，但是在"增人不增地，减人不减地"的承包地政策之下，农户享有的土地承包经营权长久不变，也导致集体成员资格相对固化以及土地承包经营权流转不利成为不争的事实。① 由于受到我国城镇化、农业现代化发展和农业人口转移等多重因素的影响，我国农地"两权分离"权利体系的弊病日益突出。这集中体现在细碎化的家庭生产方式难以满足我国农业生产对适度规模经营的实践需求。② 因而，助推我国农地法律制度的改革，便成为经由土地承包经营权流转而生成土地经营权的必然要求。

目前，我国的农地撂荒现象较为严重和城镇化的快速推进相互关联，二者甚至是一体两面。大量承包农户转向非农化就业，肯定会造成这些农户无法直接经营全部或者部分农地，农地撂荒或者只能以较低效的状态进行经营就成为必然。因而，在农地由家庭经营的情况下，为从本源上化解农地撂荒困境，就需要助推不从事农业经营的农户把其所享有的承包地经营权流转出去，使得其他的农业生产经营主体能够对承包地进行实际经营。③ 即便国家历来重视经由土地权利制度的改革以增强各级行政机关对农地权利流转的管制，但是，在市场化机制的冲击之下，农村居民向城镇的单向度流转难以避免地将造成许多地方的农村必须面对农地无人耕种的现实困境。有学者已经意识到，许多地方仍坚持种地的农民，中老年人占很大的比例，而且随着年龄增长，当长期从事农业劳作的农户由于年龄和身体等各方面机能无法支撑其从事农业生产的高强度劳作时，也必将逐步退出历史的舞台，进而难免导致我国农地面积出现不断萎缩的状况，甚至影响到耕地红线的保护问题。④

在农地"两权分离"权利结构下，如果允许土地承包经营权转让和抵押，确实可能会出现农户在失去承包地之后其基本生活无法保障的问题。诚如学者所言，无法忽视的现实问题是，取得生活保障是农户依法应当享有的一项权利，

---

① 参见温世扬、梅维佳：《土地承包经营权主体制度的困境与出路》，载《江西社会科学》2018年第7页，第163—171页。
② 参见彭新万：《乡村振兴战略背景下农民的主要问题》，经济管理出版社2020年版，第78页。
③ 参见吴晓婷、杨锦秀、曾建霞：《土地确权颁证减少农地撂荒的区位差异与时间效应——基于农地流转的机制分析与实证检验》，载《西部论坛》2021第1期，第114页。
④ 参见张国磊、陶虹伊、黎绮琳：《"零租金"交易可以降低农地抛荒率吗？——基于粤中B村的调研分析》，载《农村经济》2021年第1期，第51页。

其本应被纳入我国社会保障的体系范畴。换句话说,农村居民和城镇居民应当享有平等的社会保障性权利。① 但是,在当前阶段,承包经营权的本质虽然为一种财产权,却蕴含着丰富的成员权因素。主要原因在于,承包经营权蕴含着农户的社会保障价值。这一物权类型可对抗农村土地集体所有权人,以制度形式保障土地承包经营权人可从事农业自主经营。然而,也正是由于土地承包经营权蕴含着农户成员权因素,该项权利承载着沉重的负担,不能进行顺畅流转和实现农地权利市场化流转的目标。②

依据我国法律规定,农村土地"除由法律规定属于国家所有的以外,属于集体所有"。实际上,我国的承包经营权就是以坚持农村土地集体所有制为前提而形成的,属于取得法律承认和受到法律保护的承包地利用制度。循此,关键的问题是:既然农村土地承包经营权本质上属于农户依法取得和享有的一种用益物权,那么,之前的法律制度为何会对其进行限制?为何农户作为权利人不能直接处分土地承包经营权,却要再经由承包经营权生发出土地经营权以进行权利流转?在之前的法律制度中,承包经营权的流转被限制得异常严格,如此规范的根本原因在于土地承包经营权自身具有的身份属性和对农村居民的社会保障特性,立法机关担心如果允许权利流转就有可能导致农户丧失农地,并由此导致农户的基本生活保障受到影响,甚至影响社会稳定。③

此次《农村土地承包法》修正的中心任务便是在维护承包方权益的前提下,落实国家层面关于"三权分置"的农地法制改革精神。经由此轮法律修正,彰显对于蕴含着身份属性的传统农地承包关系,以及基于现代农业生产发展要求的农地经营关系分别予以规范调整的法律理念。其一,基于农村承包经营关系的稳定需要,保障农户承包经营权的稳定,并为此提供更为坚实的制度基础。其二,将土地经营权确立为独立的权利类型,依据市场机制配置农地使用权的要求,构建较为完整的土地经营权再流转制度。④ 这为助推农地适度规模经营和现代农业发展奠定了良好的制度基础。

---

① 参见辜明安、梁田:《农地"三权分置"法制化与承包经营权制度的完善》,载《河北法学》2020年第2期,第27—28页。
② 参见孙建伟:《土地经营权物权化规则构建路径》,载《国家检察官学院学报》2019年第6期,第43页。
③ 参见辜明安、梁田:《农地"三权分置"法制化与承包经营权制度的完善》,载《河北法学》2020年第2期,第26页。
④ 参见许明月:《论农村土地经营权市场的法律规制》,载《法学评论》2021年第1期,第94页。

二、农地"三权分置"之下适度放活土地经营权的改革目的

农地权利制度改革始终是我国农村工作的重心之一,而推进农地使用权的有序流转则是本轮农地法制改革的重要目标。① 就比较法而言,在实现农业现代化过程中,对农地进行适度规模经营是加速这一进程的宝贵经验和关键因素。我国应该也不例外。② 当前,小规模、细碎化的分散经营形式已经成为我国"三农"发展的桎梏,破解这一困境的可行路径就是实现适度规模农业经营,让农地使用权流转起来。③ 实践证明,农业生产经营要素的科学优化配置和有效流转,是实现现代农业经济高效发展的关键环节。④

伴随我国工业化和城镇化进程的加快,我国有大量农村居民向城镇转移,实现农地的适度规模经营,就成为提升农地资源利用效益以保障我国粮食安全的必然选择。为实现农地适度规模经营,推动农地权利流转就具有鲜明的实践面向性。⑤ 其一,在我国一些农村地区,大量青年劳动力选择进城务工流向城镇后,农村剩下的很多是"空巢老人"以及"留守儿童",他们自身对农产品的需求有限。其二,由于受到年龄和文化水平的限制,留在农村的务农人员很多不具有操作现代农业机械的技能,无法掌握现代农业生产技术,这导致承包地耕作效益低下,农业收成低。同时,留在农村的年龄偏大的务农人员的耕作能力和健康状况伴随年龄的不断增长而呈现逐渐下降的趋势,增加了其继续从事农业生产活动的难度。⑥ 可见,当前阶段,我国从事农业生产者仍然主要是农户,以农业经营企业、农业经营合作社以及家庭经营农场等为主要经营形式的新型经营主体所占的比例还比较小。现代农业的集约化、专业化和市场化经营需要非常专业的农业经营管理团队以及相对高效的农业生产水平,使之拥有更为契

---

① 参见张素华、张雨晨:《〈农村土地承包法〉修订背景下土地经营权的法律内涵与制度供给》,载《广西大学学报(哲学社会科学版)》2019年第1期,第114页。
② 参见靳相木、王永梅:《新时代进城落户农民"三权"问题的战略解构及其路线图》,载《浙江大学学报(人文社会科学版)》2019年第6期,第156页。
③ 参见尹亚军:《通过合同的治理——克服农地流转困境的助推策略》,载《社会科学研究》2019年第6期,第74页。
④ 参见公茂刚、王如梦、黄肖:《"三权分置"下农村宅基地流转演化博弈分析》,载《重庆社会科学》2021年第3期,第78页。
⑤ 参见李嵩誉:《绿色原则在农村土地流转中的贯彻》,载《中州学刊》2019年第11期,第90页。
⑥ 参见张国磊、陶虹伊、黎绮琳:《"零租金"交易可以降低农地抛荒率吗?——基于粤中B村的调研分析》,载《农村经济》2021年第1期,第49页。

合现代农业生产的组织标准。[1] 这些条件都会在很大程度上助推现代农业的发展。

当前,农地已成为农村生产经营中最为重要的生产要素之一,而充分发挥农地生产要素价值的重要路径,便是使农地权利流动起来,即让农地使用权能够进入市场流转。依据《中华人民共和国宪法》规定,农地所有权属于国家或者集体,无法进行交易,因而,农地所有权无法经由市场机制流转。为此,我国推行农地使用权制度,农地使用权可经由不同路径进入市场流通。从农业生产经营要素出发,农地使用权只有实行市场机制,才能把农地的生产要素流转起来,方可将农户从农地中解放出来,最大限度地释放农村生产要素资源。

经由承包地法制改革,提升农地的适度规模经营水平已成为推动乡村振兴战略实施的重要环节。[2] 农地适度规模经营目标的实现,需要以土地经营权的权利流转为基础。[3] 如果想要实现国家提出的"放活经营权"的改革目标,就需要回应农地适度规模经营和农户的融资需求,经由土地经营权的制度建构以推动农地法制改革目标的实现。在此过程中,既要助推土地经营权的顺畅流转,保护交易双方的权益,彰显农地权利的财产性价值,亦需要保护农地集体所有权人和土地承包经营权人(农户)的合法权益,正确处理农地上不同类型的权利义务关系。[4]

为此,助推农业适度规模经营成为实现农业现代化目标的必然路径。毕竟,农业经营的实践证明,农业的适度规模化经营是实现现代化农业发展的重要途径。[5] 一方面,目前我国大量农村劳动力向城市流转,为农业适度规模化经营提供了现实基础;[6] 另一方面,以农业机械化经营为鲜明特征的生产经营

---

[1] 参见公茂刚、王佳虹:《农业补贴、"三权分置"与农户农业生产经营——基于 CHFS 数据的实证分析》,载《统计与信息论坛》2021 年第 1 期,第 98 页。

[2] 参见韩长赋:《大力实施乡村振兴战略》,载《党的十九大报告辅导读本》,人民出版社 2017 年版,第 214 页。

[3] 参见高圣平:《土地承包经营权制度与民法典物权编编纂——评〈民法典物权编(草案二次审议稿)〉》,载《法商研究》2019 年第 6 期,第 20 页。

[4] 参见孙建伟:《土地经营权物权化规则构建路径》,载《国家检察官学院学报》2019 年第 6 期,第 43 页。

[5] 参见武舜臣、钱煜昊、于海龙:《农户参与模式与农业规模经营稳定性——基于土地规模经营与服务规模经营的比较》,载《经济与管理》2021 年第 1 期,第 30—35 页。

[6] 参见胡凌啸:《中国农业规模经营的现实图谱:"土地+服务"的二元规模化》,载《农业经济问题》2018 年第 11 期,第 20—28 页。

方式,可助推农地的集中连片经营。为此,推行农地市场化机制就需要配置可以进行流转的承包地权利。实际上,我国本轮农村农地权利改革的核心问题,就是通过制度建构在农地之上创设出可以流转的农地权利。[①] 其中,土地经营权就是非常重要的一项权利。

因此,在我国乡村振兴的时代背景之下,为实现适度规模经营的现代农业经营目标,立法机关需要寻找新的法律调整路径,这就是农地"三权分置"法制改革构想的提出背景。对农地享有的使用权是农户最重要的财产性权利之一,亦是解决农业生产所需资金以提升农户生产生活水平的重要路径。[②] 应当说,特定的农地使用权流转方式的选择乃基于社会经济发展的需求。也就是说,当无法借助土地承包经营权的流转实现农地使用权的流转目的时,便需要经由农地"三权分置"权利结构分置出土地经营权,之后借助此项权利的再流转以实现农地使用权的流转,即适度放活土地经营权。[③] 这是进行农地使用权流转之农地法制改革的出发点及其归宿。

可以说,在农地"两权分离"权利结构下,如果农村承包地调整得过于频繁,可能会影响农户的承包经营预期,影响农户对农业生产经营的持续性投入,更为严重的是会导致农地权利体系的不稳定。[④] 与此不同,在农地"三权分置"权利结构下,新型农业经营者是承包地权利流转的主要力量,可在最大限度上实现农地使用权流转范围的扩展,充分发挥土地经营权在农地使用权流转中的带动效应,提升农地使用权流转对象的参与度,有效提升农地使用权流转的效益。[⑤]

实际上,20世纪90年代,为更好地探索农村土地法律制度改革,我国有些地方已经开始了农地使用权流转的试点工作,而且出台了与此相关的政策文

[①] 参见房绍坤:《土地经营权入典的时代价值》,载《探索与争鸣》2020年第5期,第13页。
[②] 参见方达、郭研:《农地经营权抵押的马克思主义经济学分析——基于农业——金融资本运动模型》,载《财经科学》2020年第2期,第53页。
[③] 参见郭志京:《民法典视野下土地经营权的形成机制与体系结构》,载《法学家》2020年第6期,第32页。
[④] 参见张红宇:《就业结构调整与中国农村劳动力的充分就业》,载《农业经济问题》2003年第7期,第10—15页。
[⑤] 参见丁涛:《农户土地承包经营权流转意愿研究——基于Logistic模型的实证分析》,载《经济问题》2020年第4期,第103页。

件。[1] 例如,2001 年 11 月 2 日,重庆市人民政府印发《重庆市国民经济和社会发展第十个五年计划农业和农村经济发展重点专题规划的通知》,该政策文件明确指出,稳定农户的土地承包经营权,在自愿有偿的前提下,依法进行土地经营权的合理流转,积极引导农地使用权合理流转,搞活土地经营权。

为明晰农地权利体系,需要及时总结农地改革试点经验,并对相关法律法规进行完善。建构科学的农地权利体系可有助于改善承包地使用权流转效益低、交易不稳定等问题。[2] 为此,土地经营权在《民法典》中被创设为一种新型财产权利,意味着农地"三权分置"权利结构于国家基础性法律制度层面予以了确认。[3] 在城乡一体化融合发展背景下,为推动我国农地法制改革,农业发展需要通过推进农业适度规模经营来实现,具体路径就是在农地承包经营权之上分离出新的经营权,重点优化农村土地资源的权利配置。[4] 此种优化农地权利结构的路径,就是要丰富农地权利体系和权利类型,当前较为可行的方法便是通过适当放活土地经营权,以引导农地使用权的健康和有序流转。

当前,土地经营权的流转已获得法律制度层面的确认。严格而言,就流转客体而言,农地流转不是规范的法律概念。毕竟,按照既有法律规定,农地所有权不能作为交易客体,可以进行流转的限定为农地使用权。因此,通常所言的"农地流转"准确的指向应当是农地使用权流转。在《农村土地承包法》尚未修改时,此处的农地使用权就体现为土地承包经营权。基于此,原《农村土地承包法》、《农业法》、《物权法》、《农村土地承包经营纠纷调解仲裁法》等四部法律所规定的农地使用权流转的客体指向的均是土地承包经营权。但是,这种情况在修正后的《农村土地承包法》中产生了变化。修正后的《农村土地承包法》中共计有 19 个条文中的 32 个地方使用了"流转"术语,这种流转的客体指向的均是土地经营权,而非土地承包经营权。

这种立法措辞的改变意味着立法机关对农地制度的态度转变非常明显。修正后的《农村土地承包法》在规范承包经营权时,明显放弃了使用"流转"用

---

[1] 参见辜明安、梁田:《农地"三权分置"法制化与承包经营权制度的完善》,载《河北法学》2020 年第 2 期,第 23—24 页。
[2] 参见丁涛:《农户土地承包经营权流转意愿研究——基于 Logistic 模型的实证分析》,载《经济问题》2020 年第 4 期,第 102 页。
[3] 参见陶密:《土地经营权的权利类型及规范逻辑解析》,载《中国法律评论》2021 年第 1 期,第 82 页。
[4] 参见龙卫球:《民法典物权编"三权分置"的体制抉择与物权协同架构模式——基于新型协同财产权理论的分析视角》,载《东方法学》2020 年第 4 期,第 99 页。

语。修正后的《农村土地承包法》第二章第四节的标题是"土地承包经营权的保护和互换、转让",而且在该法修正后的五个条文中都规范了"土地承包经营权的互换、转让",而没有再使用"土地承包经营权的流转"的立法用语。这些表述都说明在修正后的《农村土地承包法》中,对土地承包经营权直接表述为"互换、转让"的客体,而不再使用"流转"用语,"流转"的客体更多指向的是"土地经营权"。①

提出和创设农地"三权分置"权利结构的目的,就是化解在"两权分离"权利结构之下由于农地使用权的流转受到极大限制而带来的改革难题。② 我国人多而农地总量少,导致人均可享有的农地面积较少,在农业生产力水平较低以及非农业经济落后的阶段,为化解农户就业及社会保障难题,大量的农村居民被禁锢在农地之上。伴随着农业生产效益的提升、城镇化进程的加快以及非农产业的发展,许多农村居民离开农地具有了社会条件,非农就业带来的较高经济收益在很大程度上可推动更多的承包农户把农地使用权流转出去,并寻求更多的非农就业机会和收入,也使得农户的收益结构得到了改善。③ 农地"三权分置"权利结构可稳定农户的承包经营权,放活新型经营主体享有的土地经营权,加速农地使用权的流转,使更多的农村居民可以转移到非农产业进行就业。

第二节 土地经营权再流转的法价值

自改革开放以来,我国承包地权利结构经历了由最初的"集体所有、集体经营"到"集体所有、农户承包经营"的承包地"两权分离",再到"集体所有、农户承包经营、新型经营主体经营"的农地"三权分置"权利结构的转变。④ 这一农地法制改革进程充分体现了我国在农地法制建设领域为助推农地使用权市场化机制的实现而进行的改革。农民作为集体成员在农地领域的权利主要体现为

---

① 参见王洪平:《民法视角下土地经营权再流转的规范分析》,载《吉林大学社会科学学报》2020年第1期,第30页。
② 参见高飞:《土地承包权与土地经营权分设的法律反思及立法回应——兼评〈农村土地承包法修正案(草案)〉》,载《法商研究》2018年第3期,第3—14页。
③ 参见杨宏力、李宏盼:《"三权分置"影响农村土地收益分配的机理研究——基于收益权的视角》,载《中国农业资源与区划》2020年第6期,第205—206页。
④ 参见许明月:《论农村土地经营权市场的法律规制》,载《法学评论》2021年第1期,第97页。

土地承包经营权。这一权利取得的依据是农户的成员资格,并且其他任何人不得对此非法剥夺。[1] 在土地承包经营权流转中,非农户资格的经营主体享有土地经营权,并可将该项权利进行流转,受让主体已无身份限制。[2] 从农地所有权、农户土地承包经营权的"两权分离"权利结构向农地"三权分置"权利结构的演进,契合了农村生产力的发展要求。

一、彰显承包地使用权的财产权属性

修正后的《农村土地承包法》所创制的土地经营权,彰显了农地自身蕴含的财产权属性。[3] "政策是法律的依据和内容,法律是政策的规范化(法律化)。"[4] 建构农地"三权分置"权利结构是我国农地权利改革的大势所趋,毕竟去除农户身份属性的土地经营权可以更为自由地进入市场流通,为承包地使用权流转方式的多样化提供制度依据。[5] 不可否认,在当前阶段,我国的农业生产仍然是以农户小规模经营为主,这决定了土地经营权的流转在培育家庭农场等新兴农业经营主体方面就具有重要意义,也是深化我国农业生产经营改革以及提升农业发展活力的重要基础,是实现我国适度规模经营的重要路径。[6] 土地经营权的流转,有助于促进农地向农村的种粮能手和种粮大户进行集中,实现农业经营的规模化和集约化目标,同时,亦有利于创建家庭示范农场、农民专业合作社、示范社以及农业产业化示范基地等新型农业经营主体。[7] 许多现代农业的新型经营主体(如家庭农场、农民合作社、农业公司等)不断涌现,已成为我国农业生产的重要力量,也可助推土地经营权的顺畅流转。[8] 这在一定程度上彰显了农业适度规模经营已成为现代农业发展的必然趋势。

---

[1] 参见王利明:《物权法研究》,中国人民大学出版社2002年版,第460页。
[2] 参见孙建伟:《土地经营权物权化规则构建路径》,载《国家检察官学院学报》2019年第6期,第43页。
[3] 参见房绍坤、任怡多:《新承包法视阈下土地经营权信托的理论证成》,载《东北师大学报(哲学社会科学版)》2020年第2期,第33页。
[4] 参见梁慧星:《梁慧星谈民法》,人民法院出版社2017年版,第372页。
[5] 参见房绍坤、任怡多:《新承包法视阈下土地经营权信托的理论证成》,载《东北师大学报(哲学社会科学版)》2020年第2期,第43页。
[6] 参见王晓睿:《土地经营权流转中预付租金的实现逻辑》,载《吉首大学学报(社会科学版)》2019年第6期,第154页。
[7] 参见房绍坤:《土地经营权入典的时代价值》,载《探索与争鸣》2020年第5期,第13页。
[8] 参见王铁雄:《土地经营权制度入典研究》,载《法治研究》2020年第1期,第36页。

土地经营权是一种新型权利,这一权利的取得和行使关系到农地资源的利用效益,而农地资源的利用效益则在很大程度上影响到我国农业经营的生产力以及农产品的供给能力。基于农业在我国国民经济发展中所处的基础性地位,农地权利的优化配置会直接影响粮食生产安全,甚至影响到整个国民经济的安全。近年来,伴随我国农业经济的发展,尤其是农地"三权分置"法制改革之后,农地权利流转逐渐受到人们的重视,农地使用权的流转率亦日益提高。[1] 这对于推动现代农业适度规模化发展具有非常重要的价值和意义。

二、优化农业生产要素的配置

土地经营权的流转可转变当前我国农业分散零碎经营的状况,成为在多元化的权利主体之间进行规模化农业生产要素配置的制度桥梁。[2] 在此意义上,土地经营权的放活流转承载了实现我国农业生产经营现代化和适度规模化的时代使命。[3] 也可以说,土地经营权的顺畅流转,是当前推动我国农业生产适度规模经营和培育新型农业经营主体的主要路径。[4] 目前,以家庭为单位从事农地分散经营的弊端非常明显,对此可经由农户对土地承包经营权进行流转(如出租等)进而为新型经营者创设土地经营权,并允许此项权利进行流转。毕竟,修正后的《农村土地承包法》新创设的此项经营权,使得农地使用权的主体突破了集体成员的农户身份束缚,可在更大程度上彰显农地的财产性价值。[5] 正确界定土地经营权的权利主体的范围,对理解该项权利的形成机制和制度构造非常重要。由农地"三权分置"的基本理念以及土地经营权的形成机制所决定,此项经营权的权利主体应当解读成可涵括农户之外的其他主体,即权利主体的范围应当不受限制。[6] 当然,从此项权利创设的初衷考虑,其权利主体需要具备进行农业经营的实际条件。

---

[1] 参见许明月:《论农村土地经营权市场的法律规制》,载《法学评论》2021年第1期,第98页。
[2] 参见刘灵辉:《农地流转中妇女土地权益保护论略——基于"三权分置"和外嫁女性视角》,载《湖南农业大学学报(社会科学版)》2019年第3期,第53页。
[3] 参见龙卫球:《民法典物权编"三权分置"的体制抉择与物权协同架构模式——基于新型协同财产权理论的分析视角》,载《东方法学》2020年第4期,第90—106页。
[4] 参见王晓睿:《土地经营权流转中预付租金的实现逻辑》,载《吉首大学学报(社会科学版)》2019年第6期,第152页。
[5] 参见滕佳一:《承包地利用的守成与突破——以土地经营权法律定位的检讨为中心》,载《交大法学》2021年第1期,第141页。
[6] 参见郭志京:《民法典土地经营权的规范构造》,载《法学杂志》2021年第6期,第76页。

经由土地经营权的放活,助推农地使用权流转,可化解农地细碎化经营弊端,促进我国农村新型经营者的培育以及现代农业的发展。农地"三权分置"的重要内容之一便是创设以及适度放活土地经营权,本轮农地法制改革的初衷便是赋予土地经营权人以独立的承包地使用权以及稳定的经营预期。一方面,加强对新型农业经营主体的支持力度,向现代农业发展方向转型,提升农业的生产经营效益以及农户的财产性收入。另一方面,助推土地经营权的相对集中以助推农业适度规模经营目标的实现。在此过程中,可降低农业生产经营成本,化解目前我国由于农业产品的生产成本较国际市场的农产品较高所引发的困境,保障我国的粮食安全。[①]

土地经营权被定位为纯粹的市场化权利的意旨在于促进农地资源的合理利用,构建科学的新型承包地经营权利体系,最终达到农民增收、农业发展和农村稳定的目的。[②] 另外,土地经营权可助推农户经由土地承包经营权的流转,将本可获取的实物保障转变为金钱保障,促使农村人口向城镇流动。这也会吸引城市计划从事农业生产经营的人员流入农村,助推城乡农业生产要素的双向流动。[③]

三、助推现代化农业发展

新型经营主体于农地"三权分置"权利体系中具有重要价值,经由土地承包经营权的流转使农户之外的其他经营主体可享有土地经营权,从事规模化、专业化的农业生产经营活动,助推现代农业生产经营方式的转型和农业经营收益的提升。农地"三权分置"权利体系语境下,农户保留了土地承包经营权,土地经营权的财产性权利功能得以彰显,而社会保障性则被弱化。[④] 另外,土地经营权人的权利主体不受限于农户身份,而是包括农户之外的其他自然人、法人

[①] 参见张应良、徐亚东:《乡村振兴背景下农地"三权分置"制度改革的深化研究》,载《西南大学学报(社会科学版)》2020年第4期,第52页。
[②] 参见陈小君:《"三权"分置思想指导下的深化农村土地制度改革的法律问题》,载《政治与法律》2018年第8期,第2页。
[③] 参见谢鸿飞:《〈民法典〉中土地经营权的赋权逻辑与法律性质》,载《广东社会科学》2021年第1期,第231页。
[④] 参见王琳琳:《土地经营权入股法律问题研究》,载《中国政法大学学报》2020年第6期,第97页。

和非法人组织。这也可推动农户非农就业,为新型农民职业的培育提供制度环境。[1] 发展现代农业适度规模经营,是推动我国乡村振兴战略的重要抓手。不同的农村区域要立足于各自的农业生产资源禀赋、生产经营条件等,推动新型农业经营主体的培育,发展多元化的适度规模经营,全面提升农业生产经营的质量和竞争性。[2]

土地经营权的流转较之土地承包经营权的流转,对于现代农业的发展更具竞争力。在我国乡村振兴战略的实施过程中,工商业资本对农业的支持在资金、技术、管理、人才等众多方面具有显著的优势,可助推农业现代化进程和适度规模化经营,这是单个农户从事生产经营所很难比拟的。可以预见的是,工商资本流入农业生产经营并参与土地经营权流转的现象将更为便利。[3] 另外,农地"三权分置"法制改革的重要制度目的在于最大限度上发挥承包地的抵押融资担保功能。[4] 在这一权利体系下,农户的承包经营权和新型经营者的土地经营权都可进行抵押担保。

在农地"三权分置"权利体系下,承包经营权人流转经营权可破除土地承包经营权的身份属性限制。在农地"两权分离"权利体系下,虽然法律亦允许土地承包经营权流转,但是,所受限制非常多。例如,农户只能向本集体内部的成员转让、互换土地承包经营权,而且转让需要经发包方的同意。此类严格的限制条件决定了土地承包经营权的流转范围太过狭窄,也导致流转价格受到影响,进而经由农地权利流转以释放承包地生产要素的价值非常有限。与此不同,土地经营权的流转则打破了这种限制,使得受让方不再局限于本集体经济组织内部,除本集体经济组织成员之外的自然人、法人或非法人组织也均可作为受让方,成为土地经营权人。另外,这一转让也无需再经过发包方的同意。在此情况下,作为土地承包经营权人的农户就有权完全按照自己的内心意愿流转土地

---

[1] 参见张学艳、田明华、周小虎:《农地"三权分置"结构下参与主体的目标取向和互动博弈》,载《现代经济探讨》2019年第7期,第98页。
[2] 参见陈运雄、卜艺佳:《基于湖南7市13县调研的农业适度规模经营研究》,载《湖南社会科学》2019年第1期,第101页。
[3] 参见陈广华、毋彤彤:《乡村振兴视域下工商资本流转土地经营权的法律规制研究——兼评〈农村土地承包法〉第45条》,载《中国土地科学》2019年第8期,第25页。
[4] 参见高小刚、谷昔伟:《"三权分置"中农地经营权融资担保功能之实现路径——基于新修订〈农村土地承包法〉的分析》,载《苏州大学学报(哲学社会科学版)》2019年第4期,第72页。

经营权。① 这既可以提升权利流转的收益,也有助于将农地使用权流转给最优受让方,进而在最大限度上发挥农地的效用。

在农地"三权分置"权利体系下,土地经营权会朝向最可能有效提升承包地利用效益的方向进行流转,而流转后的土地经营权的权利主体存在多元化特征。就实证考察而言,权利主体既可为本集体经济组织内的农户,亦可为本集体经济组织之外的其他自然人,还可以是与本集体经济组织无任何关联性的农业经营企业。② 土地经营权流转之后,农地所有权以及农户的承包经营权尚存有非常强的身份属性,但是,土地经营权已经蕴含着非常明显的市场化权利属性。③ 也就是说,在很多情形之下,土地经营权的权利主体是我国农村土地承包经营者(农户)之外的其他民事主体。④

长期以来,家庭承包经营制度很好地支撑了我国农业经济的发展,但是,此种传统经营模式也面临着许多挑战,需要进行改造和修正。与此不同,土地经营权摆脱了农户享有的承包经营权所蕴含的身份属性以及社会保障性质,有助于规模经营目标的达致。⑤ 因为由土地承包经营权流转中生发而来的土地经营权已剥离了农户的身份属性,而成为一种市场化的权利,所以,放活土地经营权的过程中要注意两方面的问题。一方面,应立足我国的基本国情,化解农地细碎化经营弊端,激励土地经营权朝向适度规模经营的目标进行流转,进而化解当前存在的农地小规模经营的困局。另一方面,围绕适度规模经营的目标,积极地引导社会性资本推动乡村振兴,经由农业生产要素不断向农村回流,既可以为我国农村集体经济的发展提供资本支持,也可进一步培育新型的现代经营主体推动我国农业农村发展,探索符合中国国情的城乡一体化发展道路。⑥

当土地经营权被新型农业经营主体取得时,它已经脱离了前者的身份属性限制,不蕴含社会保障性因素,其制度核心体现在更自由地对农地使用权予以

---

① 参见房绍坤:《土地经营权入典的时代价值》,载《探索与争鸣》2020年第5期,第13页。
② 参见孙宪忠:《推进农地三权分置经营模式的立法研究》,载《中国社会科学》2016年第7期,第145—163页。
③ 参见顾向一、陈绍军:《农地"三权分置"视域下的农民用水户协会功能优化》,载《河海大学学报(哲学社会科学版)》2020年第3期,第102页。
④ 参见孙宪忠:《推进农地三权分置经营模式的立法研究》,载《社会科学》2016年第7期,145—163页。
⑤ 参见滕佳一:《承包地利用的守成与突破——以土地经营权法律定位的检讨为中心》,载《交大法学》2021年第1期,第154页。
⑥ 参见李怀:《集体地权整合、农村经济发展与乡村治理现代化》,载《新视野》2021年第2期,第91页。

流转,在价值上更强调其纯粹的财产权性质。恰是于此层面,此项经营权人才有权占有农地进而从事生产经营活动,以获取收益,并在经承包方同意的基础上将经营权进行再流转或者用于融资担保(《农村土地承包法》第四十六、四十七条)。因此,在农户享有的承包经营权流转的情景下生成的经营权,虽然是借助土地承包经营权流转合同而设立,但是,该项权利不承担公法性质的社会保障功能,可以使农地使用权的流转更为灵活。这种法制改革使得农户既能够继续保留承包经营权,亦可经由为他人设定土地经营权而取得对承包地从事生产经营的权利,而农户仍然保持承包经营关系中的主体地位(《农村土地承包法》第四十四条)。[①] 受让方取得的土地经营权已演变成纯粹的市场化权利类型,进而为实现农地适度规模经营去除制度障碍,提升农地的利用效益,克服农地分散化经营带来的弊病。

循此,农地"三权分置"有利于促进农地使用权流转和适度规模化经营,推动其他农业生产要素的投入,提升农业生产经营效益,助推我国现代农业的发展。根据我国农业农村部的统计数据,截至2018年底,我国农地使用权的流转面积达到5.39亿亩,约占全国总面积的35%,转出农地使用权的农户为7 235.2万户,经营规模为50亩以上的规模经营户达到402.1万户;在全国232个试点县市区中,利用土地经营权进行抵押贷款的金额达到964亿元。[②] 土地经营权融资担保的试点工作取得了良好的效果。

可见,农地"三权分置"法制改革改变了我国承包地使用权长期无法进入市场流通,尤其是无法用作融资担保客体的状况。当然,从农地法制改革的背景看,应当说是农村经济的发展倒逼了此项改革的推进,或者说,农地"三权分置"仅是关于我国农地实际利用状况的立法确认,把一些试点地区或实际突破法律规定的具体做法进行制度确认。[③]

构建科学的承包地权利体系,有助于农地权利的合理配置。在农地"三权分置"权利体系下,农地使用权将主要经由土地经营权而在不同的市场主体之

---

① 参见滕佳一:《承包地利用的守成与突破——以土地经营权法律定位的检讨为中心》,载《交大法学》2021年第1期,第147页。
② 参见公茂刚、王佳虹:《农业补贴、"三权分置"与农户农业生产经营——基于CHFS数据的实证分析》,载《统计与信息论坛》2021年第1期,第91页。
③ 参见高小刚、谷昔伟:《"三权分置"中农地经营权融资担保功能之实现路径——基于新修订〈农村土地承包法〉的分析》,载《苏州大学学报(哲学社会科学版)》2019年第4期,第79页。

间进行流转,以实现农地使用权的市场化配置。土地经营权再流转将成为既有制度下我国农地使用权市场化配置的基本路径。[1] 此轮农地法制改革有助于实现农业生产资源的科学配置,提升农户从事农业生产的意愿和能力,助推农地规模化生产经营。[2] 对农地法制改革的背景和初衷的认知水平越高,就越是可以助推农业生产要素的科学配置和农业可持续发展。[3] 农地"三权分置"的权能机制完善可以为农户的权利提供保障,提升其流转农地经营权的内心意愿,进而帮助农户做出最佳的农地使用权流转决策。[4] 同时,农地确权登记颁证制度的实践示范效应非常明显,有效地推动了周边地区相关农地权利体系制度的变革,有利于农业生产的良好发展。[5] 实施农地"三权分置"之后,土地经营权的独立及其稳定性得到极大的提高,有助于化解经营权贷款融资困境,进而增强农业生产经营的绩效,助推农业生产现代化水平的提升。[6]

---

[1] 参见许明月:《论农村土地经营权市场的法律规制》,载《法学评论》2021年第1期,第97页。
[2] 参见杨璐璐、吴群、周应恒,等:《农村土地"三权分置"催生的农民获得感》,载《改革》2017年第1期,第32—48页。
[3] 参见李东轩、刘平养:《三权分置改革中新型农业经营主体的政策认知及其行为响应——以上海市青浦区为例》,载《自然资源学报》2020年第4期,第950—962页。
[4] 参见程久苗:《农地流转中村集体的角色定位与"三权"权能完善》,载《农业经济问题》2020年第4期,第56—65页。
[5] 参见朱莉华、马奔、温亚利:《新一轮集体林权制度改革阶段成效、存在问题及完善对策》,载《西北农林科技大学学报(社会科学版)》2017年第3期,第143—151页。
[6] 参见邹伟、崔益邻:《农地经营权稳定性对农业生产绩效的影响——基于中介效应模型的分析》,载《中国土地科学》2019年第7期,第48—57页。

第六章 《民法典》中农地权利的体系结构及其创新

为推进乡村振兴战略实施,实现农地适度规模经营,《民法典》将农地"三权分置"权利结构纳入其中,构成中国农村土地法制改革的重大创新。在落实集体土地所有权的基础上,依据《民法典》第三百三十九条,土地经营权可通过承包经营权的出租、入股或其他方式流转产生,形成"集体土地所有权—土地承包经营权—土地经营权"新型农地制度体系。土地经营权人不限于农户,突破"两权分离"权利结构下土地承包经营权流转的制度性限制,为土地经营权流转入市提供制度基础,有助于化解农地细碎化耕作困境。《民法典》第三百九十九条摈弃了耕地使用权无法作为抵押客体的制度规范,对土地承包经营权抵押予以制度性松绑,有助于农户实现融资目的。将承包经营权作为抵押客体的抵押权在实现时,为避免承包方失去承包地,可以运用强制管理的实现方式,进而达到保障债权实现的目的。与此不同,对于将土地经营权作为抵押客体的抵押权在实现时,便可以运用一般担保物权的实现机制,进而化解新型农业经营主体的融资困境。

第一节 《民法典》中农地"三权分置"权利体系

农地法制改革事关我国亿万农户的权益和乡村振兴战略的实施,是我国推进全面深化改革的重要内容,也是编纂《民法典》过程中必须回应之时代课题。为解决农地细碎化耕作的实践困境,实现农业适度规模经营目标,进而推进乡村振兴战略的实施,《民法典》确立了农地"三权分置"新型权利体系。这一权利体系具有很强的实践面向性和丰富的制度意蕴,旨在解决"两权分离"权利结构存在的实践难题,是我国农村土地法制改革的重大创新。从中央层面提出这一改革设想至今,学界围绕这一权利体系的相关问题进行了许多深入探讨,对此项法制改革的政策背景和改革目标、三种权利的性质及功能、制度实现的困境及其解决路径等问题进行了系统性的分析。另外,针对如何经由农地"三权分置"改革以推动农地资源的高效利用,亦有丰硕的研究成果呈现。①

本轮农地法制改革是对农地"两权分离"权利结构的持续深化,并且伴随经济社会的发展,在农地权利体系的构建方面获得了突破,体现为,在农地"两权分离"权利体系下创设了"三权分置"结构形式。自2014年中共中央提出该项改革设想伊始,标志着农地"三权分置"在国家政策层面已成为当前我国改革的主要内容。循此,我国农地权利体系在"两权分离"结构基础上发展出的"三权分置"权利体系,应当作为实施乡村振兴战略过程中完善我国农地法律制度的基本依循。② 经由土地承包经营权的流转以分置出新的权利类型,即土地经营权,构成了我国本轮农地法律制度改革的核心内容。③ 为此,科学解析农地新型权利体系的制度内涵,从立法层面实现制度供给就成为《民法典》编纂和《农村土地承包法》修正进程中需要回应的课题。

应当说,修正之后的《农村土地承包法》存在的制度困境就是"三权分置"之下"三权"的关系并不明晰,进而导致相关规范架构缺少法理根基。④《农村土地承包法》的修正夯实了承包地新型权利体系的制度根基,奠定了本轮农地法制改革由政策转为制度的基础。但是,就本次修正所呈现出的法效果而言,修正后的《农村土地承包法》仍然没有对农地"三权分置"体系下的几项权利之间的关系进行非常清晰的梳理,导致在此种新的农地权利体系之下几项承包地权利之间呈现出许多的不明之处。⑤ 在推进本轮农地权利体系改革的当下,农村集体与农户、农户与新型经营主体、农村集体与新型经营主体三种法律关系并存,这种生产关系的多元性和复杂性要求必须界清三种权利的边界,使三种权

---

① 参见孙新华、柳泽凡、周佩萱:《"三权"分置中的地权整合与土地集中利用——以皖南河镇为例》,载《南京农业大学学报(社会科学版)》2020年第1期,第3页。
② 参见高帆:《中国城乡土地制度演变:内在机理与趋向研判》,载《社会科学战线》2020年第12期,第60页。
③ 参见陈小君:《我国涉农民事权利人民法典物权编之思考》,载《广东社会科学》2018年第1期,第221页。
④ 参见房绍坤:《〈农村土地承包法修正案〉的缺陷及其改进》,载《法学论坛》2019年第5期,第6页。
⑤ 参见刘禹宏、杨凯越:《中国农地制度之纷争:"三权分置"的权利关系、法理冲突及其解决途径》,载《安徽师范大学学报(人文社会科学版)》2020年第2期,第141页。

利主体能够最大限度地发挥作用。① 如果权利边界不明晰,会阻碍农地法制改革的推进,也会导致土地承包经营权流转和土地经营权再流转的交易成本过高,无形中会增加农地的经营风险,进而导致农地"三权分置"法制改革很难达到政策追求的预期。

当前,学界对通过农村土地"三权分置"法制改革激活沉睡的农地财产、提升农民的财产性收益,基本达成共识。就目前研究而言,学界对农地"三权分置"法制改革的创新价值主要关注两个方面。其一,探讨农地"三权分置"法制改革对于推动农地使用权流转的必要性。伴随工业化进程和城市化发展,大量农民离开农地流向城市,人地分离现象非常普遍,使得土地承包经营权和土地经营权的分离成为一种常态,农地闲置及农地权利的再配置构成亟须化解的难题。伴随经济条件的变化以及现代农业的发展,农地权利制度也应予以适应性的调整,农地"三权分置"法制改革就此应运而生。其二,分析农地"三权分置"法制改革对于推进农地使用权流转的重要价值。② 农地"三权分置"法制改革有助于推动耕地资源的使用权在更大的范围内实现科学配置,且能够同其他的农业生产要素进行组合,在很大程度上化解农地承包和实际经营的分离问题。

但是,在落实上述举措的具体手段和方式上,仍然具有争议,其中,非常大的分歧点就聚焦于在新时代应确立何种农村土地权利体系和制度。③ 之前,农村家庭承包经营制度作为我国农地制度的核心,助推了我国农地资源的科学配置以及农业生产效益的提升。伴随我国农地使用权流转的推进,农地的承包方和实际经营者产生了分离,如何处理二者的权利义务关系就成为必须面对的命题。④ 当前学界无论是对农地"三权分置"的权利结构,还是对"土地经营权"的定位均存在重大争议,对农地"三权分置"的权利结构更远未达成共识,难以为农地法制改革和乡村振兴的实现提供理论支持和制度保障。

可见,我国《民法典》将农地"三权分置"纳入其中规范,乃以我国目前正在

---

① 参见白雪秋、包云娜:《牧区草场"三权分置"内涵、目标及改革重点——基于〈资本论〉土地所有权理论》,载《华中农业大学学报(社会科学版)》2020年第1期,第16页。
② 参见陶自祥:《"三权分置"与农村土地流转制度创新——以C县"虚拟地块"制度创新为例》,载《思想战线》2019年第6期,第129页。
③ 参见蔡超:《"三权分置"还是"两权置换"?——城乡融合发展视域下的土地制度改革构想》,载《西北农林科技大学学报(社会科学版)》2021年第1期,第89页。
④ 参见孙新华、柳泽凡、周佩萱:《"三权"分置中的地权整合与土地集中利用——以皖南河镇为例》,载《南京农业大学学报(社会科学版)》2020年第1期,第3页。

推进的全面深化改革及全面依法治国为背景,在私法层面将国家关于农地改革的政策予以制度具体化。因而,《民法典》物权编将农地"三权分置"入典,彰显了我国基本经济体制尤其是农村集体经济经营体制改革在民法中的制度体现。[①] 在《民法典》适用中,为更好地发挥农地"三权分置"权利体系的实践效用,需要科学界定三种权利的具体内涵和相互关系,逐步建立规范高效的土地经营权流转机制,认真研究农地融资担保制度规则,进而提供推动乡村振兴的承包地制度方面的法律规范。具体而言,以下问题亟须回答:

(1)《民法典》确立的农地"三权分置"新型权利体系,具有何种法理基础和实践面向性?在实践中,农地"两权分离"权利结构出现了哪些实践困境?农地"三权分置"新型权利体系具有何种实践效用和制度优势?

(2)农地新型权利体系的制度结构如何?如何正确处理农村土地集体所有权、承包经营权和经营权这三种权利的私权结构,进而在乡村振兴背景下构建科学合理的农地产权制度架构?[②]

(3)在解释和适用《民法典》确立的农地权利体系时,如何充分放活土地经营权,进而适应农业新技术进步对适度规模经营的现实性需求?如何充分发挥土地承包经营权和土地经营权融资担保的制度功能?

对这些问题的回应,直接决定着《民法典》中农地权利体系实践功能的发挥,影响着乡村振兴战略的实施。

第二节 农地"三权分置"入典的实践面向

《民法典》确立农地"三权分置"权利体系,旨在解决"两权分离"权利体系下农地细碎化耕作的弊端,满足现代农业发展对农地适度规模经营的需求。

一、农地"两权分离"权利体系的实践难题

长期以来,农地"两权分离"权利体系对我国农业发展和社会进步发挥了重

---

① 参见龙卫球:《民法典物权编"三权分置"规范的体系设置和适用》,载《比较法研究》2019年第6期,第62页。
② 参见蔡立东、姜楠:《农地三权分置的法实现》,载《中国社会科学》2017年第5期,第103页。

大作用。实行改革开放之后,为激发农户的生产积极性,解决人多地少的矛盾,最大化地利用农地,顺应农户关于自主承包经营的强烈意愿,我国实行了家庭联产承包责任制,并以此为基础构建起农地"两权分离"权利体系。在当时,实行农地"两权分离"权利体系,是由我国的基本国情以及农业发展状况决定的。这种农村土地制度具有显著的中国特色。一方面,人多地少是我国的最大国情,土地制度也需要充分体现公平,确立农村土地集体所有权是合适选择;另一方面,中国要解决十几亿人的吃饭问题,需要发展市场经济来提高效率,以家庭经营为基础的土地承包经营权很好地适应了农业发展的特点。[1] 在此种权利体系中,从农地所有权分离出农户享有的承包经营权,使农户分享前者的占有、使用和收益权能,获得以前无法享有的对农地的经营自主权和对农产品的处置权,提升了农户的生产积极性,助推农户得以充分运用家庭资源,提高了当时农村社会的劳动生产率。[2] 从几十年的实践看,"两权分离"权利体系既能激发农户的农业生产热情,解决农业生产的效率难题,又可保障农户的生存,解决农地资源配置的公平问题,符合我国农村生产实际,因而能够得到农民的支持和拥护,是被实践证明的合理有效的制度安排。[3]

但是,应当意识到,经过我国农村几十年的发展,农地"两权分置"权利结构也面临着一些新的实践问题需要解决。

其一,随着中国社会经济发展和城镇化进程的加快,大量农民离开农村,农业劳动者的数量和比重均出现大幅度的下降。[4] 这引发我国农业生产要素配置发生了一些改变,在一定程度上导致出现农地撂荒现象。其中,不少外出务工的农户将土地承包经营权流转,将农地交由他人耕种。[5] 但是,在"两权分离"权利体系中,农村集体土地所有权与农户土地承包经营权的分离只是集体内部的权利分置,原则上只有本集体经济组织的农户方有权取得集体土地的使

---

[1] 参见韩长赋:《关于深化农村改革的几个问题》,载《农村工作通讯》2014年第22期,第7页。
[2] 参见陈小君:《我国农村土地法律制度变革的思路与框架——十八届三中全会〈决定〉相关内容解读》,载《法学研究》2014年第4期,第4—25页。
[3] 参见韩长赋:《关于深化农村改革的几个问题》,载《农村工作通讯》2014年第22期,第7—8页。
[4] 参见耿卓:《农地三权分置改革中土地经营权的法理反思与制度回应》,载《法学家》2017年第5期,第14页。
[5] 参见高飞:《土地承包权与土地经营权分设的法律反思及立法回应——兼评〈农村土地承包法修正案(草案)〉》,载《法商研究》2018年第3期,第4页。

用权,因而形成农地使用的固化现象。①

其二,我国传统农业的细碎化耕作方式,在一定程度上限制了农业技术的应用。随着农业技术的进步,需要转变传统经营模式,转向适度规模经营这一现代农业生产方式。但是,就制度结构看,在"两权分离"权利体系下,每个以家庭为单位的农户作为承包经营权的主体都是单独的生产经营单位。这是一种细碎化的农业生产方式,明显妨碍最大限度地释放农地作为农业生产要素的实际价值,在很大程度上妨碍了农业的适度规模化经营,亟须进行必要改造。

其三,由于权利主体受到农户身份限制,土地承包经营权难以进行流转,难以形成适度规模经营。在"两权分离"权利体系中,土地承包经营权的权利主体具有特定性,必须具备集体成员身份,只能对其所在集体的土地享有承包权利。② 土地承包经营权被禁锢于农户手中,必然会造成农村市场的相互分割,使权利无法顺畅流转,限制了农业产业现代化转型。③ 另外,土地承包经营权实行一次分配原则,"增人不增地、减人不减地",不得随意调整权利。由于受到权利主体身份属性的钳制,培育新型农业经营者以及推动适度规模经营的制度目的遇到了阻力。④

其四,在《民法典》颁布之前,耕地使用权不能作为抵押权的客体。虽然土地承包经营权不得作为抵押客体的目的在于严格保护耕地,防止农户失地,但是,这也导致农户难以通过农地融资担保,在一定程度上制约了农业生产经营和扩大再生产。从农业发展规律看,农业现代化需要大量的资金支持,但对农业经营主体而言,由于作为最重要资产的土地承包经营权无法抵押,农地资源处于"沉睡"之中。⑤ 因此,这种制度设计使土地承包经营权难以进入市场,阻碍了农业经营主体的融资需求,无法实现土地的市场价值。

上述"两权分离"权利体系遇到的人地分离加剧、自由流转受限和农业资金

---

① 参见谢潇:《民法典编纂视野下土地经营权概念及规则的妥当构造》,载《当代法学》2020年第1期,第45页。
② 参见孙宪忠:《推进农地三权分置经营模式的立法研究》,载《中国社会科学》2016年第7期,第152页。
③ 参见马俊驹、丁晓强:《农村集体土地所有权的分解与保留——论农地"三权分置"的法律构造》,载《法律科学》2017年第3期,第143页。
④ 参见高飞:《土地承包权与土地经营权分设的法律反思及立法回应——兼评〈农村土地承包法修正案(草案)〉》,载《法商研究》2018年第3期,第4页。
⑤ 参见耿卓:《农地三权分置改革中土地经营权的法理反思与制度回应》,载《法学家》2017年第5期,第14页。

短缺等新问题,倒逼农地法制变革。在本轮"三权分置"法制改革过程中,着力使农地使用权脱离农户资格属性,从中生成土地经营权,作为一种纯粹财产权进入市场,在交易中实现利益最大化。①

二、农地"三权分置"权利体系的制度功能

在农地适度规模经营的现实性需求之下,本轮农地权利制度改革得以展开。在农地"三权分置"新型权利体系下,三项权利归属于不同的当事人。② 按照"三权分置"法制改革的思路要求,土地经营权由新型经营主体享有,助推适度规模经营法目的的实现。这一改革是中国特色现代农地制度的核心,旨在解决现代农业生产实践对物权制度提出的新问题。③

在"三权分置"权利体系中,以维护农村集体土地所有权为前提,通过创设并放活土地经营权,合理引导城市经济力量进入农地市场领域,为现代化农业生产提供制度供给。在"两权分离"权利结构下,受制于农户的身份性禁锢,农地基本上处于沉睡状态。与此不同,农地"三权分置"权利结构可唤醒沉睡的农地资源,使其可通过设立和流转土地经营权的方式进入市场流通。④ 毕竟,实现农地保护不应以禁止农地使用权的转让、出租或抵押为前提。

在坚持土地承包经营权的基础上,运用市场在农业生产要素中的调解作用,有助于提升农地的利用效率。为发挥市场机制的作用,需要保障土地经营权的自由流转,并维护新型经营主体所取得的土地经营权的确定性。可见,在农地之上创设新型的经营权,并通过其有序流转,对实现农业适度规模经营具有非常重要的意义,是我国农地法制改革的重要创新。⑤

按照现代农业生产的发展规律,需要应社会发展对农地法律制度进行适时变革。之前的农地权利结构,直接影响到生产要素的合理配置⑥,引发农业生

---

① 参见马俊驹、丁晓强:《农村集体土地所有权的分解与保留——论农地"三权分置"的法律构造》,载《法律科学》2017年第3期,第143页。
② 参见孙宪忠:《推进农地三权分置经营模式的立法研究》,载《中国社会科学》2016年第7期,第154页。
③ 参见蔡立东、姜楠:《农地三权分置的法实现》,载《中国社会科学》2017年第5期,第102页。
④ 参见李忠夏:《农村土地流转的合宪性分析》,载《中国法学》2015年第4期,第123—141页。
⑤ 参见耿卓:《农地三权分置改革中土地经营权的法理反思与制度回应》,载《法学家》2017年第5期,第15页。
⑥ 参见蔡立东、姜楠:《农地三权分置的法实现》,载《中国社会科学》2017年第5期,第105页。

产组织和农作物收获成本过高等问题,且不利于现代农业技术的应用①。农地"三权分置"法制改革的目的在于合理调整农地产权结构,尤其是创设并放活土地经营权,实现农地资源的优化配置。② 这彰显了现代物权制度从归属到利用的发展趋势。③

本轮农地权利制度改革的重要内容,体现为创设了土地经营权制度。土地经营权的制度功能至少可体现为以下几个方面:第一,在坚持农村集体土地所有权和农户承包经营权的基础上,寻求农地法制改革的突破口;第二,经由土地经营权流转,化解农地撂荒和耕作模式细碎化问题;第三,有效培育新型农业经营主体,并合理处理其与农户的法律关系;④第四,允许新创设的此项经营权作为担保客体,为新型经营主体从事农业经营提供资金保障;⑤第五,土地经营权入市可充分发挥市场作用,为实现农地资源的科学配置和规模化、高效化经营提供权利基础。

可见,农地"三权分置"之下,我国农村土地权利经历了两次分离,一是从土地所有权中分离出土地承包经营权,二是从土地承包经营权中生发出土地经营权,反映了农地权利制度从注重所有到侧重使用的现代发展趋势。前者重在为农户提供社会保障,后者则重在追求农地的高效利用。⑥ 为此,《民法典》在农业适度规模经营的现实需求下进行了制度回应。另据试点地区的实践证明,"三权分置"权利体系不仅促进了农业产业发展,而且取得了非常好的社会效益,是农地法制改革的重大创新。⑦

建构清晰和科学的农地"三权分置"权利体系是推进农地法制改革的题中

---

① See Laure Latruffe and Laurent Piet, *Does Land Fragmentation Affect Farm Performance? A Case Study from Brittany , France*, Agricultural Systems, vol. 129, 2014, p. 78.
② 参见韩长赋:《土地"三权分置"是中国农村改革的又一次重大创新》,载《光明日报》2016年1月26日,第1版。
③ 参见高圣平:《农地三权分置改革与民法典物权编编纂——兼评〈民法典各分编(草案)〉物权编》,载《华东政法大学学报》2019年第2期,第14页。
④ 参见陈锡文:《关于解决'三农'问题的几点考虑——学习〈中共中央关于全面深化改革若干重大问题的决定〉》,载《中共党史研究》2014年第1期,第13页。
⑤ 参见耿卓:《农地三权分置改革中土地经营权的法理反思与制度回应》,载《法学家》2017年第5期,第16页。
⑥ 参见朱广新:《土地承包权与经营权分离的政策意蕴与法制完善》,载《法学》2015年第11期,第98页。
⑦ 参见孙宪忠:《推进农地三权分置经营模式的立法研究》,载《中国社会科学》2016年第7期,第146页。

之义,也是实现乡村振兴必须回应的课题。这一权利体系中所形成的农村土地权益冲突必然需要经由法律制度安排来进行调整,解决可能出现的不公平或不效益问题,在最大限度上发挥农地制度的价值功能。① 推动农业经济发展必然需要以农地具有科学和清晰的权利体系为前提。毕竟,农地使用权市场配置的效益直接取决于农地权利体系的明晰性、完整性。② 如果欠缺此项条件,新型农业经营者将可能会考量交易成本而减少向农地的投资行为。

正确解读农地"三权分置"下三项权利之间的关系,包括农村集体土地所有权和土地承包经营权,以及土地承包经营权和土地经营权的关系是一项亟待解决的问题,不会因《农村土地承包法》的修正和《民法典》的颁布实施就显得过时或者没有必要。③ 学界对农地"三权分置"由农地政策向法律制度转化过程中存在的分歧主要体现为两个方面:其一,土地承包经营权是否需要及有无可能分置;其二,土地承包经营权生发出土地经营权之后,如何理解及处理二者的关系。④ 就权利生成路径而言,土地经营权生发自土地承包经营权的债权性流转,若后者未发生流转,那么,后者仍然由承包农户享有;若后者发生了债权性流转,则受让人取得的就是新型承包地权利体系中新创设的经营权。⑤

第三节 农地"三权分置"的体系结构

农地新型权利结构丰富了我国农村土地集体所有制的法律实现形式,为实现适度规模经营目标提供制度根基。农地"三权分置"在修正之后的《农村土地承包法》进行确认之后又被纳入《民法典》之中,具有将其上升为基础性法律所

---

① 参见李玲玲、李长健:《对农村土地承包经营权具体期限设置的思考——基于"轮+期限"与"适当调整"法律适宜性的探讨》,载《西北农林科技大学学报(社会科学版)》2020年第4期,第86页。
② 参见刘守英、颜嘉楠、冀县卿:《集体地权制度下农地合约选择与经营体制变迁——松江集体村社型家庭农场的案例分析》,载《中国农村经济》2021年第2期,第20页。
③ 参见张永健:《农村耕地的产权结构——成员权、三权分置的反思》,载《南大法学》2020年第1期,第82页。
④ 参见廖洪乐:《农地"两权"分离和"三权"分置的经济学与法学逻辑》,载《南京农业大学学报(社会科学版)》2020年第5期,第110页。
⑤ 参见赵龙、阮梦凡:《土地经营权抵押的破产处置——以"浙江大唐生态农业公司破产案"为实践》,载《法律适用》2020年第2期,第28页。

确立的新型农地权利体系的价值。[1] 如何理顺三项权利之间的关系,就成为必须回应的课题。[2] 只有清晰和完善的农地"三权分置"权利体系方能够更好地推进我国农村土地法律制度改革。[3] 自改革开放以来,我国农地权利体系的改革呈现出渐进式的演进路径。一般而言,依循以下改革思路。首先,由农村基层自发创新,或者由国家层面选择试点区域,在一些区域就某项主题先行进行实践性试点。其次,经检验效果之后,将相关成功经验上升为农业政策。最后,农业政策在全国更大范围的农村地区施行且验证效果之后,由立法机关将农业政策上升为法律。我国农地权利体系改革的演变路径,既同我国历来推行渐进式的改革方式有关,亦同我国特有的社会治理方式密切相关。就以前的经验而言,国家推出的农地改革举措及政策,在很大程度上主要受到经济学的影响,尤其是,关注经济效益。经济学重点关注农业生产效益,并将其排在首位。依循经济学逻辑,只有生产出充足的产品,公平性目标的实现方具有物质性基础,如果过分强调公平,则会影响到经济效益目标的实现。而另一方面,立法机关制定或修正农地相关法律时,则又需要受到法律逻辑的约束,关注的重点是权利的生成、界定以及保护问题。[4]

一、农地集体所有权派生用益物权本质的土地承包经营权

在农地"三权分置"权利结构中,要坚持农村土地集体所有权,即农村土地集体所有制的法权形式,彰显农地权利体系的公平价值,在一定程度上为农户提供社会性保障。任何农地法制改革都需尊重既有的法律制度和权利体系。坚持农村土地集体所有权,意味着无论从所有权中游离而出的这些权能配置到何人手中,农地所有权仍然属于农村集体。

历史证明,成功的农地法制改革要秉持公平正义的法治理念,要为保护农民根本权益提供制度依据。[5] 针对农地的法制改革,要避免出现农户失地的情

---

[1] 参见龙卫球:《民法典物权编"三权分置"规范的体系设置和适用》,载《比较法研究》2019年第6期,第59页。
[2] 参见陈小君:《土地改革之"三权分置"入法及其实现障碍的解除——评〈农村土地承包法修正案〉》,载《学术月刊》2019年第1期,第90页。
[3] 参见房绍坤:《〈农村土地承包法修正案〉的缺陷及其改进》,载《法学论坛》2019年第5期,第6页。
[4] 参见廖洪乐:《农地"两权"分离和"三权"分置的经济学与法学逻辑》,载《南京农业大学学报(社会科学版)》2020年第5期,第109—110页。
[5] 蔡立东、姜楠:《农地三权分置的法实现》,载《中国社会科学》2017年第5期,第106页。

况。质言之,农地"三权分置"权利体系的构建,是在坚持农村土地集体所有权基础上的改革(《民法典》第二百六十条),改革的重点在于对农地的使用权,而非农村土地的集体所有权。农地集体所有的归属性质不改变,彰显着我国农地权利体系蕴含的公平理念,可使农户具有安身立命的基础。[①]

就权源结构而言,农地所有权是承包经营权的母权基础,是开展家庭承包经营的前提。农地法制改革不应让既有权利人受到不当损失。这一权利结构具体涵括坚持农村土地归属于集体、稳定农户土地承包经营权、放活新型经营主体的土地经营权三个方面。倘若土地承包经营权无法稳定,那么,就违背了农地法制改革的初衷。因此,在农地"三权分置"权利体系中,一定不应改变承包经营权之权利称谓和性质。[②] 正是基于此项权利的效力,农户才得以对农地占有、使用,并获取农地承包经营的收益。[③] 对农地占有、使用、收益和处分是农地所有权之权能,但此几项权能可同所有权相分离,而转由所有权人之外的农户享有。这是"权能分离"理论的体现,借此也可解释土地所有权的弹力性特性。由所有权派生出限制物权,犹如皮球因受压而变形,待此项限制物权消灭之后,所有权基于弹力性以恢复原状。[④]

《民法典》保留了土地承包经营权的概念和称谓,值得肯定! 为实现农地资源的高效利用,客观上要求《民法典》为农地权利的行使创制条件。[⑤] 基于此,《民法典》继续沿用了土地承包经营权这一被亿万农户普遍理解、广泛接受和衷心拥护的法权概念,在制度变革成本最低化的基础上,实现契合权利生成逻辑和稳定新型经营主体农地经营预期的双重目的。[⑥] 因为,倘若土地承包经营权不能做到"长久不变",那么,由此生发的土地经营权必定也无法稳定。[⑦]《民法典》将此项权利界定成物权,置于各类用益物权之首,可见立法机关对于此项权

[①] 参见马俊驹、丁晓强:《农村集体土地所有权的分解与保留——论农地"三权分置"的法律构造》,载《法律科学》2017年第3期,第141页。

[②] 参见孙宪忠:《推进农地三权分置经营模式的立法研究》,载《中国社会科学》2016年第7期,第162页。

[③] 参见王利明主编:《民法》(第七版),中国人民大学出版社2018年版,第270页。

[④] 参见陈华彬:《民法物权论》,中国法制出版社2010年版,第158页。

[⑤] 参见王利明:《全面深化改革中的民法典编纂》,载《中国法学》2015年第4期,第38页。

[⑥] 参见单平基:《分解、舍弃抑或改造:〈民法典〉编纂中土地承包经营权的定位》,载《南京农业大学学报(社会科学版)》2020年第3期,第130页。

[⑦] 参见孙宪忠:《推进农地三权分置经营模式的立法研究》,载《中国社会科学》2016年第7期,第146页。

利的重视。这一制度安排意味着沿袭土地承包经营权制度[①],发挥其对于农户的社会保障功能。另外,为提升农地的使用效益,推动规模经营,《民法典》允许承包方将承包经营权流转而生成土地经营权,对农地使用权进行再次配置,进而释放农地的财产性价值,发挥生产要素经由市场化方式进行配置的作用。《民法典》的这一制度安排兼顾农地的生产要素以及社会保障功能,能够协调效率和公平的价值冲突。[②]

事实上,我国关于农地使用权的制度规范并非仅在《民法典》中有体现,相当部分内容被《农村土地承包法》《土地管理法》等法律所共同规范,形成了公私法交融调整的局面。[③]

二、土地承包经营权生发债权性质的土地经营权

农地"三权分置"较"两权分离"在权利结构上的差异,主要体现就是前者创设了新的权利类型,即土地经营权,据此可实现纯粹财产权性质的土地经营权与具有农户身份属性的承包经营权的相互分离。

从土地经营权的源起看,此项权利本来就是农地"三权分置"的产物,作为一项独立权利类型需要在"三权分置"权利体系之下方可形成,也可称作"三权分置"型土地经营权。在农地"三权分置"的权利语境下,土地经营权生发自土地承包经营权,即由承包农户流转农地使用权,在此过程中,由土地承包经营权生发出由第三人享有的土地经营权。依据相关法律规定,作为承包方的农户有权流转承包地的经营权,具体可由其依法自主选择采用出租、入股或其他方式向其他人流转土地经营权,进而形成农村集体土地所有权、承包经营权和新创设的经营权相分置之制度架构。[④] 例如,将土地经营权作价入股公司是落实本轮农地法制改革的重要举措,是放活土地经营权的重要形式,也成为助推农地

---

① 参见张永健:《农村耕地的产权结构——成员权、三权分置的反思》,载《南大法学》2020年第1期,第82页。
② 参见高圣平:《农地三权分置视野下土地承包权的重构》,载《法学家》2017年第5期,第1—12页。
③ 参见陈小君:《〈民法典〉物权编用益物权制度立法得失之我见》,载《当代法学》2021年第2期,第4页。
④ 参见郭志京:《民法典视野下土地经营权的形成机制与体系结构》,载《法学家》2020年第6期,第31页。

适度规模化经营以及提升现代农业发展的重要路径。①

从土地经营权的生成逻辑看,它生发自土地承包经营权。稳定土地承包经营权的目的在于实现农地对农户的生存保障功能,且为生发土地经营权提供制度基础,为实现农地适度规模经营提供私法依据和制度根基。就像由所有权中派生出承包经营权之后,前者的权利名称和性质未发生变化一样,由土地承包经营权生发出新的经营权也不会导致前者的权利名称和法律属性发生变化。②因此,农地"三权分置"权利体系体现为"土地所有权(农村集体)—土地承包经营权(农户)—土地经营权(新型经营主体)"。构建农地"三权分置"权利体系的核心,需要确定新创设的土地经营权的权利性质和内容。

关于新创设的土地经营权之法律属性,学界提出了物权说、债权说、物权与债权区分说等不同的观点。有学者就主张,为便于以此项权利进行融资,应将土地经营权定性为派生于土地承包经营权的用益物权。③ 有学者认为,将土地经营权与土地承包经营权一同定性为用益物权与一物一权原则冲突,土地经营权应定性为债权。④ 有学者认为,应以五年期限为界,将设定于土地承包经营权之上的土地经营权分别定性为物权(五年以上)或债权(五年以下)。⑤

就规范解释看,《民法典》对土地经营权最终采用了债权定性的立法方式。这集中体现为《民法典》第三百三十九条的规定,承包方有权"自主决定依法采取出租、入股或者其他方式向他人流转土地经营权",即土地经营权的产生得益于承包经营权的债权性流转,由此生成的土地经营权应纳入债权范畴,难以生成用益物权性质的权利。⑥ 与此不同,土地承包经营权的互换、转让属于物权性流转,将会引发此项权利的整体变动,但不会分离出新的土地经营权。另外,

---

① 参见文杰:《"三权分置"下土地经营权入股公司的法律问题探讨》,载《中国土地科学》2019年第8期,第34页。
② 参见高圣平:《农地三权分置改革与民法典物权编编纂——兼评〈民法典各分编(草案)〉物权编》,载《华东政法大学学报》2019年第2期,第16页。
③ 参见陈小君:《土地经营权的性质及其法制实现路径》,载《政治与法律》2018年第8期,第2—12页。
④ 参见单平基:《"三权分置"理论反思与土地承包经营权困境的解决路径》,载《法学》2016年第9期,第54—66页;单平基:《"三权分置"中土地经营权债权定性的证成》,载《法学》2018年第10期,第37—51页。
⑤ 参见宋志红:《再论土地经营权的性质——基于对〈农村土地承包法〉的目的解释》,载《东方法学》2020年第2期,第146—158页。
⑥ 对此的详细论证,参见单平基:《"三权分置"中土地经营权债权定性的证成》,载《法学》2018年第10期,第37—51页。

若再确立一项他物权,在规范构建上必然会产生如何处理与具有几乎完全一样权利内容的承包经营权关系的困境。

一方面,经由土地承包经营权出租生发的土地经营权应纳入债权范畴。土地承包经营权出租时,农户将农地出租给他人耕种,承租人按照租赁合同约定支付租金,并取得承包地的经营权。[①] 因此,承租人就成为农地的经营权人。依据民法理论,出租属于债权性处分的范畴,具体通过租赁合同来实现。在这种流转形式中,新的土地经营权人所取得的是租赁合同中的债权,而非用益物权。

另一方面,经由土地承包经营权入股生发的土地经营权也应界定为债权。此时,农户并未失去对农地的承包经营权,因入股生发的此项经营权具有相对性、暂时性等特点,属于债权范畴。[②] 因此,土地承包经营权入股的法律效果类似于出租,但与后者不同,在入股后,农户仍可在自愿联合从事合作生产经营的合作地上生产经营。[③]

因此,即便农户将土地承包经营权出租出去,或者将其入股,产生土地经营权之后,也并不导致前项权利的丧失。换言之,农户仍是土地承包经营权的主体,仅是他们在土地经营权存续期内不直接经营农地,对农地的占有由直接占有变为间接占有,直接占有者为土地经营权人。

与出租、入股不同,转让形式在本质上是一种物权性质的流转,即彻底将土地承包经营权让渡给他人。这种流转形式没有生发出新的经营权,但会导致农户脱离原承包经营关系。在转让后,农户与集体的原土地承包经营关系将会终止,农户将自己原来的承包经营权转让给他人,后者成为新的土地承包经营权人,权利人发生变化。因此,土地承包经营权的转让没有生成新的土地经营权,也无所谓对土地经营权定性。与转让相似,土地承包经营权互换也属于物权流转范畴,双方互相交换行使之前的土地承包经营权,属于易货式流转,也没有生成新的土地经营权,而只是权利主体的变更。

必须强调的是,土地承包经营权是否发生流转,是否可生发土地经营权,应当尊重农户的自身意愿,不能搞"一刀切"式地强行性流转。经由土地承包经营

[①] 参见王利明主编:《民法》(第七版),中国人民大学出版社2018年版,第267页。
[②] 参见单平基:《"三权分置"中土地经营权债权定性的证成》,载《法学》2018年第10期,第43—44页。
[③] 参见朱广新:《土地承包权与经营权分离的政策意蕴与法制完善》,载《法学》2015年第11期,第93页。

权的出租等债权性流转形式生发出新的经营权时,需要依循权利人的内心意愿。以家庭为单位的承包的权利人是农户,而非将承包经营权分割为单个成员享有的份额。因此,不能因农户中的成员进城(升学、参军、工作)等,就强制性地收回农地,要依法维护承包农户的合法权益。在此意义上,农地"两权分离"权利结构在《民法典》第三百三十条至第三百三十八条的规范中实际上均有体现。这也是保留土地承包经营权概念和称谓的重要原因。

作为承包方的农户无论是由他人取得土地经营权,还是仍然自己实际经营,都可将土地承包经营权掌控在自己之手,也成为期满向土地经营权人请求返回农地和请求承担其他法律责任的请求权基础。根据物权的回复性原理,在流转期限届满后,完整的承包经营权自然弹回到原承包方之手。

第四节　农地"三权分置"权利制度的具体适用

伴随着《民法典》编纂这一具有重要标志意义的法制工程的完成,学界的关注焦点应由立法论转向解释论层面。其中,《民法典》中农地"三权分置"新型农地权利制度的具体适用,包括土地经营权的权利构造、融资担保等问题,需要从解释论层面予以阐释。农地"三权分置"改革的整体思路是通过农地产权的细化(经营权独立)和明晰(所有权、承包权和经营权权能明确),整体解决当前农地产权的不完整和不稳定问题,以推动农用地流转市场的发展,实现资源的优化配置。①

一、土地经营权的制度构造及其流转

土地经营权是在农地"三权分置"法制改革过程中新创设的一项制度。对新型农业经营者享有的土地经营权进行切实保护,构成了农地"三权分置"法制改革的重要内容,最终目的在于推动农地的高效使用。② 修正之后的《农村土地承包法》就此项权利的流转方式、流转程序、流转合同的解除以及融资担保等

---

① 参见冀县卿、钱忠好:《农地产权结构变迁与中国农业增长:一个经济解释》,载《管理世界》2009年第1期,第172—173页。
② 参见滕佳一:《承包地利用的守成与突破——以土地经营权法律定位的检讨为中心》,载《交大法学》2021年第1期,第154页。

诸多方面均进行了规范。[1] 农村土地法制改革所欲实现的目标对土地经营权的规则构造起着决定性意义。毕竟,土地经营权此项新的权利类型是在农村土地法制改革过程中所创设,聚焦于农村土地制度遇到的实践困境,因此其制度构造,必须契合农村土地改革的法律框架。[2]

在农地"三权分置"的权利结构下,新型农业经营者扮演着重要的角色。很长时间以来,我国都存在着农业经营规模严重偏小,直接导致农业生产难以实现机械化经营的弊端。[3] 为解决这一问题,《民法典》第三百四十条对土地经营权的权利内涵进行了规定。可见,此项权利的主体是土地经营权人,无须具有农户主体身份资格。[4] 土地经营者是掌握农业生产要素的主体,也是先进农业技术的实际操控者。

农地权利体系由"农村土地集体所有权—农户土地承包经营权"两权分离到"三权分置"的演变,有利于回应农地经营的多元化需求。其中,对农地"三权分置"结构中新的权利类型,需从解释论角度阐释土地经营权的权利主体、权利客体、权利取得、权利内容、权利行使、权利期限等问题。

其一,就权利主体而言,土地经营权的权利主体可摆脱农户身份属性限制,扩展至整个民事主体的范围。除农户之外的其他民事主体,包括农村种粮大户、农业股份公司、有限公司及农业合作社等均可成为新型经营主体,进而成为土地经营权人。农户可以更加自由地选择将经营农地的权利(即土地经营权)交由他人行使。

其二,就权利客体而言,土地经营权的客体应当指向土地,即农地。在农地"三权分置"权利体系之下,新型经营主体的土地经营权以及其他两项权利的权利客体均指向农地,形成客体指向的同一性。[5]

其三,就权利取得而言,土地经营权的取得既包括订立土地承包经营权流

---

[1] 参见王洪平:《权益主体视角下农户家庭成员土地承包权益研究》,载《现代法学》2020年第3期,第107页。

[2] 参见谢潇:《民法典编纂视野下土地经营权概念及规则的妥当构造》,载《当代法学》2020年第1期,第44页。

[3] 参见张学艳、田明华、周小虎:《农地"三权分置"结构下参与主体的目标取向和互动博弈》,载《现代经济探讨》2019年第7期,第98页。

[4] 参见陶密:《土地经营权的权利类型及规范逻辑解析》,载《中国法律评论》2021年第1期,第83页。

[5] 参见谢潇:《民法典编纂视野下土地经营权概念及规则的妥当构造》,载《当代法学》2020年第1期,第47页。

转合同的方式,也包括土地经营权再流转的继受取得。

其四,就权利内容而言,土地经营权人可对农地占有、使用和收益。无论采取什么方式取得土地经营权,当事人之间都要订立合同。当事人之间的权利和义务,尤其是经营权的内容,将主要由土地经营合同加以确定。

其五,就权利行使而言,土地经营权脱离了身份属性的限制,原则上在市场上可自由流转和融资担保,较土地承包经营权拥有更大的自由度。但是,土地经营权的行使要严守农地的农业用途,防止出现非粮化、非农化的现象。尤其是,要禁止将农地用作非农建设。

其六,就权利期限而言,土地经营权有期限限制,并非长久不变,应不超过承包经营权的剩余期限。

实施农地"三权分置"政策,关键在于土地经营权的自由流转。这是提升农业生产效率的关键,也是整个农地"三权分置"改革的中心环节。"三权分置"权利体系之下,已涤除身份属性限制的土地经营权可以入市流转和用作融资担保,彰显了土地经营权等新型农地权利的财产权属性,并有助于催生新型农地经营主体。[1]

土地经营权入市的成效须经实证检验,制度设计应符合法律逻辑。土地经营权已摆脱农户身份属性的束缚,权利主体不限于农户,应定性为纯粹的财产权,可进入市场流转。本轮农地法治改革的目的之一就是赋予土地经营权人以稳定、权能充实且有保障的土地经营权。在司法实践中,应积极推动土地经营权向种粮大户、家庭农场、农业合作社、农业股份公司等新型经营主体流转。有学者认为,家庭农场也可成为企业组织机构,进而在保障农户承包经营权的基础上助推农业适度规模经营,家庭经营仍是基本经营方式和典型特征,家庭农场的核心人员来源于家庭,一般属于有血缘或者姻缘关系的家庭亲属,作为家庭农场的重要劳动力资源,开展农业适度规模化生产经营,且拥有独立的财产。[2] 同时,通过土地经营权入股,发展农村集体经济,提升农业生产的现代化水平。

经由农地"三权分置"权利制度的适用,可释放农地融资担保功能,激活沉

---

[1] 参见蔡立东、姜楠:《农地三权分置的法实现》,载《中国社会科学》2017年第5期,第108页。
[2] 参见马治国、李鑫:《家庭农场立法构造研究》,载《广东社会科学》2020年第4期,第227页。

睡的农地资源,增加农民的财产性收入。① 在创设土地经营权的情况下,可赋予承包经营权这种保障方式更为丰富的内涵,即为农户提供保障。

二、土地承包经营权和土地经营权抵押权的实现机制

解决农户融资难是农地"三权分置"法制改革的重要着眼点,需要充分释放土地权利的财产价值和生产要素功能,包括农户享有的土地承包经营权的担保。因此,尚需关注土地承包经营权及土地经营权的抵押权的实现方式等问题,防止农户失地。毕竟,在抵押权实现时,会出现土地承包经营权或土地经营权变动的结果。这需要研究健全土地经营权流转、土地承包经营权和土地经营权抵押等方面的具体办法。

作为一种重要的用益物权类型,土地承包经营权就其权能实现而言,应蕴含可予抵押的因素。为改变农户融资难、缺少抵押物的困境,法律不再禁止耕地使用权抵押。当前,在此项抵押权实现时,如何防止农民失地呢?之前禁止其作为抵押客体,其实是法律基于保障农民基本生活条件所外加的限制,防止因抵押权的实现而导致农户失地。

为防止农户失地,在承包经营权抵押权实现之时,可以土地经营权的流转价款或经营收益优先受偿。② 这实际上是一种强制管理方式。③ 换言之,此时不是对土地承包经营权变卖、拍卖或折价。④ 因为,在适用农地"三权分置"权利制度时,必须认真贯彻中央提出的要保持农民土地承包关系长久不变这个原则的指导思想。⑤

关于土地经营权抵押权的实现机制,因此项经营权不负载农民生存保障因素,自然就没有以法律限制抵押的理由,为能使农地产生更大效益,应赋予其以抵押功能。目前,《民法典》第三百八十一条已明确规定土地经营权可予抵押。

---

① 参见马俊驹、丁晓强:《农村集体土地所有权的分解与保留——论农地"三权分置"的法律构造》,载《法律科学》2017年第3期,第143页。
② 参见房绍坤:《论土地承包经营权抵押的制度构建》,载《法学家》2014年第2期,第41—47页。
③ 参见高圣平:《论承包地流转的法律表达——以我国〈农村土地承包法〉的修改为中心》,载《政治与法律》2018年第8期,第13—28页。
④ 参见房绍坤、林广会:《解释论视角下的土地经营权融资担保》,载《吉林大学社会科学学报》2020年第1期,第8页。
⑤ 参见孙宪忠:《推进农地三权分置经营模式的立法研究》,载《中国社会科学》2016年第7期,第161页。

实际上，有学者认为，土地经营权人可以作为抵押人，也可以作为出质人。在承包经营权没有生发新的经营权的情况下，农户在融资过程中可以把土地经营权予以独立，且抵押或出质给债权人。①

允许农地使用权进行抵押，有助于释放农地价值蕴含的财产属性，可以把家庭农户之前沉睡的农地资产变为可以流动和增值的财产，为我国乡村振兴战略的推进注入金融活力。② 农地"三权分置"法制改革本质上是在对农村集体土地所有权的法律性质进行改变的基础上，将土地经营权创设成一种独立的权利类型，并从土地承包经营权中进行脱离，使土地经营者得以作为融资担保的客体向金融机构申请贷款，化解土地经营者人由于缺乏担保客体引发的贷款难困境。③ 这对改变我国农地的闲置状态，加快农地使用权流转，助推农地适度规模经营具有非常重要的价值，是来源于我国农村农地法制改革实践的理论突破。

就解释论而言，《农村土地承包法》第四十七条第一款前半句中的"经营权"应当解释成承包经营权，而非土地经营权。毕竟，在土地承包经营权流转之前，并未生发新的土地经营权，也没有形成农地"三权分置"权利体系，就谈不上用本不存在的此项权利（即土地经营权）进行融资担保，即若未形成"三权分置"就无所谓土地经营权。依据《民法典》第三百三十九条，农户经由土地承包经营权的流转，可从中分离出为其他人所享有的土地经营权。④ 当前，需要健全土地经营权的具体实现机制以及具体操作层面的实践指引。⑤

这需要构建与此相配套的农地权利的价值评估机制。对农地权利价值的科学合理评估，不仅有助于引导农户自愿和有偿地退出承包经营权，而且是实现和维护农户的承包经营权这一用益物权，进而提升农户财产性收益的重要根据。因而，其一，可以综合考量农地的原用途、农地资源的条件、农地产值和收益、地理位置、农地供求关系、人口和农地所处区域的经济发展水平等诸多因素，对承包地进行分类划分，而且可以借鉴通过征收土地的综合地价计算方法

---

① 参见崔建远：《物权编对四种他物权制度的完善和发展》，载《中国法学》2020年第4期，第28页。
② 参见庞亚君：《推进乡村治理现代化：基于宅基地改革视角的实证分析》，载《治理研究》2021年第4期，第116页。
③ 参见胡小平、毛雨：《为什么土地经营权抵押贷款推进难——基于四川省眉山市彭山区的案例》，载《财经科学》2021年第2期，第109页。
④ 参见郭志京：《民法典土地经营权的规范构造》，载《法学杂志》2021年第6期，第74页。
⑤ 参见杜涛：《中华人民共和国农村土地承包法解读》，中国法制出版社2019年版，第276页。

来对农地使用权的价值予以测算。其二,伴随乡村振兴战略的推行以及农村第二和第三产业的融合发展,今后农地的多重价值功能将会更加显现。尤其是,农地中所蕴含的非市场价值也会更加凸显,包括文化情感、代际传承等,此类价值蕴含在农地之内,亦应被作为评估农地权利价值的考量因素。① 同时,实践中也需要出台相应的政策性惠农融资政策,进而降低融资风险。② 另外,在当前形势下,将抵押权人限定为银行业金融机构,做此限定是有必要的。

以土地经营权设定抵押的目的,在于保障所担保债务的清偿。它属于纯粹财产权,可在市场上流通。③ 即使土地经营权流转至他人之手,也能继续保持承包经营关系的稳定。

以土地经营权作为融资担保的客体,可采用多种担保形式。例如,直接担保、反担保等。其一,将土地经营权进行直接担保,即把土地经营权作为担保标的直接向金融机构予以融资担保。该种模式可由新型经营主体进行直接融资,通常适用于农地规模化程度比较高的区域。其二,以土地经营权进行反担保。这种模式与直接担保不同,不是直接将其作为担保权的客体,而是将其以反担保的形式为作为担保人的第三方提供担保(《民法典》第三百八十七条第二款),降低第三方对债务人的追偿风险。④ 土地经营权融资担保规则不仅极大地拓宽了承包地的融资路径,为现代农业发展所需的资金支持提供融资途径,而且还可以为农地适度规模化经营提供政策和法律制度的强有力支持,对于助推农业适度规模化和集约化经营以及我国现代农业的转型升级意义重大。⑤

综上,农地"三权分置"在立法层面的确立,标志着我国农地法制改革已由立法论向解释论层面发展。私法理论和制度只有在付诸司法实践时方具有现实意义。因此,当前更需要从解释论出发,为推动乡村振兴战略实施提供私法制度保障。在"三权分置"权利体系下,土地经营权生发自土地承包经营权的流转。土地经营权的法律性质应定性为债权。土地承包经营权的出租、入股属于

---

① 参见张勇:《农户退出土地承包经营权的意愿、补偿诉求及政策建议》,载《中州学刊》2020 年第 6 期,第 44 页。
② 参见房绍坤、林广会:《解释论视角下的土地经营权融资担保》,载《吉林大学社会科学学报》2020 年第 1 期,第 14 页。
③ 参见彭诚信、畅冰蕾:《"三权分置"中土地经营权的立法论思考》,载《河南社会科学》2018 年第 8 期,第 12 页。
④ 参见白洋、胡锋:《论我国农地融资担保的制度实现》,载《学术交流》2021 年第 5 期,第 56—57 页。
⑤ 参见丰华:《以农地金融盘活农村土地资产》,载《学术交流》2020 年第 10 期,第 105—113 页。

债权性流转，由此生成的土地经营权应纳入债权范畴。与此不同，土地承包经营权的互换、转让属于物权性流转，会引发土地承包经营权的整体变动，但不会分离新的土地经营权。在适用《民法典》时，应尽量避免对农户的土地承包经营权造成消极影响。土地承包经营权的创设意味着农地不再禁锢于农户手中，为农地融资担保的实现扫除了障碍，进而实现融资担保目的。《民法典》确立的农地"三权分置"权利体系，有助于促进土地经营权的流转和实现农业生产的规模化、高效化和现代化目标，进而推动乡村振兴战略的实施。

结 论

推行乡村振兴战略对打破农村发展桎梏、全面建设现代化国家意义重大，是当前解决"三农"问题的总抓手，需要农地制度作为保障。乡村振兴这一重大战略的提出，具有重要的实践面向性，关乎几亿农户的命运，乃至整个国家的复兴。应当说，乡村振兴目标能否实现，在很大程度上受制于乡村在农村土地法律制度和政策的推动下能否产生新的内生动力。在促进乡村振兴过程中，要产生此种新的内生动力，可能会受到很多条件和因素的约束。其中，非常关键的因素，就是要适度放活作为乡村发展之核心要素的土地权利，进而为乡村振兴提供制度基础。这就需要构建既符合法律逻辑，又契合乡村民情，且清晰可辨的新型农村土地权利体系，尤其是，需要构建科学合理的承包地权利体系。正是在这种情况下，我们需要着重关注乡村振兴时代背景下的农地"三权分置"权利体系问题。

新中国成立以来，我国农村推行了多次土地制度改革，尤其自改革开放以来我国确立的"以家庭承包经营为基础、统分结合的双层经营体制"，极大地适应和促进了农村生产力的发展和进步，调动了农民从事农业生产的积极性，并帮助农户解决了温饱难题。基于农户关于"耕者有其田"的现实性需求，伴随包产到户的推行，我国承包地集体所有权和土地承包经营权发生了首次分离，进而在很大程度上提升了农户的农业生产积极性，大幅提升了农业生产效益。得益于农地包产到户的制度性激励，农户的积极性大大提升，农业生产的监督成本逐步降低，农业发展获得了重要动力。

当前，我国农业生产经营面临的现状是农地经营较为分散而没有适度地集中，农地细碎化的经营局面阻碍了我国现代化农业经营的进程。在此背景下，需要转变传统的家庭细碎化经营模式，助推农地经营权的顺畅流转以及农业适度规模经营目标的实现，化解我国农业竞争力不强的问题，并保障重要农产品的有效供给。农地"三权分置"权利改革就是为解决上述问题而展开。

农地"三权分置"的提出得益于对我国农村经济发展实践经验的深刻总结，已成为当前阶段化解围绕农地法制改革发生的人地矛盾的制度路径，也是实现农业现代化的重大制度性创新。新创设的土地经营权旨在通过推动承包地的有效使用以提高农业经营和发展的效益，转变很长时期以来我国农业细碎化经营及发展缓慢的问题，并助推农村集体经济的发展壮大。

农地"三权分置"的本质内涵就是从农村集体土地所有权中派生出土地承包经营权，进而从后者中生发出经营权而形成的制度结构。在这一过程中，土地承包经营权不会因流转土地经营权而被分置成"土地承包权"和土地经营权，土地承包经营权不会因此消失。因为，从他物权的生成逻辑看，农村集体土地所有权具有完整性，不会因为其派生出他物权而受到影响。农村土地集体所有制是我国农村的一项基本制度，应坚持农村土地集体所有权不变。

在农地"三权分置"权利体系中，土地承包经营权并非自物权，应定位成具有较长期限的用益物权类型。这种权利可以被集体所有权人依法予以调整或收回。在当前阶段，家庭农户经营依然是我国农村的主要生产形式，有相当一部分区域农民的生存保障主要就依赖于农地，这也是许多进城务工的农民返回农村的生存所依。全国推行的农地确权登记在本质上仍然是确认农户享有的土地承包经营的合法地位，并通过登记发证的方式确保农户享有的此项权利不会在土地承包经营权生发土地经营权的流转过程中消失。

土地经营权定性为债权契合农地法制改革的政策精神。随着农地"三权分置"权利结构在法律上的确立，在土地承包经营权的权利流转中会生发出独立的土地经营权类型。土地经营权乃经由土地承包经营权的出租、入股等行为而生成，以债权契约为原因行为，经营权人对土壤进行投资改良、建设相关设施以及此项权利的再流转等，都需要取得承包方的同意，彰显了其债权特征。此项权利的再转让需经农户的同意，不符合物权的属性，而与债权相契合。也就是说，农地"三权分置"权利结构中土地经营权应定性为一项债权。

为深化我国农村改革，在处理好农地集体所有与农户家庭承包经营的关系的同时，应当科学处理在农地权利流转中承包农户和新型经营主体之间的法律关系。伴随我国工业化和城镇化进程的加快，我国有大量农村居民向城镇转移，实现农地的适度规模经营就成为提升农地资源利用效益以保障我国粮食安全的必然选择。为实现农地适度规模经营，推动农地权利流转就具有鲜明的实践面向性。当无法借助土地承包经营权的流转实现农地使用权的流转目的时，便需要经由农地"三权分置"权利结构分置出土地经营权，之后借助此项权利的再流转以实现农地使用权的流转，即适度放活土地经营权。这对于促进土地经营权的流转和实现现代农业适度规模化、高效化和现代化发展目标，进而推动乡村振兴战略实施，具有非常重要的价值和意义。

参考文献

一、中文著作

1. 《民法学》编写组:《民法学》(第二版),高等教育出版社2022年版。
2. 王利明:《物权法研究》(上、下卷),中国人民大学出版社2016年版。
3. 王利明:《中华人民共和国民法总则详解》(上、下册),中国法制出版社2017年版。
4. 王利明:《物权法》,中国人民大学出版社2015年版。
5. 王利明、杨立新、王轶,等:《民法学》(第五版),法律出版社2017年版。
6. 崔建远:《物权法》(第五版),中国人民大学出版社2021年版。
7. 崔建远:《合同法》,北京大学出版社2021年版。
8. 崔建远:《物权:规范与学说——以中国物权法的解释论为中心》(上册),清华大学出版社2011年版。
9. 崔建远:《准物权研究》(第二版),法律出版社2012年版。
10. 崔建远:《中国民法典释评·物权编》(下卷),中国人民大学出版社2020年版。
11. 梁慧星:《民法总则讲义》(修订版),法律出版社2021年版。
12. 梁慧星、陈华彬:《物权法》(第六版),法律出版社2016年版。
13. 孙宪忠、朱广新:《民法典评注·物权编》(第三册),中国法制出版社2020年版。
14. 孙宪忠:《中国物权法原理》,法律出版社2004年版。
15. 孙宪忠:《中国物权法总论》(第三版),法律出版社2014年版。
16. 孙宪忠:《争议与思考——物权立法笔记》,中国人民大学出版社2006年版。

17. 王泽鉴:《民法物权》(第二版),北京大学出版社 2009 年版。

18. 王轶,等:《中国民法典释评·合同编》(上卷),中国人民大学出版社 2020 年版。

19. 李国强:《财产法体系的解释——〈中华人民共和国民法典〉的财产法逻辑》,北京大学出版社 2022 年版。

20. 刘家安:《物权法论》(第二版),中国政法大学出版社 2015 年版。

21. 江必新、夏道虎:《中华人民共和国民法典重点条文实务详解》,人民法院出版社 2020 年版。

22. 韩世远:《合同法总论》(第三版),法律出版社 2011 年版。

23. 杜涛:《中华人民共和国农村土地承包法解读》,中国法制出版社 2019 年版。

24. 姚瑞光:《民法物权论》,中国政法大学出版社 2011 年版。

25. 陈小君,等:《田野、实证与法理——中国农村土地制度体系构建》,北京大学出版社 2012 年版。

26. 周枏:《罗马法原论》(上册),商务印书馆 1994 年版。

27. 胡康生:《中华人民共和国物权法释义》,法律出版社 2007 年版。

28. 高圣平、王天雁、吴昭军:《〈中华人民共和国农村土地承包法〉条文理解与适用》,人民法院出版社 2019 年版。

29. 彭诚信:《民法案例百选》,高等教育出版社 2022 年版。

30. 黄薇:《中华人民共和国农村土地承包法释义》,法律出版社 2019 年版。

31. 何宝玉:《中华人民共和国农村土地承包法释义》,中国民主法制出版社 2019 年版。

32. 苏永钦:《寻找新民法》(增订版),北京大学出版社 2012 年版。

33. 高富平:《中国物权法:制度设计和创新》,中国人民大学出版社 2005 年版。

34. 刘守英:《中国土地问题调查——土地权利的底层视角》,北京大学出版社 2017 年版。

35. 陈锡文、赵阳、陈剑波,等:《中国农村制度变迁 60 年》,人民出版社 2009 年版。

36. 陈小君,等:《农村土地法律制度研究——田野调查解读》,中国政法大学出版社 2004 年版。

37. 朱岩、高圣平、陈鑫：《中国物权法评注》，北京大学出版社 2007 年版。
38. 刘守英：《直面中国土地问题》，中国发展出版社 2014 年版。
39. 江平：《中国物权法教程》，知识产权出版社 2007 年版。
40. 魏振瀛：《民法》（第七版），北京大学出版社、高等教育出版社 2017 年版。
41. 张新宝：《〈中华人民共和国民法总则〉释义》，中国人民大学出版社 2017 年版。
42. 尹田：《物权法》（第二版），北京大学出版社 2017 年版。
43. 苏永钦：《民事立法与公私法的接轨》，北京大学出版社 2005 年版。
44. 谢在全：《民法物权论》（上、中、下册），中国政法大学出版社 2011 年版。
45. 林诚二：《民法总则》（上册），法律出版社 2008 年版。
46. 房绍坤：《用益物权基本问题研究》，北京大学出版社 2006 年版。
47. 朱庆育：《民法总论》（第二版），北京大学出版社 2016 年版。
48. 扈纪华：《民法总则起草历程》，法律出版社 2017 年版。
49. 常鹏翱：《物权法的基础与进阶》，中国社会科学出版社 2016 年版。
50. 李国强：《物权法讲义》，高等教育出版社 2016 年版。
51. 尹飞：《物权法·用益物权》，中国法制出版社 2005 年版。
52. 尹田：《物权法理论评析与思考》（第二版），中国人民大学出版社 2008 年版。
53. 隋彭生：《用益债权原论：民法新角度之法律关系新思维》，中国政法大学出版社 2015 年版。
54. 黄风：《罗马法》，中国人民大学出版社 2009 年版。
55. 于海涌：《中国民法典草案立法建议（提交稿）》，法律出版社 2016 年版。
56. 袁云：《中国特色农地制度"三权分置"改革及实现路径研究》，人民出版社 2020 年版。
57. 张坚：《农村土地承包经营权、宅基地使用权流转的实证分析与法律构造》（第二版），法律出版社 2019 年版。
58. 李蕊：《中国农地融资创新实践的法律回应》，法律出版社 2019 年版。

59. 庄斌:《土地承包权与经营权分置制度研究:改革逻辑与立法选择》,中国社会科学出版社 2018 年版。

60. 房绍坤:《承包地"三权分置"的法律表达与实效考察》,中国人民大学出版社 2018 年版。

61. 高飞:《集体土地所有权主体制度研究》(第二版),中国政法大学出版社 2017 年版。

62. 杨青贵:《集体土地所有权实现法律机制研究》,法律出版社 2016 年版。

63. 吴越:《土地承包经营权流转制度瓶颈与制度创新:以农地资本化和农业现代化为研究重心》,法律出版社 2014 年版。

64. 陈广华:《土地承包经营权流转法律问题研究》,中国政法大学出版社 2014 年版。

65. 高海:《土地承包经营权入股合作社法律制度研究》,法律出版社 2014 年版。

66. 丁关良:《土地承包经营权流转法律制度研究》,中国人民大学出版社 2011 年版。

67. 任丹丽:《集体土地物权行使制度研究——法学视野中的集体土地承包经营权流转》,法律出版社 2010 年版。

68. 丁关良、童日晖:《农村土地承包经营权流转制度立法研究》,中国农业出版社 2009 年版。

69. 曹务坤:《农村土地承包经营权流转研究》,知识产权出版社 2007 年版。

70. 丁关良:《土地承包经营权基本问题研究》,浙江大学出版社 2007 年版。

71. 张平华、李云波、张洪波:《物权法专题精义—争点与判例—土地承包经营权》,中国法制出版社 2007 年版。

二、中文译著

1. [德]托马斯·M.J.默勒斯:《法学方法论》(第四版),杜志浩译,北京大学出版社 2022 年版。

2. [德]赫尔穆特·科勒:《德国民法总论》(第 44 版),刘洋译,北京大学出版社 2022 年版。

3. [德]卡尔·拉伦茨:《德国民法通论》(上、下册),王晓晔、邵建东、程建英,等译,法律出版社 2003 年版。

4. [德]维尔纳·弗卢梅:《法律行为论》,迟颖译,法律出版社 2013 年版。

5. [德]乌尔里希·克卢格:《法律逻辑》,雷磊译,法律出版社 2016 年版。

6. [德]M. 沃尔夫:《物权法》(第 20 版),吴越、李大雪译,法律出版社 2004 年版。

7. [德]迪特尔·梅迪库斯:《请求权基础》,陈卫佐、田士永、王洪亮,等译,法律出版社 2012 年版。

8. [日]大村敦志:《民法总论》,江溯、张立艳译,北京大学出版社 2004 年版。

9. [日]田山辉明:《物权法》(增订本),陆庆胜译,法律出版社 2001 年版。

10. [日]穗积陈重:《法典论》,李求轶译,商务印书馆 2014 年版。

11. [日]近江幸治:《民法讲义Ⅱ物权法》,王茵译,北京大学出版社 2006 年版。

12. [日]我妻荣:《我妻荣民法讲义Ⅱ新订物权法》,有泉亨补订,罗丽译,中国法制出版社 2008 年版。

13. [日]山本敬三:《民法讲义Ⅰ总则》,解亘译,北京大学出版社 2004 年版。

14. [法]雅克·盖斯旦、吉勒·古博:《法国民法总论》,陈鹏、张丽娟、石佳友,等译,法律出版社 2004 年版。

15. [法]弗朗索瓦·泰雷、菲利普·森勒尔:《法国财产法》(上、下册),罗结珍译,中国法制出版社 2008 年版。

16. [法]奥古斯特·孔德:《论实证精神》,黄建华译,译林出版社 2014 年版。

17. [意]登特列夫:《自然法:法律哲学导论》,李日章、梁捷、王利译,新星出版社 2008 年版。

18. [意]彼德罗·彭梵得:《罗马法教科书》(修订版),黄风译,中国政法大学出版社 2005 年版。

19. [奥]凯尔森:《法与国家的一般理论》,沈宗灵译,中国大百科全书出版社 1996 年版。

20. [美]约翰·G. 斯普兰克林:《美国财产法精解》,钟书峰译,北京大学出版社 2009 年版。

21. [美]本杰明·N. 卡多佐:《法律科学的悖论》,董炯、彭冰译,中国法制出版社 2002 年版。

22. [美]霍尔姆斯·罗尔斯顿:《哲学走向荒野》,刘耳、叶平译,吉林人民出版社 2000 年版。

23. [美]本杰明·N. 卡多佐:《法律的成长》,董炯、彭冰译,中国法制出版社 2002 年版。

24. [美]罗斯科·庞德:《普通法的精神》,唐前宏等译,法律出版社 2001 年版。

25. [美]曼瑟尔·奥尔森:《集体行动的逻辑》,陈郁、郭宇峰、李崇新译,格致出版社、上海三联书店、上海人民出版社 2011 年版。

26. [美]博登海默:《法理学、法哲学及其方法》,邓正来译,中国政法大学出版社 1998 年版。

27. [英]弗里德利希·冯·哈耶克:《法律、立法与自由》(第一卷),邓正来等译,中国大百科全书出版社 2000 年版。

28. [英]F. H. 劳森、B. 拉登:《财产法》,施天涛等译,中国大百科全书出版社 1998 年版。

29. [英]彼得·斯坦、约翰·香德:《西方社会的法律价值》,王献平译,中国法制出版社 2004 年版。

30. [英]戴维·M. 沃克:《牛津法律大辞典》,李双元等译,法律出版社 2003 年版。

31. [澳]斯蒂芬·巴克勒:《自然法与财产权理论:从格劳秀斯到休谟》,周清林译,法律出版社 2014 年版。

三、中文论文

1. 崔建远:《民法分则物权编立法研究》,载《中国法学》2017 年第 2 期。

2. 王利明:《论国家作为民事主体》,载《法学研究》1991 年第 1 期。

3. 王利明、易军:《改革开放以来的中国民法》,载《中国社会科学》2008 年第 6 期。

4. 陈小君:《我国农村土地法律制度变革的思路与框架——十八届三中全

会〈决定〉相关内容解读》，载《法学研究》2014 年第 4 期。

5. 蔡立东、姜楠：《承包权与经营权分置的法构造》，载《法学研究》2015 年第 3 期。

6. 陈小君、肖楚钢：《农村土地经营权的法律性质及其客体之辨——兼评〈民法典〉物权编的土地经营权规则》，载《中州学刊》2020 年第 12 期。

7. 宋志红：《再论土地经营权的性质——基于对〈农村土地承包法〉的目的解释》，载《东方法学》2020 年第 2 期。

8. 丁文：《论土地承包权与土地承包经营权的分离》，载《中国法学》2015 年第 3 期。

9. 高圣平：《新型农业经营体系下农地产权结构的法律逻辑》，载《法学研究》2014 年第 4 期。

10. 孙宪忠：《推进农地三权分置经营模式的立法研究》，载《中国社会科学》2016 年第 7 期。

11. 高飞：《农村土地"三权分置"的法理阐释与制度意蕴》，载《法学研究》2016 年第 3 期。

12. 崔建远：《"四荒"拍卖与土地使用权》，载《法学研究》1995 年第 6 期。

13. 高圣平：《承包土地的经营权抵押规则之构建——兼评重庆城乡统筹综合配套改革试点模式》，载《法商研究》2016 年第 1 期。

14. 李国强：《论农地流转中"三权分置"的法律关系》，载《法律科学》2015 年第 6 期。

15. 朱广新：《土地承包权与经营权分离的政策意蕴与法制完善》，载《法学》2015 年第 11 期。

16. 谢鸿飞：《依法推进"三权分置"改革农村土地可以释放更多红利》，载《人民日报》2016 年 1 月 28 日。

17. 孙宪忠：《推进农村土地"三权分置"需要解决的法律认识问题》，载《行政管理改革》2016 年第 2 期。

18. 房绍坤：《〈农村土地承包法新承包法〉的缺陷及其改进》，载《法学论坛》2019 年第 5 期。

19. 王洪平：《民法视角下土地经营权再流转的规范分析》，载《吉林大学社会科学学报》2020 年第 1 期。

20. 彭诚信：《〈民法典〉物权编的进步、局限与未来》，载《法制与社会发展》

2020年第4期。

21. 单平基:《自然资源之上权利的层次性》,载《中国法学》2021年第4期。

22. 单平基:《土地经营权债权定性之解释论》,载《法学家》2022年第4期。

23. 单平基:《分解、舍弃抑或改造:〈民法典〉编纂中土地承包经营权的定位》,载《南京农业大学学报(社会科学版)》2020年第3期。

24. 单平基:《土地经营权再流转中的"承包方书面同意"》,载《东岳论丛》2022年第10期。

25. 单平基:《土地经营权融资担保的法实现——以〈农村土地承包法〉为中心》,载《江西社会科学》2020年第2期。

26. 许明月:《论农村土地经营权市场的法律规制》,载《法学评论》2021年第1期。

27. 房绍坤:《民法典用益物权规范的修正与创设》,载《法商研究》2020年第4期。

28. 高圣平:《农地三权分置改革与民法典物权编编纂——兼评〈民法典各分编(草案)〉物权编》,载《华东政法大学学报》2019年第2期。

29. 龙卫球:《民法典物权编"三权分置"规范的体系设置和适用》,载《比较法研究》2019年第6期。

30. 陈小君:《〈民法典〉物权编用益物权制度立法得失之我见》,载《当代法学》2021年第2期。

31. 滕佳一:《承包地利用的守成与突破——以土地经营权法律定位的检讨为中心》,载《交大法学》2021年第1期。

32. 王洪平:《权益主体视角下农户家庭成员土地承包权益研究》,载《现代法学》2020年第3期。

33. 谢潇:《民法典编纂视野下土地经营权概念及规则的妥当构造》,载《当代法学》2020年第1期。

34. 陈小君:《土地改革之"三权分置"入法及其实现障碍的解除——评〈农村土地承包法修正案〉》,载《学术月刊》2019年第1期。

35. 吴昭军:《土地经营权体系的内部冲突与调适》,载《中国土地科学》2020年第7期。

36. 陶密:《土地经营权的权利类型及规范逻辑解析》,载《中国法律评论》2021年第1期。

37. 房绍坤、张旭昕:《"三权分置"下农地权利入股公司的路径与规则》,载《湖南大学学报(社会科学版)》2019 年第 6 期。

38. 郭志京:《民法典土地经营权的规范构造》,载《法学杂志》2021 年第 6 期。

39. 于飞:《从农村土地承包法到民法典物权编:"三权分置"法律表达的完善》,载《法学杂志》2020 年第 2 期。

40. 谢鸿飞:《〈民法典〉中土地经营权的赋权逻辑与法律性质》,载《广东社会科学》2021 年第 1 期。

41. 李国强、王东根:《土地经营权登记对抗规则的解释论展开》,载《西南政法大学学报》2022 年第 4 期。

42. 刘守英、颜嘉楠、冀县卿:《集体地权制度下农地合约选择与经营体制变迁——松江集体村社型家庭农场的案例分析》,载《中国农村经济》2021 年第 2 期。

43. 张永健:《农村耕地的产权结构——成员权、三权分置的反思》,载《南大法学》2020 年第 1 期。

44. 廖洪乐:《农地"两权"分离和"三权"分置的经济学与法学逻辑》,载《南京农业大学学报(社会科学版)》2020 年第 5 期。

45. 赵龙、阮梦凡:《土地经营权抵押的破产处置——以"浙江大唐生态农业公司破产案"为实践》,载《法律适用》2020 年第 2 期。

46. 李国强:《〈民法典〉中两种"土地经营权"的体系构造》,载《浙江工商大学学报》2020 年第 5 期。

47. 肖国兴:《论低碳革命与能源革命的法律实现》,载《南京工业大学学报(社会科学版)》2022 年第 2 期。

48. 高圣平:《土地经营权登记规则研究》,载《比较法研究》2021 年第 4 期。

49. 房绍坤、林广会:《解释论视角下的土地经营权融资担保》,载《吉林大学社会科学学报》2020 年第 1 期。

50. 崔建远:《物权编对四种他物权制度的完善和发展》,载《中国法学》2020 年第 4 期。

51. 申惠文:《农地三权分离改革的法学反思与批判》,载《河北法学》2015 年第 4 期。

52. 韩松:《论农民集体土地所有权的集体成员受益权能》,载《当代法学》

2014年第1期。

53. 韩世远:《宅基地的立法问题——兼析物权法草案第十三章"宅基地使用权"》,载《政治与法律》2005年第5期。

54. 韩俊:《农村土地制度改革须守住三条底线》,载《人民日报》2015年1月29日。

55. 朱广新:《论土地承包经营权的主体、期限和继承》,载《吉林大学社会科学学报》2014年第4期。

56. 刘凯湘:《论农村土地承包经营权的可继承性》,载《北方法学》2014年第2期。

57. 汪洋:《土地承包经营权继承问题研究——对现行规范的法构造阐释与法政策考量》,载《清华法学》2014年第4期。

58. 郭明瑞:《也谈农村土地承包经营权的继承问题——兼与刘保玉教授商榷》,载《北方法学》2014年第2期。

59. 刘保玉、李运杨:《农村土地承包经营权的继承问题探析》,载《北方法学》2014年第2期。

60. 马俊驹、丁晓强:《农村集体土地所有权的分解与保留——论农地"三权分置"的法律构造》,载《法律科学》2017年第3期。

61. 高圣平:《论农村土地权利结构的重构——以〈农村土地承包法〉的修改为中心》,载《法学》2018年第2期。

62. 叶华:《农地承包权具有所有权性质》,载《中国农村观察》1998年第6期。

63. 刘守英、高圣平、王瑞民:《农地三权分置下的土地权利体系重构》,载《北京大学学报(哲学社会科学版)》2017年第5期。

64. 韩长赋:《关于深化农村改革的几个问题》,载《农村工作通讯》2014年第22期。

65. 高圣平:《农地三权分置视野下土地承包权的重构》,载《法学家》2017年第5期。

66. 耿卓:《农地三权分置改革中土地经营权的法理反思与制度回应》,载《法学家》2017年第5期。

67. 温世扬、吴昊:《集体土地"三权分置"的法律意蕴与制度供给》,载《华东政法大学学报》2017年第3期。

68. 高海:《论农用地"三权分置"中经营权的法律性质》,载《法学家》2016年第4期。

69. 俞江:《保护既有权益是民法典编纂的底线》,《法学》2015年第7期。

70. 赵万一、汪青松:《土地承包经营权的功能转型及权能实现》,载《法学研究》2014年第1期。

71. 崔建远:《土地承包经营权的修改意见》,载《浙江社会科学》2005年第6期。

72. 常鹏翱:《论可登记财产权的多元化》,载《现代法学》2016年第6期。

73. 孙宪忠:《不动产登记基本范畴解析》,载《法学家》2014年第6期。

74. 高圣平:《不动产权利的登记能力——评〈不动产登记暂行条例(征求意见稿)〉第4条》,载《政治与法律》2014年第12期。

75. 姚洋:《中国农地制度:一个分析框架》,载《中国社会科学》2000年第2期。

76. 孙宪忠:《我国民法立法的体系化与科学化问题》,载《清华法学》2012年第6期。

77. 单平基:《"三权分置"理论反思与土地承包经营权困境的解决路径》,载《法学》2016年第9期。

78. 郑志峰:《当前我国农村土地承包权与经营权再分离的法制框架创新研究——以2014年中央一号文件为指导》,载《求实》2014年第10期。

79. 焦富民:《"三权分置"视域下承包土地的经营权抵押制度之构建》,载《政法论坛》2016年第5期。

80. 温世扬:《农地流转:困境与出路》,载《法商研究》2014年第2期。

81. 叶兴庆:《集体所有制下农用地的产权重构》,载《毛泽东邓小平理论研究》2015年第2期。

82. 黄宗智、彭玉生:《三大历史性变迁的交汇与中国小规模农业的前景》,载《中国社会科学》2007年第4期。

83. 孙宪忠:《推进我国农村土地权利制度改革若干问题的思考》,载《比较法研究》2018年第1期。

84. 陈小君、高飞、耿卓,等:《后农业税时代农地权利体系与运行机理研究论纲》,载《法律科学》2010年第1期。

85. 刘连泰:《"土地属于集体所有"的规范属性》,载《中国法学》2016年第

3 期。

86. 韩松:《我国农民集体所有权的实质》,载《法律科学》1992 年第 1 期。

87. 杨代雄:《乡土生活场域中的集体财产:从权力到权利》,载《当代法学》2005 年第 4 期。

88. 田韶华:《论集体土地上他项权利在征收补偿中的地位及其实现》,载《法学》2017 年第 1 期。

89. 崔建远:《征收制度的调整及体系效应》,载《法学研究》2014 年第 4 期。

90. 耿卓:《农民土地财产权保护的观念转变及其立法回应——以农村集体经济有效实现为视角》,载《法学研究》2014 年第 5 期。

91. 房绍坤:《农民住房抵押之制度设计》,载《法学家》2015 年第 6 期。

92. 高圣平:《农民住房财产权抵押规则的重构》,载《政治与法律》2016 年第 1 期。

93. 陈小君:《我国农民集体成员权的立法抉择》,载《清华法学》2017 年第 2 期。

94. 管洪彦:《农民集体成员权:中国特色的民事权利制度创新》,载《法学论坛》2016 年第 2 期。

95. 席志国:《民法典编纂视域中宅基地"三权分置"探究》,载《行政管理改革》2018 年第 4 期。

96. 王利明:《我国民法典物权编中担保物权制度的发展与完善》,载《法学评论》2017 年第 3 期。

97. 刘守英:《中共十八届三中全会后的土地制度改革及其实施》,载《法商研究》2014 年第 2 期。

98. 张志坡:《物权法定缓和的可能性及其边界》,载《比较法研究》2017 年第 1 期。

99. 葛云松:《物权法的扯淡与认真——评〈物权法草案〉第四、五章》,载《中外法学》2006 年第 1 期。

100. 杨立新:《民法分则物权编应当规定物权法定缓和原则》,载《清华法学》2017 年第 2 期。

101. 郭明瑞:《关于物权法公示公信原则诸问题的思考》,载《清华法学》2017 年第 2 期。

102. 朱福惠:《公民基本权利宪法保护观解析》,载《中国法学》2002 年第

6期。

103. 张翔:《基本权利的双重性质》,载《法学研究》2005年第3期,第36页。

104. 陈华彬:《我国民法典物权编立法研究》,载《政法论坛》2017年第5期。

105. 李永军:《民法典总则的立法技术及由此决定的内容思考》,载《比较法研究》2015年第3期。

106. 王利明:《民法典的时代特征和编纂步骤》,载《清华法学》2014年第6期。

107. 梁慧星:《松散式、汇编式的民法典不适合中国国情》,载《政法论坛》2003年第1期。

108. 郭明瑞:《民法典编纂中继承法的修订原则》,载《比较法研究》2015年第3期。

109. 崔建远:《编纂民法典必须摆正几对关系》,载《清华法学》2014年第6期。

110. 孙宪忠:《"统一唯一国家所有权"理论的悖谬及改革切入点分析》,载《法律科学》2013年第3期。

111. 彭诚信:《我国物权变动理论的立法选择(上)》,载《法律科学》2000年第1期。

112. 王雷:《我国民法典编纂中的团体法思维》,载《当代法学》2015年第4期。

113. 吴昭军:《"四荒地"土地经营权流转规则的法教义学分析》,载《安徽师范大学学报(人文社会科学版)》2021年第2期。

114. 祝之舟:《农村土地承包关系自主调整机制的法理内涵与体系完善》,载《法学家》2021年第2期。

115. 张翔:《论地役权的物权法律技术——兼论〈民法典〉上居住权、土地经营权的物权性质》,载《西北大学学报(哲学社会科学版)》2021年第2期。

116. 陈小君:《〈民法典〉物权编用益物权制度立法得失之我见》,载《当代法学》2021年第2期。

117. 孙晓勇:《农地诉讼频发的成因分析——以司法实践调研为基础》,载《中国法律评论》2021年第1期。

118. 张淞纶:《三权分置的挑战与〈民法典〉的回答》,载《河北法学》2021 年第 4 期。

119. 贺雪峰:《关于"十四五"期间推进乡村振兴的若干问题探讨——学习〈"十四五"规划建议〉的体会》,载《广西大学学报(哲学社会科学版)》2021 年第 1 期。

120. 高圣平:《〈民法典〉与农村土地权利体系:从归属到利用》,载《北京大学学报(哲学社会科学版)》2020 年第 6 期。

121. 陶密:《论流转语境下土地经营权的性质及内涵——以物债区分为视角》,载《中国土地科学》2020 年第 11 期。

122. 郭志京:《民法典视野下土地经营权的形成机制与体系结构》,载《法学家》2020 年第 6 期。

123. 屈茂辉:《民法典视野下土地经营权全部债权说驳议》,载《当代法学》2020 年第 6 期。

124. 高海:《论农垦职工基本田承包经营权的性质与构造——兼论〈民法典〉中土地经营权的规定》,载《当代法学》2020 年第 6 期。

125. 孔祥智:《乡村振兴:"十三五"进展及"十四五"重点任务》,载《人民论坛》2020 第 31 期。

126. 孔祥智、周振:《新型农业经营主体发展必须突破体制机制障碍》,载《河北学刊》2020 年第 6 期。

127. 房绍坤、曹相见:《集体土地所有权的权能构造与制度完善》,载《学习与探索》2020 年第 7 期。

128. 高圣平:《民法典物权编的发展与展望》,载《中国人民大学学报》2020 年第 4 期。

129. 房绍坤:《民法典用益物权规范的修正与创设》,载《法商研究》2020 年第 4 期。

130. 袁野:《土地经营权债权属性之再证成》,载《中国土地科学》2020 年第 7 期。

131. 高圣平:《民法典视野下农地融资担保规则的解释论》,载《广东社会科学》2020 年第 4 期。

132. 高海、李红梅:《农垦"两田制"变化与农用地权利体系重构——国有与集体两类农用地比较的视角》,载《中国农村经济》2020 年第 6 期。

133. 陈柏峰:《面向水利供给的农地制度模式选择》,载《学术月刊》2020年第5期。

134. 房绍坤:《土地经营权入典的时代价值》,载《探索与争鸣》2020年第5期。

135. 程雪阳:《重建财产权:我国土地制度改革的基本经验与方向》,载《学术月刊》2020年第4期。

136. 刘恒科:《家庭承包经营收益分配制度的反思与重构》,载《商业研究》2020年第4期。

137. 高海:《论农民进城落户后集体土地"三权"退出》,载《中国法学》2020年第2期。

138. 祝之舟:《农村土地承包经营权的功能转向、体系定位与法律保障——以新〈农村土地承包法〉为论证基础》,载《农业经济问题》2020年第3期。

139. 宋志红:《论〈农村土地承包法〉中的土地承包权》,载《吉林大学社会科学学报》2020年第1期。

140. 高圣平:《土地承包经营权制度与民法典物权编编纂——评〈民法典物权编(草案二次审议稿)〉》,载《法商研究》2019年第6期。

141. 孙建伟:《土地经营权物权化规则构建路径》,载《国家检察官学院学报》2019年第6期。

142. 李爱荣:《"户"作为集体经济组织成员权的行使主体探析》,载《当代法学》2019年第6期。

143. 姜楠:《土地经营权的性质认定及其体系效应——以民法典编纂与〈农村土地承包法〉的修订为背景》,载《当代法学》2019年第6期。

144. 房绍坤、任怡多:《新承包法视阈下土地经营权信托的理论证成》,载《东北师大学报(哲学社会科学版)》2020年第2期。

145. 刘连泰、余文清:《公平市场价值在集体土地征收补偿中的适用》,载《浙江社会科学》2019年第10期。

146. 程雪阳:《新〈土地管理法〉土地用途管制制度改革的得与失》,载《中国法律评论》2019年第5期。

147. 高圣平:《农村土地承包法修改后的承包地法权配置》,载《法学研究》2019年第5期。

148. 姜红利、宋宗宇:《"三权分置"政策下土地承包权的再确认——基于〈民法典物权编〉的展开》,载《重庆大学学报(社会科学版)》2020年第4期。

149. 高飞:《进城落户农户承包地处理之困境与出路》,载《法学论坛》2019年第5期。

150. 刘云生:《土地经营权的生成路径与法权表达》,载《法学论坛》2019年第5期。

151. 陈广华、毋彤彤:《乡村振兴视域下工商资本流转土地经营权的法律规制研究——兼评〈农村土地承包法〉第45条》,载《中国土地科学》2019年第8期。

152. 祝之舟:《〈农村土地承包法〉修改的制度要点与实施问题研究》,载《南京农业大学学报(社会科学版)》2019年第4期。

153. 程雪阳:《农村女性土地权益保护制度迷宫的破解及其规则再造》,载《清华法学》2019年第4期。

154. 安子明、齐海滨:《论农地规模经营的权利结构》,载《政法论坛》2019年第4期。

155. 孙聪聪:《民法典编纂中承包地"三权分置"的制度体系重塑》,载《法学评论》2019年第4期。

156. 刘宇晗:《农地"三权分置"视域下农村集体经济组织法人制度的完善》,载《山东大学学报(哲学社会科学版)》2019年第4期。

157. 贺雪峰:《乡村振兴与农村集体经济》,载《武汉大学学报(哲学社会科学版)》2019年第4期。

158. 赵红梅:《农地"三权分置"中集体土地所有权的功能定位——兼解读修正后的〈农村土地承包法〉》,载《法学杂志》2019年第5期。

159. 李蕊:《管制与市场:土地经营权融资的法律回应》,载《法学杂志》2019年第5期。

160. 房绍坤:《土地征收制度的立法完善——以〈土地管理法修正案草案〉为分析对象》,载《法学杂志》2019年第4期。

161. 肖立梅:《论"三权分置"下农村承包地上的权利体系配置》,载《法学杂志》2019年第4期。

162. 房绍坤、林广会:《土地经营权的权利属性探析——兼评新修订〈农村土地承包法〉的相关规定》,载《中州学刊》2019年第3期。

163. 刘云生:《土地经营权所涉无权占有类型区分与法律适用》,载《法学家》2019 年第 2 期。

164. 文杰:《"三权分置"视阈下农地信托法律规则之构建》,载《法商研究》2019 年第 2 期。

165. 高圣平:《完善农村基本经营制度之下农地权利的市场化路径》,载《社会科学研究》2019 年第 2 期。

166. 程雪阳:《土地法治四十年:变革与反思》,载《中国法律评论》2019 年第 1 期。

167. 丁关良:《农地流转法律制度"完善"与"变法"孰强孰弱研究》,载《农业经济与管理》2019 年第 1 期。

168. 单平基:《〈民法典物权编(草案)〉之土地承包经营权的评析和完善》,载《山东社会科学》2019 年第 2 期。

169. 高海:《"三权"分置的法构造——以 2019 年〈农村土地承包法〉为分析对象》,载《南京农业大学学报(社会科学版)》2019 年第 1 期。

170. 陈小君、孙聪聪:《现行〈农村土地承包法〉体系解读与规范评注》,载《广西大学学报(哲学社会科学版)》2019 年第 1 期。

171. 张素华、张雨晨:《〈农村土地承包法〉修订背景下土地经营权的法律内涵与制度供给》,载《广西大学学报(哲学社会科学版)》2019 年第 1 期。

172. 陈小君、肖楚钢:《论土地经营权的政策意蕴与立法转化》,载《新疆社会科学》2021 年第 1 期。

四、英文论著

1. R. Cooter, T. Ulen. *Law & Economics (fifth edition)*, Addison Wesley Publishing, 2008.

2. J. Gordley. *Foundations of Private Law: Property, Tort, Contract, Unjust Enrichment*, Oxford University Press, 2006.

3. H. L. A. Hart. *Essays in Jurisprudence and Philosophy*, Oxford University Press, 1983.

4. F. H. Lawson, B. Rudden. *The Law of Property*, 2d ed., Oxford University Press, 1982.

5. J. Getzler. *A History of Water Rights at Common Law*, Oxford

University Press，2004.

6. C. Aklein. *Natural Resources Law*，Aspen Publishers，2005.

7. U. Mattei. *Comparative Law and Economics*，Michigan University Press，1997.

8. M. R. Marella. *The Commons as a Legal Concept*，Law and Critique，Vol. 28，2017.

9. H. S. Gordon. *The Economic Theory of a Common Property Resource：The Fishery*，Journal of Political Economy，Vol. 62，1954.

10. F. S. Cohen. *Dialogue on Private Property*，Rutgers Law Review，Vol. 9，1954.

五、法典及其他材料

1.《中华人民共和国宪法》(2004)。

2.《中华人民共和国民法典》(2020)。

3.《中华人民共和国民法总则》(2017)。

4.《中华人民共和国民法通则》(1986)。

5.《中华人民共和国物权法》(2007)。

6.《中华人民共和国合同法》(1999)。

7. 中共中央《关于全面深化改革若干重大问题的决定》(2013)。

8. 中共中央《关于推进农村改革发展若干重大问题的决定》(2008)。

9. 中共中央、国务院《关于全面深化农村改革加快推进农业现代化的若干意见》(2014年中央一号文件)。

10. 中共中央、国务院《关于加大改革创新力度加快农业现代化建设的若干意见》(2015年中央一号文件)。

11. 中共中央、国务院《关于落实发展新理念加快农业现代化实现全面小康目标的若干意见》(2016年中央一号文件)。

12. 中共中央、国务院《关于深入推进农业供给侧结构性改革加快培育农业农村发展新动能的若干意见》(2017年中央一号文件)。

13. 中共中央、国务院《关于实施乡村振兴战略的意见》(2018年中央一号文件)。

14. 中共中央、国务院《关于切实做好减轻农民负担工作的决定》(1996)。

15. 全国人民代表大会常务委员会《关于授权国务院在北京市大兴区等三十三个试点县(市、区)行政区域暂时调整实施有关法律规定的决定》(2015)。

16. 中国共产党第八届中央委员会《农村人民公社工作条例修正草案》(1962)。

17. 国务院《关于深化改革严格土地管理的决定》(国发〔2004〕28号)。

18. 国务院《关于开展农村承包土地的经营权和农民住房财产权抵押贷款试点的指导意见》(国发〔2015〕45号)。

19. 中共中央办公厅、国务院办公厅《关于引导农村土地经营权有序流转发展农业适度规模经营的意见》(2014)。

20. 中共中央办公厅、国务院办公厅《深化农村改革综合性实施方案》(2015)。

21. 中共中央办公厅、国务院办公厅《关于完善农村土地所有权承包权经营权分置办法的意见》(2016)。